国家教师资格考试指导教材

综合素质（中学）

（第二版）

谢先国 ◎主编

图书在版编目(CIP)数据

综合素质.中学/谢先国主编.—2版.—北京：北京大学出版社，2021.11
国家教师资格考试指导教材
ISBN 978-7-301-32649-7

Ⅰ.①综… Ⅱ.①谢… Ⅲ.①教师素质–中学教师–资格考试–教材 Ⅳ.①G451.6

中国版本图书馆 CIP 数据核字（2021）第 207956 号

书　　　名	综合素质（中学）（第二版） ZONGHE SUZHI（ZHONGXUE）（DI-ER BAN）
著作责任者	谢先国　主编
责 任 编 辑	吴坤娟
标 准 书 号	ISBN 978-7-301-32649-7
出 版 发 行	北京大学出版社
地　　　址	北京市海淀区成府路 205 号　100871
网　　　址	http://www.pup.cn　新浪微博：@北京大学出版社
电 子 信 箱	zyjy@pup.cn
电　　　话	邮购部 010-62752015　发行部 010-62750672　编辑部 010-62756923
印 刷 者	河北涿县鑫华书刊印刷厂
经 销 者	新华书店
	787 毫米×1092 毫米　16 开本　12 印张　300 千字 2014 年 8 月第 1 版 2021 年 11 月第 2 版　2021 年 11 月第 1 次印刷
定　　　价	38.00 元

未经许可，不得以任何方式复制或抄袭本书之部分或全部内容。
版权所有，侵权必究
举报电话：010-62752024　电子信箱：fd@pup.pku.edu.cn
图书如有印装质量问题，请与出版部联系，电话：010-62756370

第二版前言

中小学和幼儿园教师资格考试(以下简称教师资格考试)是评价申请教师资格的人员是否具备从事教师职业所必需的教育教学基本素质和能力的考试。参加教师资格考试合格是教师职业准入的前提条件。申请幼儿园、小学、初级中学、普通高级中学、中等职业学校教师和中等职业学校实习指导教师资格的人员须分别参加相应类别的教师资格考试。教师资格考试实行全国统一考试。考试坚持育人导向、能力导向、实践导向和专业化导向,坚持科学、公平、安全、规范的原则。

教师资格考试包括笔试和面试两部分。

笔试主要考查:申请人从事教师职业所应具备的教育理念、职业道德、法律法规知识、科学文化素养、阅读理解、语言表达、逻辑推理和信息处理等基本能力;教育教学、学生指导和班级管理的基本知识;拟任教学科领域的基本知识,教学设计实施评价的知识和方法,运用所学知识分析和解决教育教学实际问题的能力。

幼儿园教师资格考试笔试科目为"综合素质""保教知识与能力"两科;小学教师资格考试笔试科目为"综合素质""教育教学知识与能力"两科;初级中学、普通高级中学教师和中等职业学校文化课教师资格考试笔试科目为"综合素质""教育知识与能力""学科知识与教学能力"三科;中等职业学校专业课教师和实习指导教师资格考试笔试科目为"综合素质""教育知识与能力""专业知识与教学能力"三科。

面试主要考查:申请教师资格人员应具备的新教师基本素养、职业发展潜质和教育教学(或保教)实践能力。

幼儿园教师资格考试面试采取结构化面试和展示相结合的方法,通过展示、回答问题、陈述等方式进行;小学和中学教师资格考试面试采取结构化面试和情景模拟相结合的方法,通过抽题备课、试讲、答辩等方式进行。

为了配合教师资格考试在全国推广后师范院校的课程设置和教学计划的调整,方便师范院校对报名参加教师资格考试的在校学生进行有效指导和系统培训,提高教师资格考试的通过率,方便考生系统复习,提高考试成绩,北京大学出版社组织全国数十所师范院校的教师及部分中小学、幼儿园一线教师联合编写了"国家教师资格考试指导教材",并陆续出版。

这套教材出版后,受到了全国各地参加教师资格考试考生及辅导老师的广泛好评,并被二十多所师范院校指定为师范生的备考教材。这套教材也多次加印,成为一套享有良好声誉的教师资格考试辅导教材。

这次改版修订,在保持第一版教材优势的基础上,第二版教材突出了以下特色:

一、突出体系完整性

与第一版相比,第二版教材在编写时更加注意并把握教材的系统性、知识性、科学性的统一,并以现行考试大纲为编写依据,科学、系统、严谨地阐释大纲对各学段教师资格考试所要求的知识体系。教材总体结构、章节布局合理,内容详略得当,繁简适宜,概念、定义、名词等准确、规范,以帮助考生提高其自身教育理念、职业道德、科学文化素养以及相关教育教学能力。

二、突出教材的指导性

本系列教材的重要功能之一是指导考生有效而科学地掌握、运用教师资格考试所要求的教育知识与教学能力。在教材修订过程中,编者力图贯彻考试大纲对于知识、能力"了解、理解、熟练、掌握、运用"等各个层级的要求,在体例设置与内容表达上突出重点,提纲挈领,避免罗列与堆砌,并对核心考点进行提炼,科学地指导考生掌握各学段教育教学的基本素养、基本原理,以及学科专业领域的基本框架、基本知识。

三、突出能力拓展性

第二版教材更加注重对考生拓展性思维的启发与创造性能力的培养。新的考试标准、考试大纲对于教师实践素养与能力有较高要求,强调教师要具备"自主发展意识和自我教育的能力",拓展性思维与创造性能力是自主发展与自我教育的重要构成与体现,第二版教材据此在相关章节增加了能力拓展性的内容,并结合考试真题,重点进行讲解与强化。

四、突出备考实效性

本系列教材经过修订后,注重把握好素质培养与应试备考之间的平衡,在内容与形式上兼顾教材的考试指导属性,以利于考生理顺考试理念、要求,了解考试趋向、动态,熟悉考试内容、方法,掌握考试重点、难点,帮助考生深入学习、有效应考。

本系列教材在编写过程中得到了各参编院校和参编老师的大力支持,在此一并表示感谢。

本教材配有教学课件供教师使用,需要者请通过"教师资格考试培训群"(QQ群号:246685420)申请。

读者如想了解教师资格考试相关资讯、动态、政策解读,各地考试公告,备考指南等,可加入"教师资格考试交流群"(QQ群号:316689173);也可关注以下"未名创新大学堂"微信公众号。

目 录

- 第一章 职业理念 ·· (1)
  - 第一节 教育观 ··· (1)
  - 第二节 学生观 ··· (9)
  - 第三节 教师观 ··· (13)
- 第二章 教育法律法规 ··· (28)
  - 第一节 我国教育法律法规的类别与内容 ··· (28)
  - 第二节 《国家中长期教育改革和发展规划纲要(2010—2020年)》 ······ (40)
  - 第三节 《关于全面深化新时代教师队伍建设改革的意见》 ················ (46)
  - 第四节 教师的权利与义务 ·· (51)
  - 第五节 学生的权利及保护 ·· (55)
- 第三章 教师职业道德规范 ··· (74)
  - 第一节 教师职业道德 ·· (74)
  - 第二节 教师职业行为 ·· (83)
- 第四章 文化素养 ·· (89)
  - 第一节 历史事件 ··· (89)
  - 第二节 科技发明 ··· (100)
  - 第三节 科学常识 ··· (107)
  - 第四节 传统文化 ··· (114)
  - 第五节 文学常识 ··· (123)
  - 第六节 艺术鉴赏 ··· (135)
- 第五章 基本能力 ·· (144)
  - 第一节 信息处理能力 ·· (144)
  - 第二节 逻辑思维能力 ·· (152)
  - 第三节 阅读理解能力 ·· (165)
  - 第四节 写作能力 ··· (173)

第一章 职业理念

考纲内容

1. 教育观
(1) 理解国家实施素质教育的基本要求。
(2) 掌握在学校教育中开展素质教育的途径和方法。
(3) 依据国家实施素质教育的基本要求,分析和评判教育现象。
2. 学生观
(1) 理解"人的全面发展"的思想。
(2) 理解"以人为本"的含义,在教育教学活动中做到以学生的全面发展为本。
(3) 运用"以人为本"的学生观,在教育教学活动中公正地对待每一个学生,不因性别、民族、地域、经济状况、家庭背景和身心缺陷等歧视学生。
(4) 设计或选择丰富多样、适当的教育教学活动方式,因材施教,以促进学生的个性发展。
3. 教师观
(1) 了解教师专业发展的要求。
(2) 具备终身学习的意识。
(3) 在教育教学过程中运用多种方式和手段促进自身的专业发展。
(4) 理解教师职业的责任与价值,具有从事教育工作的热情与决心。

第一节 教 育 观

一、教育观的内涵与构成

教育观是指人们对教育本身以及教育与其他事物关系的看法和态度。具体来说,教育观包括以下内容:人们对教育者、教育对象、教育内容、教育方法等教育要素及其属性和相互关系的认识,人们对教育与其他事物相互关系的看法,以及由此派生出的对教育的作用、功能、目的等各方面的看法。教育观中最本质、最核心的是教育目的,即为谁培养人、培养什么人和如何培养人。由于教育目的不同,教育者实施的教育活动也不同,从而区分了不同社会、不同时期的教育活动,也产生了不同的教育结果。

我国现阶段教育观的基本精神如下:

(1) 培养的人是社会主义事业的建设者和接班人,坚持社会主义方向;
(2) 使受教育者德、智、体、美、劳等方面全面发展,强调素质教育;
(3) 适应时代要求,强调学生个性发展,培养学生的创造精神和实践能力;
(4) 注重提高全民族素质,是我国当今社会发展赋予教育的根本宗旨。

二、全面发展教育

(一) 全面发展的内涵

马克思主义认为人的全面发展是指人的智力、体力得到充分的、自由的、和谐的发展,同时也包括道德、志趣意向等个性品质的发展。全面发展的内容具体包括:① 人的劳动能力的全面发展;② 人的才能的全面发展;③ 人自身的全面发展;④ 人的自由发展。马克思主义创始人认为坚持教育与生产劳动相结合是实现全面发展的唯一途径。

"全面发展教育"是为了培养全面发展的人、实现全面发展的教育目的而实施的教育,是实现教育目的的手段和途径。我国社会主义的全面发展教育,是指我们的教育目的所规定的德、智、体、美、劳的教育。2021年修正的《中华人民共和国教育法》第五条规定:"教育必须为社会主义现代化建设服务、为人民服务,必须与生产劳动和社会实践相结合,培养德智体美劳全面发展的社会主义建设者和接班人。"全面发展教育是实现全面发展的手段,是指教育者通过向受教育者传授知识、技能、思想政治道德观念,促进其身心的各个方面、各个部分、各个层次的全面、充分、自由、和谐统一的发展。

全面发展教育具有以下特征:① 全体性,每一个学生都得到一定程度的发展;② 全面性,每个个体的各种潜能得到最大程度的发展;③ 主动性,全面发展不是外加的,而是自主和自由的;④ 和谐性,即德、智、体、美、劳各方面优化组合与平衡协调;⑤ 充分性,个体在社会给予的空间条件下,达到自身潜能的最大发展;⑥ 可持续性,个人的现实发展既可以得到充分的实现,又不会对其未来发展和潜能造成损害。

(二) 全面发展教育的内容构成

1. 全面发展教育的内容

关于全面发展教育的构成,目前有"三育说""四育说""五育说"甚至"六育说""七育说""八育说"等不同的观点。三育说是指德育、智育、体育;四育说是指德育、智育、体育、美育;五育说是指德育、智育、体育、美育、劳动技术教育;还有观点是在五育说的基础上加上心育(心理教育)、法制教育等。但多数人认为我国中小学实施的全面发展教育包含德育、智育、体育、美育、劳动技术教育五个方面。

德育即思想品德教育,是指教育者按照一定的社会要求,有目的、有计划地对受教育者施加系统的影响,把一定社会的思想观点、政治准则、道德规范等转化为个体思想品质的教育。

智育是指教育者引导学生掌握系统的科学文化知识、训练和形成基本技能技巧、形成科学的世界观、发展智力的教育。智育是全面发展教育的重要组成部分,是社会生产延续和发展、人类自身发展不可缺少的条件。智育的任务主要是向学生传授系统的科学文化基础知识,培养学生的基本技能技巧,发展学生的智力,使学生形成科学的世界观。

体育是指教育者引导学生掌握健身和卫生等方面的知识、训练和形成健身技能和运动能力,发展学生机体素质和体力,增强学生体质的教育。体育的任务是:增强学生体质,这是学校体育的根本任务;向学生传授体育和卫生的基本知识和基本技能;结合体育特点对学生进行思想品德教育;向国家输送优秀体育运动员,促进我国体育运动技术水平的提高。

美育又称审美教育、美感教育等,是指教育者通过现实生活和艺术中的美来培养学生正确的审美观,发展学生感受美、鉴赏美和创造美的能力,培养学生高尚情操和文明素养的教育。美育的任务是:培养学生对自然、社会、艺术的正确的审美观点,使学生具有感受美、理解美、鉴赏美的知识和能力;训练学生初步的绘画、唱歌、舞蹈、诗歌朗诵和文艺创作等基本技能,并能运用艺术形式发展追求美、表现美、创造美的能力。

劳动技术教育是指教育者引导学生掌握现代生产劳动的基础知识,训练和培养基本生产技能,形成正确的劳动观念,养成良好的劳动习惯的教育,它包括劳动教育和技术教育两个方面。劳动技术教育的任务是引导学生初步掌握一些基本生产知识和劳动技能,树立一定的劳动观念,形成正确的劳动态度,养成良好的劳动习惯。

2. 诸育的关系

德、智、体、美、劳各育既有其相对独立性,又具有内在联系,它们共同构成我国的全面发展教育。

首先,各育针对人的身心素质发展的某一方面,都有自己独特的任务、作用、特殊的教育方法和手段,不能相互取代。例如,德育针对的是学生的品德培养,关注的重点是政治思想、人生价值、行为方式、为人处世等;智育针对的是学生的智能提升,关注的重点是知识、能力等;体育针对的是学生的体质增强,关注的重点是身体素质、卫生习惯等;美育针对的是学生的美感养成,关注的重点是欣赏能力、生活情趣、精神境界等;劳动技术教育针对的是学生的劳动锻炼,关注的重点是劳动意识、劳动技能、未来的职业生活等。各育都有其独特的功能和作用,教育实践中应坚持各育并举,任何一育都不能偏废。

其次,各育又相互依存、相互渗透、相互促进,共同构成一个整体,每一育都是全面发展教育中必不可少的构成部分。例如,德育为人的发展提供方向和动力,保证各育效果的性质;智育为各育目标的实现提供必要的科学知识基础和智力基础;体育为各育实施提供身体条件;美育为各育的实施提供审美保证,是全面教育的升华;劳动技术教育为各育的实施提供手段,劳动技术教育可以促进脑力劳动与体力劳动结合,使学生手脑并用、理论联系实际,是全面发展的手段。在理论上我们可以把各育分开研究,但在实践中每一育都不可能相互孤立地对学生发生作用,必须把各育作为整体的一部分来认识,要树立整体观念。只有综合设计教育活动,发挥教育的整体功能,才能真正提高教育的实效。

(三) 全面发展教育的途径

根据马克思的全面发展理论,实现全面发展的唯一途径是教育与生产劳动相结合。在学校教育中,实现全面发展教育的基本途径有以下三种。

1. 课堂教学

课堂是学校教育活动的主要场所,也必然是实现全面发展教育的主渠道。因为课堂教学的作用具体表现为:① 通过具有科学性、思想性的教学内容,使学生真正掌握自然科学和社会科学的知识,使学生的认识、思想、情感不断地发生变化,树立辩证唯物主义世界观;② 通过教学方法发挥作用,如运用启发式教学法可以引起学生探索的兴趣,培养学生的动手能力;③ 教学组织形式对于贯彻全面发展教育有特定的意义。

2. 课外活动

课外活动是课堂教学的延伸与拓展,它不仅能深化对课堂教学中的知识的理解,而且能够形成操作能力、组织能力、人际关系处理能力等,从而实现全面发展的教育目的。组织课外活动要根据学生的兴趣并遵循自由参加的原则,发挥学生的积极性与创造性,不能包办代替。

　　3. 学生集体

　　我们可以通过班集体、团组织、学生会等学生集体特有的活动培养学生的集体主义观念,发展多个方面的兴趣,养成遵守纪律、批评与自我批评的习惯,尊重舆论的态度,团结友爱、互助合作的精神和独立工作的能力。班集体、共青团、学生会等组织的性质和任务不同,开展教育工作的方式也不同。不管是哪一类组织,在开展活动时都要充分发挥学生的自由思想,让学生用自己的语言说自己要说的话,这样才能最大限度地实现全面发展的教育目的。

　　上述三大途径相对独立又密切配合,共同实现全面发展教育的目标。

(四) 实施全面发展教育的策略

　　实施全面发展教育是实现我国社会主义教育目的的必然要求。在教育实践中教育者应特别注意以下几个方面。

　　1. 正确处理诸育关系,科学设计教育活动

　　强调各育并举并不意味着平均用力,应根据各育的特点和人的身心发展规律,进行科学设计、合理安排。例如,各育的内容、课时比例、教育方法和手段、效果评价方法和手段等的选择和设计都应充分考虑各育的特点和不同阶段学生发展的特点。各育相互依存、互为条件,但各育的实施需要不同的身心发展基础、不同的教育教学条件和方法,它们的效果也会以不同的方式体现。

　　2. 正确认识全面发展和个性发展的关系,促进学生全面、和谐发展

　　全面发展与个性发展是一致的、统一的。全面发展是指每个人的全面发展,即"个性的全面发展"。个性发展是指每个人在全面发展的过程中由于客观存在的各种差异而形成的各不相同的个性的发展,是全面发展的自然结果,即"全面发展的个性"。全面发展是对人的普遍、统一的基本要求,个性发展是教育的必然结果。在教育实践中,教育者应根据每个学生的特殊性因材施教,在充分发挥每个学生长处的同时实现学生的全面、和谐发展。

　　3. 坚持以人为本,充分发挥师生潜能

　　教育是专门培养人的活动,实施全面发展教育必须坚持以人为本,实现人的全面发展的目标,办人民满意的教育。坚持以人为本就是要把教育的重点转向人本身,在教育过程中把人的全面发展放在中心地位,就是要顺应人的禀赋,以人的个性发展需要为本,最大限度地开掘、发展人的潜能,完整而全面地关注人的发展。以人为本,首先要以学生的发展为本,要面向全体学生,尊重学生的差异和个性,促进学生全面、和谐发展;其次要依靠教师,激发全体教师的责任心和积极性,发挥全体教师的智慧和才能。

　　4. 树立崇高理想,培养学生创新精神和实践能力

　　实施全面发展教育,首先要解决学生的学习方向、学习动力等问题,激发学生的学习欲望;其次,要重视培养学生的创新精神和实践能力。创新精神是进行创新活动必须具备的心理特征,包括创新意识、创新兴趣、创新胆量、创新决心以及相关的思维活动等。创新精神需要具有良好的知识基础和科学素养、敏锐的观察力、准确的判断力、独立的思考和分析决策能力、高超的信息处理能力和进行发明创造、改革、革新的意志、信心、勇气和智慧等。实践能力是指运用所学知识解决实际问题的能力、直接的生产劳动和社会实践的能力等。重视实践能力的培养既是知识学习的需要,更是培养全面发展的人的途径。

5. 确定合理的培养目标,促进学生主动发展

教育目的是对人的理想设计,是教育努力的方向,它对教育实践发挥着价值引导的作用,是对各级各类学校的统一要求。培养目标是教育目的的具体化,从各级各类教育的实际出发,提出既与教育目的的指导方向一致,又符合教育实际需要的目标,将教育目的的指导性与培养目标的现实性统一起来,真正指导教育活动。培养目标的确立除了考虑落实教育目的之外,还应结合各级各类学校教育的性质和任务、特定教育对象的身心特点和规律。

三、素质教育

让城里孩子做一回农家少年

这是一个没有课本、没有讲台、没有黑板的课堂。虽然告别了正襟端坐,远离了语数外,但下塘摸鱼、农田插秧,甚至是摆满浏阳蒸菜的饭桌,都与学习和研究相关。近日,明德天心中学近900名初一学生在浏阳松山屋场或攸县罗家坪经历了别样的课堂体验。四天时间里,孩子们从书山题海到广阔的田间地头,让"学农"的亲身实践和"研学"的钻研思考在"做一回农家少年"中得到最完美的诠释。

(徐媛.让城里孩子做一回农家少年[EB/OL].[2017-05-23][2020-05-11]. https://news.youth.cn/jsxw/201705/t20170523_9846242.htm)

如何才能促使学生在品德、学业、身心、特长等方面都得到一定程度的发展?这是一个时代命题。1999年6月,《中共中央国务院关于深化教育改革全面推进素质教育的决定》(以下简称《决定》)提出:"全面推进素质教育,培养适应二十一世纪现代化建设需要的社会主义新人。"素质教育由此被确定为我国教育改革和发展的长远方针。该《决定》的颁布标志着素质教育观已经形成了系统的思想。《中华人民共和国义务教育法》第三条规定,义务教育必须贯彻国家的教育方针,实施素质教育。这标志着实施素质教育已经上升为法律层面,成为国家意志。2013年12月,教育部办公厅印发《关于做好中小学教育质量综合评价改革实验工作的通知》,旨在推进素质教育。2020年10月,中共中央、国务院印发了《深化新时代教育评价改革总体方案》,指出要"全面贯彻党的教育方针,坚持社会主义办学方向,落实立德树人根本任务,遵循教育规律,系统推进教育评价改革,发展素质教育"。

(一)素质教育的内涵

素质教育是根据社会时代发展和人的发展需求,以全面提高学生的基本素质为目的,以充分发挥学生的主体精神为引导,以不断开发学生的潜能和个性为宗旨,以培养学生创新和实践能力为特征,重视适应未来社会和回归学生生活的教育。

学术界对素质教育提出五个公认的本质特征:① 教育对象的全体性;② 教育目标的全面性;③ 培养学生的主体性;④ 学生个性健康的发展性;⑤ 教育空间的开放性。此外,有的学者认为素质教育应具有实践性、创造性的特征。还有的学者从全方位、多层次的角度概括出较为完整的特征,包括:基础性、发展性、主体性、普通性、民族性、全体性、全面性、内在性、能动性、优效性、时代性、理想性与科学性辩证统一、公平性、综合性和创造性等。

(二)实施素质教育的原因

1. 实施素质教育是落实"科教兴国"战略的需要

1999年6月,在第三次全国教育工作会议上,党中央、国务院明确提出:必须坚定不移地实施科教兴国战略,大力提高全民族的思想道德和科学文化素质,提高知识创新和技术创新能力,密切教育与经济、科技的结合,加快实现经济增长方式和经济体制的根本转变。这是全面推进我国现代化事业的必然选择,也是中华民族自立于世界民族之林的根本保证。可见,我国推行素质教育是从国家发展的高度来考虑的,是为了保证我国在政治、经济、文化各方面的综合竞争力。教育是国家发展的基础,而国民的劳动素质、创新能力与竞争能力则是一个国家强盛的基本保证。

2. 实施素质教育是当今国际教育改革和发展的共同趋势

罗马俱乐部创始人奥雷利奥·佩西认为,"决定人类命运的最重要的因素是人的素质,不仅是精英人物的素质,而且是几十亿普通地球居民的平均素质。"[①]世界各国自20世纪70年代开始纷纷进行教育改革以提高学生的素质。例如,1983年4月美国国家教育质量委员会向教育部部长贝尔提交了题为《国家处于危险之中:教育改革势在必行》的报告。此报告认为教育的目标必须最大限度地发展学生的才能。1984—1987年日本临时教育审议会先后四次提出了审议报告,提出要把"以最大限度的努力使儿童的身心两个方面得到均衡发展"摆在教育的中心地位。1989年11月27日—12月2日,"面向21世纪的教育"国际研讨会在北京召开。会后发表的《学会关心:21世纪的教育》,提出:为应对未来的挑战,不能只考虑智力开发,同时要注意提高人的道德与理想水平。教育的一个重要目标就是帮助年轻一代树立更高境界的理想、信念与社会责任感,要帮助他们学会共处、学会合作、学会同情。因此,实施素质教育是主动与国际教育接轨,是对国际教育大趋势做出的积极反应。

3. 实施素质教育是我国基础教育改革和发展的需要

素质教育之所以要提出,是因为原有的教育中存在着许多缺陷,这些缺陷导致教育不能发挥最佳功能,不能顺应整个社会的发展趋势。因此,原有的教育需要改革。素质教育是与应试教育相对应的概念。应试教育具有特定的内涵,是指脱离人和社会发展的实际需要,以考试为中心,"唯分是举",片面追求升学率的教育。应试教育把多数学生局限于书本与课堂,局限于训练与考试之中。部分学校仅仅注重升学,对学生的人格教育、道德教育、人文情感教育、社会实践教育重视不够,导致部分学生知识与情感、知识与实践、知识与创造力的失衡。基础教育是一切教育的根本,它影响学生将来学习、生活和做人的最基本品质。如果我们现在还不转变教育思想和教育观念,不用素质教育替代应试教育,那么中华民族的振兴就会成为一句空话。

(三) 素质教育和应试教育的区别

素质教育与应试教育是对立的两种教育观。所谓应试教育,是指在教育实践中客观存在的偏离受教育者群体和社会发展的实际需要,单纯为应付考试、争取高分和片面追求升学率的一种倾向。素质教育与应试教育的对立主要体现在以下几点:

(1)教育目的不同。应试教育着眼于分数和选拔,以考取高分获得升学资格为目的,属于急功近利的短视行为。而素质教育重视受教育者个体发展和社会发展的需要,旨在提高国民素质,追求教育的长远利益与目标。

(2)教育对象不同。应试教育重视少数高分学生,忽视大多数学生。而重视高分学生,更确切地说是重视高分,违背了义务教育的宗旨,违背了"教育机会均等"的原则。素质教育面向全体学生,它是一种使每个人都得到发展的教育,每个人都在他原有的基础上有所发展,都在其天赋允许的范围内充分发展。

---

① 佩西.人类素质[M].北京:中国展望出版社,1988:38.

（3）教育内容不同。应试教育紧紧围绕考试和升学需要，考什么就教什么，所实施的是片面内容的知识教学。应试教育只教应试内容，忽视了非应试能力的培养，如语文、外语学科忽视听说能力的训练，学生无法充分发挥语言的交际功能；在数理化学科中忽视对理论知识的运用及动手操作，以致学生在实际问题面前束手无策。而素质教育立足于学生全面素质的提高，教以适合学生发展和社会发展需要的教育内容。

（4）教育方法不同。应试教育采取急功近利的做法，如大搞题海战术、猜题押题、死记硬背等，不仅加重了学生的课业负担，也使学生的能力得不到全面的培养。素质教育则要求开发学生的潜能与优势，重视启发诱导，因材施教，使学生学会学习，生动活泼地发展。

（5）教育评价标准不同。应试教育要求学校的一切工作都围绕着备考这个中心而展开，要求学生积累与考试有关的知识、形式、应试技能，考取高分，要求老师将分数作为教学的唯一追求，以分数作为衡量学生和老师水平的唯一尺度。素质教育则立足于学生素质的全面提高，以多种形式全面衡量学生素质和教师的水平。

（6）教育结果不同。在应试教育下，多数学生受到忽视，产生厌学情绪，片面发展，个性受到压抑，缺乏继续发展的能力。在素质教育下，全体学生的潜能达到充分发挥，获得素质的全面提高，个性得到充分而自由的发展，为以后继续发展打下扎实基础。

（四）素质教育的实施要求

实施素质教育是一项系统工程，需要全社会的重视和支持。作为一个历史性的课题，全面推进素质教育是全社会共同的责任。就学校而言，应重点做好以下工作：

（1）更新教育观念，全面贯彻党的教育方针，坚定实施素质教育的信心。

（2）提升教师队伍素质，激发全体教师的责任心和工作积极性，创设实施素质教育的条件。

（3）加强素质教育宣传，使学校、家庭、社会的教育理念形成一致，创造实施素质教育的氛围。

（4）融入经济社会发展潮流，面向全社会办学，广泛吸收实施素质教育的各种资源。

（5）改革课程设置，减轻学生负担，搭建实施素质教育的平台。

（6）重视课堂教学改革，提高课堂教学效率，畅通实施素质教育的主渠道。

（7）健全教育评价体系，改革评价方法，明确实施素质教育的导向。

（8）深化素质教育研究，不断创新素质教育方法，总结素质教育经验，提高素质教育水平。

素质教育是一项复杂的系统工程，不是一蹴而就的，而且实际的情况要复杂得多。有的地方，素质教育的实施不过是在原来的模式上增加了特长教育而已，在学生沉重的书包上又加上了沉重的手风琴、电子琴、画笔画夹。有的地方，学校开始减轻学生负担，可家长不同意。素质教育需要社会、家庭、学校各方面的密切配合，需要各级党政干部端正教育思想，对教育转轨进行正确领导，提供有力支持。

四、素质教育与全面发展教育

全面发展教育与素质教育的关系问题，引起了学者的广泛关注和讨论，他们提出了各自的观点。

（一）几种观点

关于素质教育与全面发展教育的关系大致有同一说、超越说、同异说、具体化说几种观点。

1. 同一说①

同一说认为素质教育与全面发展教育没有区别,两者指的是同一回事。同一说的基本立论如下:

(1) 素质教育与全面发展教育的目标相同。全面发展教育就是要促进人的智力与体力充分自由、生动活泼地主动发展,就是要促进人的各方面才能、特长的和谐统一发展,包括人的道德水平、审美情操的发展。素质教育同样把工作重点放在促进人的全面发展和综合素质的提高上,这两种教育所要达到的目的和人才培养目标在本质上是一样的。

(2) 素质教育与全面发展教育的内容相同。素质教育的实质就是德、智、体、美、劳全面发展教育。素质教育的内容就是"五育",人的素质的提高也就是德、智、体、美、劳的全面发展教育。

(3) 素质教育与全面发展教育的方向相同。素质教育和全面发展教育实质是一个问题,全面发展教育是从总体上把握人的培养和教育,而素质教育则是全面发展教育的具体体现。

2. 超越说

超越说认为现代素质教育理论是在坚持马克思主义的人的全面发展学说的基础上,结合我国国情,进一步深化和发展了马克思主义的全面发展学说,是对全面发展教育的超越。这种超越主要表现在如下几个方面。

(1) 素质教育具有鲜明的时代性,它把马克思设想的未来社会的"人的全面发展"根据我国社会主义初级阶段的实际情况加以灵活贯彻,强调马克思所说的"人的全面发展"在现阶段就是人的素质的全面发展,并从提高整个中华民族素质的高度认识基础教育的任务和意义。

(2) 素质教育从人的身心发展的素质结构入手,为培养与提高学生的素质提供了内涵更加丰富和明确的教育内容和评价指标体系。素质教育的提出极大地丰富了现阶段全面发展教育的内涵,它保留了"五育并举"的合理之处,并克服了其不足,灵活地在各育间贯穿思想品德素质教育、智能素质教育、健康素质教育、审美素质教育、现代文化心理素质教育等,更能体现全面、整体育人观的要求。

3. 同异说

同异说认为,素质教育与全面发展教育两者有着相同之处,全面发展教育和素质教育在方向上是一致的,在教育目标上是同一并紧密相连的。素质教育也是为了使学生全面发展,或者说为全面发展打基础,从这个意义上说两者是相通的、一致的。素质教育里面有全面发展教育,全面发展教育离不开素质教育。两者的不同之处在于,素质教育强调基础性,而全面发展教育强调充分的、高层次的发展;素质教育是小康社会时期的教育,而全面发展教育是适应追求共产主义社会历史时期的教育。同异说从辩证的角度来看待素质教育与全面发展教育的关系,指出两者是不同的,但它们之间存在着我中有你、你中有我的辩证关系,认为同一说和超越说的观点都没有把握住素质教育的本质特征,也把全面发展教育理解得片面化了。

---

① 同一说的观点请参阅:欧阳玉,谢再根.素质教育散论[J].教育研究,1997(2):48—51;李帅军.素质教育与全面发育[J].河南师大学报(哲学版),1993(2):91—93。

4. 具体化说

具体化说认为素质教育乃是全面发展教育的具体化,是全面发展教育的落实,具体观点如下:

(1) 全面发展只有落实到人的素质上才能实现。只有把全面发展落实到人的素质的全面提高上,只有把全面发展教育与素质教育联系起来,才会有真正意义的全面发展和全面发展教育。从这点来看,素质教育乃是全面发展教育进一步的具体化,是贯彻全面发展教育的必由之路。

(2) 全面发展只有通过素质教育才具有可操作性。全面发展教育在实践上,因其过于抽象,故难以操作,更难以监控。素质教育作为全面发展教育的实施策略,它可以将全面发展教育的几个方面分解为比较具体的内容,结合社会的实际、学校的实际、个体的实际,把抽象的方针目的具体化,使之具有可操作性。

(3) 素质教育是全面发展教育的具体落实。全面发展就是全面发展素质,素质这个概念不仅包含德、智、体、美、劳,同时还包含心理等其他内容,随着时代的发展、社会的进步其内涵还在扩展。可以说素质教育的提出,使全面发展教育更加具体化。

(二) 基本观点

我们认为素质教育与全面发展教育并不矛盾,从本质上说,二者是一致的。

1. 全面发展教育思想是素质教育的理论依据

素质教育以全面发展教育思想为指导,以历史上的和现阶段的全面发展教育为基础,没有这个"基础",素质教育就失去了历史继承性。因此,无论是从科学的视角还是从现实视角来考察,素质教育都与全面发展教育保持了本质上的一致。从素质教育的几个基本特征来看,它基本上没有超出全面发展教育的内涵,都强调教育要面向全体学生,促进学生全面发展、主动发展。

2. 素质教育是全面发展教育的具体落实和深化

素质教育是对应于应试教育而提出的一个概念,虽然学者们对于应试教育的提法本身还存有争议,但无可否认,我们国家在进行全面发展教育的过程中,确实出现了一些问题和偏差,在实践中的确存在着一些片面追求升学率,过于注重学生的智育而忽视其他几个方面的情况,这些偏差和倾向要求我们的教育目的必须发挥它应有的定向、评价和调控功能。那么,怎样来纠正这种倾向呢?于是有人提出了素质教育,提出要发展学生的多方面的能力,而不能只注重智育。素质教育的提出是为了纠正教育实践对于教育目的的背离,是全面发展的教育目的对教育活动进行调控的一个结果,也是教育目的的具体落实和深化。

第二节 学 生 观

学生观,是指教育工作者对学生的本质属性及其在教育过程中所处位置和作用上的认识和看法。学生观形成于教育教学实践之中,受一定社会的政治经济制度、文化传统、教育传统所制约,并受到教育工作者自身世界观和对学生身心发展规律的认识水平的影响。它制约着教育工作者对学生采取的态度和方法,并在一定程度上影响教育的目的、目标、内容和方法等。

2015年10月,党的十八届五中全会强调,必须坚持以人民为中心的发展思想,把增进人民福祉、促进人的全面发展作为发展的出发点和落脚点。2017年10月,党的十九大报告指出,必须坚持以人民为中心的发展思想,不断促进人的全面发展。

习近平总书记强调，必须坚持以人民为中心的发展思想，特别是多次深刻指出要"不断促进人的全面发展"。这是对马克思主义"人的全面发展"理论的继承和发展，是习近平新时代中国特色社会主义思想的重要内容，也是马克思主义教育理论的精髓，更是现代教育必须确立的科学的学生观。

在素质教育背景下，应树立以人为本、促进人的全面发展的学生观。

一、以人为本的概念

（一）以人为本的哲学含义

以人为本的科学内涵需要从两个方面来把握。

首先，关于"人"的概念。在哲学上，"人"常常与神或物相对而言。所以，以人为本，要么相对于以神为本，要么相对于以物为本。一般而言，西方早期的人本思想主要是相对于神本思想，主张用人性反对神性、用人权反对神权，强调把人的价值放到首位。中国历史上的人本思想，主要是强调人贵于物，"天地万物，唯人为贵"。在现代社会，人本思想作为一种发展观主要是相对于物本思想而提出来的。

其次，关于"本"的概念。"本"一是指世界的"本原"，二是指事物的"根本"。"以人为本"的本，不是"本原"的本，是"根本"的本，它与"末"相对。以人为本，不是回答什么是世界的本原，人、神、物之间，谁产生谁、谁是第一性、谁是第二性的问题，而是回答在我们生活的这个世界上，什么最重要、什么最根本、什么最值得我们关注的问题。以人为本，就是说与神、与物相比，人更重要、更根本。"百年大计，教育为本；教育大计，教师为本"，以及"学校教育，学生为本"等，都是从"根本"这个意义上理解和使用"本"这个概念的。

由此可见，以人为本大致有三层意思：一是以人的发展为本，而不是以物或经济发展为本；二是追求绝大多数人的发展，而不是少数人的发展；三是强调具有平等权利的每个个体的发展。具体而言，以人为本就是要重视人的需要、鼓励个体主动发展。

（二）以人为本的教育含义

在教育领域，"以人为本"有时又被称作"以生为本"，也就是说，在学校教育领域，"人"指的是受教育的对象——学生。那么，学生是什么？学生具有哪些本质属性？

1. 学生的本质属性

(1) 学生是处于发展中的人。

学生是具有发展潜力的人，具有不断向上发展的内驱力。所以，学校教育要树立发展的学生观，以发展的眼光对待学生，强调积极、正向的生命概念，促进学生健康、持续和富有个性的发展。学生的发展有三大特征：一是学生的发展是多方面、尽可能充分的发展；二是学生的发展是富有个性的发展；三是学生的发展是持续的、终身的发展。

(2) 学生既是受教育的对象，又是学习的主体。

学生是受教育的对象，这是由学校的使命和在教育过程中教师与学生的关系决定的。学校教育是有计划、有目的、有组织地培养人的社会活动，由教育者根据一定的教育目的、具体的教育对象和特定的教育场景来选择教育内容，组织教材和教学活动，并采取一定的教育方法来对学生施加影响。与环境对个体自发的、零碎的、偶然的影响相比，学校教育对学生的成长起着主导作用。学生在教育过程中并不是对教师的完全盲从，他们在教育活动中具有主观能动性和自我教育的可能性，所以学生又是学习的主体。

(3) 学生是独特的生命个体。

任何一个学生都是一个独立的存在,是一个具有个性的生命体。学生渴望自由平等、渴望幸福快乐;学习是学生的主要任务,但学习不应成为强制的手段;学生从学习中应该体会到生命的美与力量,而不是深深的压抑和痛苦。学生不是"完美的天使",他们是"调皮的精灵",在他们身上我们可以认识和控制的必然性,但他们的生命中也蕴涵了太多的偶然性。有时他们是这样的可爱,有时又是那样的惹人生气,这是学生生命成长过程中必然出现的现象。作为教育者,我们不必美化他们,同时又不必回避他们生命中的种种矛盾,而要接受这种矛盾,宽容豁达,善待他们。

(4) 学生是完整的人。

学生是完整的人,学生不是单纯的抽象的学习者,而是有着丰富个性的完整的人。在教育活动中,作为完整的人而存在的学生,不仅具备全部的智慧和人格力量,而且体验着全部的教育生活。把学生作为完整的人来对待,就必须反对那种割裂人的完整性的做法,还学生完整的生活世界,丰富学生的精神生活,给予学生全面发展个性力量的时间与空间。

(5) 学生是具有社会意义的人。

人的本质属性是社会性,学生是具有社会意义的人。作为生命存在,学生的发展离不开一定的社会系统,学生是社会系统不可分割的一分子。学生的成长过程是一个社会化的过程。学生个体通过与社会的交互,逐渐成熟、不断适应,最终成长为社会的成员。在个体社会化的过程中,学生逐渐掌握立足社会所需的知识、能力和社会经验,并能在人生过程中不断地作用于社会,促进和推动社会的进步和发展。学生不仅属于学校,更属于社会。

2. 以人为本教育的内涵

以人为本就是以人为根本,是科学发展观的核心理念。以人为本的教育包含四个基本含义:① 在教育世界里,教师和学生虽各自担任着不同的角色,履行着不同的职责,但二者都是教育的主体,双方都应坚持"以人为本",并在相互理解的基础上确立双方共存共生的思维模式;② 以人为本的教育应该全面考虑人的自然性、社会性和精神性的需求,并努力在三者之间寻求一种动态的平衡,促进人的全面发展;③ 以人为本的教育重视人的主体地位的凸显和主体性的发挥,尊重学生的选择和自由,培养学生的独立性和创造性,充分发掘个体的潜能;④ 以人为本的教育在培养全面发展的人的过程中,不断创造出新的文化和新的自我。

简言之,以人为本的学生观就是以学生的发展为核心,承认学生是学习的主体,每个学生都有潜力;学生是完整的个体,应充分尊重、关心、理解每个学生;根据学生的不同特点,教育和引导他们学习、生活,帮助他们健康成才,从而为他们一生的发展奠定坚实的基础。

二、以人为本、促进人的全面发展的学生观在教育教学中的实现途径

现代学生观坚持以人为本,促进人的全面发展,其中,以人为本是核心,而以实现人的全面发展为终极目标,那么其在学校教育教学中如何才能实现呢?

(一) 以促进学生发展为目的,而不以追求分数为目标

教育的对象是学生,学生的充分、全面发展是以人为本学生观的最终目的。因此,无论是教育内容的确定、教学活动的安排,还是学生评价的开展,都要以学生发展为本,而不能以物为本,特别是不能以分数作为教育的追求。

（二）全面看待学生，确立学生的主体地位

用全面的眼光看待学生的发展，要求我们不能孤立地、片面地只强调某方面的发展，忽视学生的整体和谐发展。我们要善于发现每个学生的特点，重视对后进生、特困生的关怀；在教育实践中要杜绝只重智育而忽视学生德育、体育的片面做法；充分尊重学生的主体地位，在组织教育和教学活动时我们要尊重学生的感受，调动学生学习的积极性和能动性，鼓励学生的创造性。

（三）公平公正地对待学生

每个学生都是一个独特的生命体，因而各具特点，所以我们不能因为性别、民族、地域、经济状况、家庭背景和身心缺陷等把学生分成三六九等，而应公平、公正地对待每一位学生。为此，教师要自觉学习，提高修养，做到平等地对待学生，一视同仁；实事求是，赏罚分明。

（四）尊重热爱学生

师爱作为一种教育手段，在教育过程中具有明显的教育性。教师对学生的爱能够激起学生对教师的亲近之情，学生愿意向教师敞开心扉，和教师推心置腹地交流。通过这种心理体验过程，学生会自觉接受教师的教育；教师在教育过程中以师爱为媒介，使学生受到潜移默化的影响，从而取得良好的教育效果。但教师对学生的爱是为了学生的健康发展，并不是对学生的溺爱，教师对学生的爱始终与严格要求相结合，做到"爱中有严，严中有爱，爱而不宠，严而有格，慈严相济"。师爱的具体表现如下。

1. 师爱始于对学生的了解

每一个学生都有一个丰富的内心世界，教师应当深入学生的生活世界，了解学生的精神状况及喜怒哀乐。教师在学习和生活中应善于发现学生的优点和可爱之处，并给予鼓励，让学生体会到师爱的温暖，使他们在肯定性评价中幸福成长。

2. 师爱表现为尊重学生

教师必须把学生看作是值得尊重的人。每一个学生都具有各自的特点，每一个学生都有自己的志向和智慧，每一个学生都具有巨大的发展潜力。教师应尊重学生，应对学生多一点激励和宽容，少一点批评和苛求，应根据学生的独特个性和身心发展规律肯定学生的闪光点，发掘学生的潜力，使学生健康快乐地发展。

用心在听

肖老师上课时很少叫达扬回答问题，只因害怕见到他站起来战战兢兢、满脸通红的样子。可是，肖老师不想他一直这样下去。某次，肖老师走到他的身边，轻轻地呼唤了他的名字。他旁边的同学无奈地说："老师，你就放过他吧。"肖老师走到讲台上，"复述"了他的答案，并且夸奖了他。很多同学发出了质疑声："老师，你确定听到了他的答案吗？"肖老师用双手做了一个心形放在胸前，笑着说道："我是用心在听，你们用耳朵听，当然听不到他的心声。"教室里的掌声响了起来，肖老师注意到：一丝轻松的微笑从达扬的脸上掠过。

3. 师爱表现为信任并寄希望于学生

教师在施教和对学生进行管理的过程中，要充分信任学生，相信每个学生都有巨大的发展潜力和自主意识，相信每个学生都有独特的个性与丰富的精神世界，相信每个学生都能健康、和谐地发展，相信每个学生都有一个光辉灿烂的明天。在教育过程中，教师所要做的就是给学生自由，给学生选择的权利并给予热情的关注。

(五) 因材施教，促进学生的个性发展

以人为本的学生观要求教师要从学生的实际情况、个别差异出发，有的放矢地进行有差别的教育教学，使每个学生都能扬长避短，获得最佳的发展。具体要做到：① 深入了解学生的个性特点和内心世界；② 根据学生个人特点和年龄特征有的放矢地进行教育；③ 寓以人为本于丰富多彩的活动中。

(六) 树立为学生服务的意识

以人为本的学生观强调教育以服务学生为前提，为每个学生的全面发展服务，为发掘每个学生的潜能和创造力服务。教育应该针对青少年的心理变化和认知特点，为学生的终身成长提供最优质的条件。其主要体现在以下四个方面：① 服务于学生的身心，提高他们的身心素质；② 服务于学生的学业，提高他们的知识理论水平，使其掌握一定的技能；③ 服务于学生的生活，为他们创设优良的学习环境；④ 服务于学生的终身发展，使教育成为促进学生可持续发展的手段，增强学生面向未来的适应能力。

第三节 教师观

教师观是关于教师职业的基本观念。从广义上说，教师观是人们对教师职业的认识、看法和期望的反映。从狭义上看，教师观是教师对职业的特点、责任，教师的角色以及科学履行职责所必备的基本素质等方面的认识。《中华人民共和国教师法》第三条对教师的概念做了界定：教师是履行教学职责的专业人员，承担教书育人，培养社会主义事业建设者和接班人、提高民族素质的使命。教师专业观是指教师不是一种普通的职业，而是一种专门的职业，教师是专业人员。这是教师职业的特殊性所在。

三毛的鸭蛋

初二的时候，我数学总是考不好。有一次，我发现数学老师每次出考试题都是把课本里面的习题选几题叫我们做。当我发现这个秘密时，就每天把数学题目背下来。由于我记忆力很好，那阵子我一连考了六个100分。数学老师开始怀疑我了，这个数学一向差劲的小孩功课怎么会突然好了起来呢？一天，她把我叫到办公室，丢了一张试卷给我，并且说："陈平，这10分钟里，你把这些习题演算出来。"我一看上面全是初三的考题，整个人都呆了。我坐了10分钟后，对老师说不会做。下一节课开始时，她当着全班同学的面说："我们班上有一个同学最喜欢吃鸭蛋，今天老师想请她吃两个。"然后，她叫我上讲台，拿起笔蘸进墨汁，在我眼睛周围画了两个大黑圈。她边画边笑着对我说："不要怕，一点也不痛不痒，只是凉凉而已。"画完后，她又厉声对我说："转过身去让全班同学看一看！"当时，我还是一个不知道怎样保护自己的小女孩，就乖乖地转过身去，全班同学哄堂大笑起来。第二天早上，我悲伤地上学去，两只脚像灌了铅似的迈不动，走到教室门口，我昏倒在地上，失去了知觉。从此，我离开了学校，把自己封闭在家里。①

这是作家三毛对自己初中生活的一段回忆，很显然这是一段痛苦的回忆。这位数学老师的做法不仅使三毛第二天"悲伤地上学去"，而且"昏倒在地上"，最终永远地"离开了学校"。为什么这位老师会采用这种方式对待三毛？这是由她的教师观决定的，如果她认为教师要关爱学生、尊重学生，那么断然不会发生这种情况。

---

① 三毛.三毛集：雨季不再来[M].北京：十月文艺出版社，2007：66.

一、教师的职业特点与角色定位

教师职业与其他职业相比有其自身的特殊性。教师作为劳动者,学生既是其劳动对象,又是其劳动产品。教师的劳动手段和生产工具主要是自身的知识、能力、品德以及一定的教学设备和科研设备。教师要向学生传授知识,培养其能力,并使其树立正确的政治观点和思想品德。

(一)教师的职业特点

1. 示范性

示范性是指教师的言行举止包括人品、才能、治学态度等都会成为学生学习的榜样。教师劳动的示范性特点是由学生的可塑性、向师性心理特点决定的。同时教师劳动的主体性也要求教师的劳动具有示范性的特点。德国教育家第斯多惠说过,教师本人是学校里最重要的师表,最直观、最有教益的模范,是学生最活生生的榜样。教师职业的示范性表现在教育活动的各个方面。在教学工作中,教师需要先做示范以增强学生学习的直接性和规范性,特别是在课文朗读、例题分析、实验操作,以及音、体、美、劳的教学中,教师的示范显得更加重要。此外,教师的思维方式、思想品质、知识结构、学习习惯等,无形中都对学生起示范作用。在德育工作中,教师的品德、言行对学生也具有重要的榜样示范作用。

2. 复杂性

教师职业的复杂性指教师的劳动不是一种简单的劳动,而是一种复杂的劳动;不仅有体力的付出,还有脑力的付出。教师劳动的复杂性具体表现在以下几个方面:首先,教师劳动性质的复杂性。教师的劳动属于专业行为,是一种高度复杂的心智劳动。其次,教师劳动对象的复杂性。教师劳动对象是具有一定自觉意识的、有感情、有理智、有个性的学生。再次,教师劳动内容的复杂性。社会对人才的要求是全面的,教师必须根据社会的要求使受教育者德、智、体、美、劳全面发展。因此,教师既要教书,更要育人;既要培养学生的能力,还要对他们进行生理和心理等方面的训育。最后,教师劳动过程的复杂性。教师劳动过程是知识信息的传递和转化的过程,是一种综合使用、消化、传递、发现科学知识、技能的复杂的劳动形式。

3. 协作性

学校教育是由众多人参加、多方配合的集体劳动,具有很强的协作性。从横向上看,学生的全面成长不是某一个教师能够决定的,而是由承担不同学科教学任务的教师,担负不同职能的教师(如思想工作、教学工作、管理工作等)共同努力实现的。从纵向来看,由于学校教育是分段进行的,没有一个教师能独立完成对一个学生从幼儿园到大学的全部教育。每一个学生从幼儿园、小学、中学以至大学都包含了许许多多教师的辛勤劳动。因此,学生的变化发展、学业成绩的提高,乃至德、智、体、美、劳的全面发展,不可能只由某一个教师、某一个班主任所能决定,而是各门学科的教师、班主任以至整个教育集体、家长、社会的通力合作、协同努力的结果。

4. 创造性

教师职业的创造性首先是由教育对象的特殊性和教育情境的复杂性决定的。"教学有法,教无定法"是对教师劳动创造性最好的诠释。创造性主要表现在教师创造性地运用教育教学规律,具体表现在以下几个方面:首先,因材施教。教育的对象千差万别,教师必须灵活地针对每个学生的特点,对他们提出不同的要求,采用不同的教育教学方法,做到"一把钥匙开一把锁",使每个学生都能够扬长避短,得到最好的发展。其次,教学方法上的不断更新。教学不是一成不变的,教学内容要随着时代的发展、科技的进步不断更新。教师要结合实际情况的变化,根据自己对教育方针、培养目标以及教材的理解,不断改进和完善教学内容,使其变成学生可以接受的知识体系;教师要选择最能奏效的教学方法与途径来实现教育目的。再次,教师需要教育机智。教育机智是教师在教育教学过程中的一种特殊定向能力,是指教师能根据学生新的特别是意外的情况,迅速而正确地做出判断,随机应变地采取及时、恰当而有效的教育措施解决问题的能力。教育机智是教师良好的综合素质和修养的外在表现,是教师娴熟运用综合教育手段的能力。

5. 长期性

"十年树木,百年树人"充分说明了教师劳动长期性的特点。教师劳动的长期性首先是因为人的成长周期的长期性,一个人从幼儿到成年需要将近 20 年的时间,成长的各个阶段也需要几年的时间;其次是因为人的思想品德形成、行为习惯塑造,都需要有一个长期而不断反复的过程;最后是由教育结果显现的滞后性决定的。教育结果在学生身上往往是以潜在的形态存在,不能马上见到其社会效益,要在学生步入社会做出贡献时才能最终体现出来。教师劳动长期性的特点,表明教师从事教育工作必然要付出长期大量的艰辛劳动。

教师劳动的五大特点说明教师的劳动和一般的生产劳动有着本质区别。一般的劳动对象是"物",并且是以"物"制"物",劳动者可以根据设计图对劳动对象进行加工。但教师的劳动对象不是死的物质材料,而是"活生生的人",学生有思想、有灵魂,并不能由教师任意摆布。只有了解教师的劳动特点,在教育中才能"以人为本",才能更好地教育人、培养人。

(二)教师的角色定位

1. 学生发展的指导者

学生在学校中不仅要学习知识,还要学会做人、学会做事、学会过幸福生活。因此,教师在充分尊重学生的意愿和现有的发展水平的基础上,应该创设良好的、能够激发他们兴趣的环境,采取适当的教育方法,充分调动其主动性和积极性。教师作为指导者,在学生遇到障碍和不解时,引导他们找到最佳的解决办法;指导他们养成良好的生活习惯和卫生习惯;创设丰富的教学环境,激发学生的动机和兴趣,充分调动其积极性;教导他们养成高尚的道德、完善的人格和健康的心理。同时,教师要时刻注意自己的言行,以自己的模范表率作用来影响和感染学生,促进学生的发展。

2. 塑造学生心灵的工程师

教师是塑造学生心灵的工程师,首先体现在提高学生的道德认识上。道德认识是对善恶、好坏、是非的行为准则及其意义的认识,教师通过各种方式,传授给学生道德知识。其次,体现在教师陶冶学生的道德情感上。教师通过创设良好的环境,对学生进行感染和熏陶,使学生的道德认识在实践的基础上逐渐形成和发展。再次,体现在教师锻炼学生的道德意志上。教师通过建立合理、必要的日常规范,来培养学生的自控能力。最后,体现在教师训练学生的道德行为上。教师通过为学生树立榜样来训练其正确的行为,帮助其养成良好的道德行为习惯。

3. 学生学习的支持者

教师作为学生学习的支持者,首先表现在对学习环境的创设和课程的设计方面。教师通过创设良好的室内外教学环境、良好的班级文化环境和课堂气氛激发学生的想象力、创造力和求知欲,使他们在团结友爱、互帮互助的氛围下学习。同时,根据学生的智力发展特点和本班的实际情况,制定和执行适宜的教学目标和计划,帮助学生丰富和扩展经验。其次,表现在鼓励学生掌握科学的学习方法、学会思考、学会求知、学会探索、学会创新等。最后,表现在参与到学生的活动中,成为他们活动的参与者和伙伴。

4. 学生的养护者

学生是发展中的个体,缺乏社会经验,身心发展水平不高,且在情感上有较强的依赖性,这就要求教师满足学生的各种需要,发挥养护者的作用。教师的养护作用首先表现在促进学生身体的健康成长,负责他们的安全。教师通过创设一个安全、健康、丰富的环境,保障学生在校期间的安全,并帮助他们养成良好的饮食起居习惯,增强他们的自我保护能力和生活自理能力。其次,教师的养护作用表现在关注与呵护学生的心理。教师要对学生情绪情感状态、健康人格、个性品质等方面给予关心和呵护,使他们能安心、愉快地在校学习和生活。最后,教师的养护作用表现在维护学生的各项权利。教师在激发学生内在潜力的同时,根据学生自身发展规律不断促进其自然、自主地发展,保障学生权利的实现。

5. 沟通学生与社会的中介者

学生对社会的认识和了解,对社会规范、要求的掌握以及社会性行为和品质的形成与发展,都离不开教师的引导。一方面,教师通过与学生建立平等和谐的关系,走入他们的内心,利用简单明了的语言和生动活泼的动作,在与学生的交往过程中帮助学生完成对社会的认知、对行为规范的掌握,并形成态度与情感的积极体验。另一方面,教师通过组织与社会生活相联系的教育教学活动,带领学生走向社会,体验社会生活,培养学生良好的情绪情感以及社会交往的态度与能力。

6. 教育教学实践的研究者

教师工作在学校教育教学第一线,通过观察学生的学习和发展情况,回顾教育教学的实施情况,从而在教育教学实践中不断地反思,并把经验上升到理论,使理论和实践相互促进,保持自己工作的活力和生机。教师的研究者角色首先能够促进教师自身职业能力的发展,更好地把握自身角色职责,激发工作热情和自觉意识,产生内在的驱动力;其次,教师能够通过反思,掌握规律,提高科学育人的自觉性,从而提高自身教育实践水平;再次,教师能够积极主动地参与、投入丰富的教育实践研究之中,为实现教育改革、推进素质教育贡献自己的一分力量;最后,教师在教学实践中获得的鲜活的、丰富的第一手资料,为教育理论研究提供了所需材料,丰富、充实了教育学的内容,从而逐步使之成为既科学又生动的一门学科。

二、教师的专业理念

教师职业的特点与教师的职业角色要求教师在职业生涯中具有下列专业理念。

(一)职业维度

1. 敬业爱业,遵纪守法

教师要有崇高的职业理想,忠诚与热爱教育事业,乐于从教,坚定为教育事业奉献自己的信念。认真贯彻党和国家教育方针政策,熟悉相关的教育法律法规并严格遵守,不说有损于教师职业的话,不做损害教师职业的事,维护教师职业的尊严与荣誉。

2. 修身厚德,为人师表

教师职业具有示范性,而学生又具有向师性,因而教师的言行举止、穿着打扮、信念观点、教养风度等直接影响着学生。因此,教师要严格要求自己,提高自身修养,注意自己的一言一行,给学生做出表率,引领学生全面发展。

3. 团队合作,反思交流

教师职业具有个体性,教育教学活动一般都是个体性的活动,但教师劳动又具有协作性,需要教师之间、教师与家长之间、教师与学生之间、学校与社会团体之间团结合作。因此,教师个体要不断反思自身,发现自身的长处与弱点,并通过交流与合作分享成功的经验与失败的教训,这样才能使教师职业处于良性的发展之中。

4. 终身学习,自主发展

教师劳动是一个长期的、复杂的过程,教育效果具有长效性,而且随着社会的发展会不断地产生一些新问题、新思维、新观念,所以从事教师职业需要终身学习,不断地吸取新的理论,总结教育教学实践经验。学习的过程大多是个体行为,因此需要教师具有自主发展的意识和能力,这样才能更好地履行教师职责。

（二）学生维度

1. 关爱学生,维护学生

"师爱",又称为"教育爱",是教师从事教育职业的前提,只有对学生充满爱心,教育教学工作才有一个良好的基础。因此,作为教师要具有爱心、恒心、耐心、细心、责任心,用充满爱的心态面对学生,在教育教学活动中根据学生的身心发展规律合理安排教育内容、选择教学和评价方法,维护学生的自尊心和合法权益。

2. 尊重学生,信任学生

学生是一个独立的生命体,有自己的独立人格、需要和追求。尊重学生就是尊重学生的人格和感情,这就要求教师有民主的作风,允许学生独立思考,允许他们提出不同意见,切不可讽刺、挖苦、变相体罚学生。尊重是信任的基础,信任是尊重的表现。不管是品行端正、学业优异的学生,还是错误不断、成绩欠佳的学生,教师都应给予充分的信任。这样才能使师生关系处于良好的状态。

3. 研究学生,了解学生

了解学生是教育教学工作的前提,而研究学生又是了解学生的基本方法。因此,教师要有研究学生的意识,可以通过档案材料、观察、访谈、问卷、组织活动等方法去研究学生和了解学生,做到对学生了如指掌,才能有效地履行教育教学职责。

4. 承认差异,引导学生

"十个手指各有所长",学生也一样。每个学生各有各的强项与短项,一个年龄段的学生有许多共同之处,但也各具特色,个性纷呈。在教育教学活动中,教师要承认这种差异,并主动了解这种差异,同时满足不同学生的不同需要,给予不同的引导,做到个别教育、因材施教,使每个学生的强项得以发挥,弱项得以弥补。

（三）教育教学维度

1. 育人为本,德育为先

学校是培育人才的地方,育人是学校的基本职责,因此在教育教学活动中首先要确立"以人为本"的理念,将学生的知识学习、能力发展与品德养成相结合,促进学生全面发展。但教育首先是教人做人,所以应坚持"德育为先"的教育理念,使学生学会做人,做一个中国人,做一个现代的中国人。

2. 依循规律,尊重差异

不同阶段的学生具有不同的生理和心理发展规律,而同一阶段的学生又具有差异性,所以在教育教学活动中既要考虑学生的共性,又要考虑学生的个别差异性,为每一个学生提供适宜的教育。

3. 激发兴趣,鼓励创新

兴趣是最好的老师,没有兴趣,学习就失去了推动力。因此,教育教学活动中首先要唤起学生对知识学习的兴趣,激发学生的好奇心和求知欲,使学生积极地参与到教育教学活动中来。在此基础上,引导学生主动探索,发现新知,创造发明。

4. 自主探索,适应社会

"教是为了不教",所以在教育教学活动中要培养学生自主探索的意识,引导学生自主学习、自强自立,并在自主探索的过程中形成良好的思维习惯。同时,通过自主探索了解社会,形成适应社会、改造社会的意识与能力。

5. 基于个体,平行教育

教师职业具有个体劳动的性质,但仅靠教师的个人努力是远远达不到教育效果的。学生的发展是学校、家庭、社会共同努力的结果。因此,教师应该协调三种力量,使之形成合力,保证学生向着预设的方向前行。在学校教育中,教师应充分发挥共青团、学生会等组织的引导作用,通过这些组织去教育个人进而去影响整个集体。

三、教师的专业发展含义与特征

(一) 教师的专业发展含义

教师的专业发展,又称教师的专业成长,是指教师在整个专业生涯中,依托专业组织、专门的培养制度和管理制度,通过持续的专业教育,习得教育教学专业技能,形成专业理想、专业道德和专业能力,从而实现专业自主的过程。它包括教师群体的专业发展和教师个体的专业发展。

教师群体的专业发展是指教师职业不断成熟,逐渐达到专业标准,并获得相应的专业地位的过程。教师个体的专业发展是教师作为专业人员,从专业思想到专业知识、专业能力、专业心理品质等方面由不成熟到比较成熟的发展过程,即一个专业新手发展成专家型教师或教育家型教师的过程。

(二) 教师的专业发展特征

1. 教师专业发展是一个有意识的过程

真正的专业发展是一个为目的和规划目标的清晰远景所指引的审慎的过程,是为了带来积极变化和进步的下意识的努力。通过明确目标,教师需要采取必要措施以确保专业发展目标的价值,并选用适当的标准对目标进行评估,从而确保专业发展是有意识的。在此过程中,教师对专业的认识不断深化,包括对专业自我、专业角色的认识,对教育、学校的理解以及对教育教学工作、学生成长与发展的认识等。

2. 教师专业发展是一个持续的过程

教育是一个动态的专业领域,其知识基础和实践方式不断扩展。为了与新知识、新技能保持同步,教师在整个职业生涯中都必须成为终身学习者,不断分析教育实践的有效性,当工作进展不顺利时进行调整,积极探索新的选择和方式,并时常进行实践反思。教师应当把自身的专业发展看作是一个融入工作的持续过程,利用和把握每一个学习的机会。

3. 教师专业发展是一个系统的过程

教师专业发展不仅要考虑其过程的持续性和长期性,还要考虑组织的各个层次。因此,真正的专业发展是一个明确而又系统的过程,既要考虑个体发展,又要顾及组织发展。从系统的角度看,专业发展不仅仅是个体方面的完善,还是组织解决问题和自我更新能力方面的完善。如果个体成长和组织变化不能同时得到解决和相互支持的话,那么教师自身的专业发展和学校的成长均可能受到影响。

四、教师专业发展的阶段

教师职业作为一种专业,它的发展是一个多阶段的连续过程。对教师专业发展的阶段研究,能够为教师教育提供分析教师需要和能力要求的基础,帮助、支持教师明确自身发展的道路,并有助于教师选择、确定近期或远期个人的专业发展目标。自20世纪60年代起,国内外学者对此做了大量研究,从不同的研究角度对教师专业发展作了描述和分析,由此产生了多种教师发展阶段论(见表1-1)。

表1-1 国内外教师发展阶段研究的主要观点

	研究者	阶段划分
国外	费斯勒	职前、入职、形成能力、热心和成长、职业受挫、稳定和停止、职业泄劲、退出
	休伯曼	入职期、稳定期、实验和歧变期、重新估价期、平静和关系疏远期、保守和抱怨期、退休期
	伯顿	存活期、调整期、成熟期
	斯菲德	预备生涯、专家生涯、退缩生涯、更新生涯、退出生涯
	莱西	蜜月、寻找教学资料和教学方法、危机、设法应付过去或失败
	富勒和布朗	关注生存、关注情境、关注学生
	伯林纳	新手、高级新手、胜任、熟练、专家
国内	叶澜等	非关注、虚拟关注、生存关注、任务关注、自我更新关注
	邵宝祥等	适应、成长、称职、成熟
	傅道春	积累期、成熟期、创造期
	陈琴等	准备、求生、巩固、更新、成熟
	王铁军	入职适应期、成熟胜任期、高原平台期、成功创造期、退职回归期

以下我们着重介绍伯林纳的教师成长五阶段论,富勒和布朗的教师成长阶段论。

(一) 伯林纳的教师成长五阶段论

从一名新教师成长为一名合格教师再到一名专业化教师是一个漫长的过程,根据伯林纳(D. C. Berliner)的观点,教师的专业发展大致可以分为新手、高级新手、胜任、熟练和专家五个阶段。

1. 新手阶段(novice)

实习教师和刚从学校毕业的新教师属于这个阶段。尽管在此之前,他们随堂听过无数次课,在校期间也学习并掌握了心理学和教育学的基础知识,但由于学校教育教学工作对实践能力要求较高,导致了他们所学的知识与教育教学实践之间严重脱节。同时,"新手"们对学校教育工作的看法比较理想化,处理问题时依赖特定的原则和规范,缺乏灵活性。因此,在这个从学生到老师、从理论学习到教育实践的过渡阶段,"新手"们将面临诸多的挑战和现实的冲击。

2. 高级新手阶段(advanced beginner)

经过一两年的紧张忙乱,"新手"们已经基本克服了原先的焦虑和无助,逐渐"入门",并能够较为熟练地应对教育教学工作中遇到的问题与困难。在这个阶段,教师们能够把过去所学的理论知识与现实中遇到的实际问题联系起来,使现在的教学超越过去的教学。他们能够有意识地分析自己的得失,在成功和失败中获取经验和教训。但他们还不能很好地区分教学情境中的重要信息和无关信息,不能有效地处理课堂中的突发情况,不知该如何树立自己的威信。他们工作很认真,但教育教学效果并不好,缺乏处理问题的灵活性。

3. 胜任阶段(competent)

大约经过三至四年,教师逐渐能够胜任各类教育教学工作。他们的工作重点从应对挫折慢慢转移到教育教学上,而且能够根据学生的需要和心理发展水平来设计、安排和呈现教学内容,并能够掌握教学技巧,应对学生的各种反应,开始形成自己的教学风格。他们的教学行为有明确的目的性,能够区分出教学情境中的重要信息,有效地完成教育教学任务。同时,他们对自己的行为结果表现出更强的责任心,对于成功和失败有着强烈的情绪情感反应。但胜任阶段教师的教学行为还未能达到快速、流畅和灵活的程度。

4. 熟练阶段(proficient)

大约进入第五年,有一定数量的教师便进入了熟练阶段,他们具备了较强的直觉判断能力。通过在长期的教育实践中积累经验,他们能够对教育教学情境做出准确的判断和有效的处理。同时,在熟练阶段的教师对教育教学工作有了进一步探究的兴趣,能够对自己的教育教学行为进行反思,并尝试一些新的教学内容和教学手段。他们会主动把握各种机会,积极与同事、同行进行交流,从而不断充实、提升自己,努力成为专家型教师。

5. 专家阶段(expert)

成为专家型教师,需要时间和经验的不断积累。进入专家阶段的教师拥有娴熟的教学技能、显著的教学效果,能凭借扎实的理论功底和丰富的实践经验来解决问题,做到轻车熟路。他们对教育情境的观察和判断多是直觉性的,对问题的解决能够做到快速、流畅和灵活,属于完全自动化的水平。同时,他们见多识广,能够较好地鼓励、指导别人,并不断进行批判反思和探索创新,从而实现自我超越。有研究表明,教师至少要积累10年的教学经验,在教室里讲授10000个小时的课,在此之前至少听过15000个小时的课之后,才有可能成为专家型教师。可以说,专家型教师是时间和经验的产物。

(二) 富勒和布朗的教师成长阶段论

富勒和布朗(Fuller & Brown)根据教师的需要和不同时期所关注的焦点问题,把教师的成长划分为关注生存、关注情境和关注学生三个阶段。

1. 关注生存阶段

关注生存阶段是教师成长的起始阶段。处于这一阶段的一般是新手教师,他们非常关注自己的生存适应性。他们注重自己在学生、同事以及学校领导心中的地位,出于这种生存忧虑,教师会把大量的时间用于人际关系或者管理学生。

2. 关注情境阶段

当教师认为自己在新的教学岗位上已经完全适应时,便把关注的焦点转移到提高教学工作质量上来,如提高学生的成绩,关心班集体的建设,关注自己的备课是否充分等与教学情境有关的问题。一般来说,成熟教师比新手教师更关注此阶段。

3. 关注学生阶段

在关注学生阶段,教师能考虑学生的个别差异,认识到不同年龄阶段的学生存在不同的发展水平,具有不同的情感和社会需求,因此教师能做到因材施教。可以说,能否自觉关注学生是衡量一个教师是否成熟的重要标志之一。

五、教师专业发展的内容

根据《中学教师专业标准(试行)》,教师专业发展主要包含专业理念与师德、专业知识与专业能力三个维度。

（一）专业理念与师德

专业理念与师德维度包括职业理解与认识、对学生的态度与行为、教育教学的态度与行为、个人修养与行为四个领域。

1. 职业理解与认识

具体包括：① 贯彻党和国家教育方针政策，遵守教育法律法规；② 理解中学教育工作的意义，热爱中学教育事业，具有职业理想和敬业精神；③ 认同中学教师的专业性和独特性，注重自身专业发展；④ 具有良好职业道德修养，为人师表；⑤ 具有团队合作精神，积极开展协作与交流。

2. 对学生的态度与行为

具体包括：① 关爱中学生，重视中学生的身心健康发展，保护中学生生命安全；② 尊重中学生独立人格，维护中学生合法权益，平等对待每一位中学生。不讽刺、挖苦、歧视中学生，不体罚或变相体罚中学生；③ 尊重个体差异，主动了解和满足中学生的不同需要；④ 信任中学生，积极创造条件，促进中学生的自主发展。

3. 教育教学的态度与行为

具体包括：① 树立育人为本、德育为先的理念，将中学生的知识学习、能力发展与品德养成相结合，重视中学生的全面发展；② 尊重教育规律和中学生身心发展规律，为每一位中学生提供适合的教育；③ 激发中学生的求知欲和好奇心，培养中学生的学习兴趣和爱好，营造自由探索、勇于创新的氛围；④ 引导中学生自主学习、自强自立，培养良好的思维习惯和适应社会的能力；⑤ 尊重和发挥好共青团、少先队组织的教育引导作用。

4. 个人修养与行为

具体包括：① 富有爱心、责任心、耐心和细心；② 乐观向上、热情开朗、有亲和力；③ 善于自我调节情绪，保持平和心态；④ 勤于学习，不断进取；⑤ 衣着整洁得体，语言规范健康，举止文明礼貌。

（二）专业知识

专业知识包括教育知识、学科知识、学科教学知识、通识性知识四个领域。

1. 教育知识

具体包括：① 掌握中学教育的基本原理和主要方法；② 掌握班级、共青团、少先队建设与管理的原则与方法；③ 掌握教育心理学的基本原理和方法，了解中学生身心发展的一般规律与特点；④ 了解中学生世界观、人生观、价值观形成的过程及其教育方法；⑤ 了解中学生思维能力、创新能力和实践能力发展的过程与特点；⑥ 了解中学生群体文化特点与行为方式。

2. 学科知识

具体包括：① 理解所教学科的知识体系、基本思想与方法；② 掌握所教学科内容的基本知识、基本原理与技能；③ 了解所教学科与其他学科的联系；④ 了解所教学科与社会实践及共青团、少先队活动的联系。

3. 学科教学知识

具体包括：① 掌握所教学科课程标准；② 掌握所教学科课程资源开发与校本课程开发的主要方法与策略；③ 了解中学生在学习具体学科内容时的认知特点；④ 掌握针对具体学科内容进行教学和研究性学习的方法与策略。

4．通识性知识

具体包括：① 具有相应的自然科学和人文社会科学知识；② 了解中国教育基本情况；③ 具有相应的艺术欣赏与表现知识；④ 具有适应教育内容、教学手段和方法现代化的信息技术知识。

（三）专业能力

专业能力包括教学设计、教学实施、班级管理与教育活动、教育教学评价、沟通与合作、反思与发展六个领域。

1．教学设计

具体包括：① 科学设计教学目标和教学计划；② 合理利用教学资源和方法设计教学过程；③ 引导和帮助中学生设计个性化的学习计划。

2．教学实施

具体包括：① 营造良好的学习环境与氛围，激发与保护中学生的学习兴趣；② 通过启发式、探究式、讨论式、参与式等多种方式，有效实施教学；③ 有效调控教学过程，合理处理课堂偶发事件；④ 引发中学生独立思考和主动探究，发展学生创新能力；⑤ 发挥好共青团、少先队组织生活、集体活动、信息传播等教育功能；⑥ 将现代教育技术手段整合应用到教学中。

3．班级管理与教育活动

具体包括：① 建立良好的师生关系，帮助中学生建立良好的同伴关系；② 注重结合学科教学进行育人活动；③ 根据中学生世界观、人生观、价值观形成的特点，有针对性地组织开展德育活动；④ 针对中学生青春期生理和心理发展特点，有针对性地组织开展有益身心健康发展的教育活动；⑤ 指导学生理想、心理、学业等多方面发展；⑥ 有效管理和开展班级、共青团、少先队活动；⑦ 妥善应对突发事件。

4．教育教学评价

具体包括：① 利用评价工具，掌握多元评价方法，多视角、全过程评价学生发展；② 引导学生进行自我评价；③ 自我评价教育教学效果，及时调整和改进教育教学工作。

5．沟通与合作

具体包括：① 了解中学生，平等地与中学生进行沟通交流；② 与同事合作交流，分享经验和资源，共同发展；③ 与家长进行有效沟通合作，共同促进中学生发展；④ 协助中学与社区建立合作互助的良好关系。

6．反思与发展

具体包括：① 主动收集分析相关信息，不断进行反思，改进教育教学工作；② 针对教育教学工作中的现实需要与问题，进行探索和研究；③ 制定专业发展规划，积极参加专业培训，不断提高自身专业素质。

六、教师专业发展的途径

教师专业发展是一个终身的连续不断的过程，促进教师专业发展的途径多种多样，下面是一些基本的途径。

（一）培养与培训

1. 职前培养

自20世纪初，我国正式确立制度化的师范教育至今，师范教育体系的层次逐渐丰富，呈现科学化、开放化和多样化的局面。1999年6月，中共中央、国务院在《关于深化教育改革全面推进素质教育的决定》中指出，要"调整师范学校的层次和布局，鼓励综合性高等学校和非师范类高等学校参与培养、培训中小学教师的工作，探索在有条件的综合性高等学校中试办师范学院"。这一规定打破了师范院校教师培养一统天下的局面，确立了我国教师教育体系的开放性。同时，许多学校由中专升格为大专、大专升格为本科，招收的学生从初中为起点向高中转移，硕士生、博士生的招收规模也迅速扩大。通过3～5年的高等师范学校的专门训练，未来的教师能够树立正确的教育观、学生观和教师观，了解和认识教师行为规范，学习从事教育工作所必需的理论和知识，初步掌握教育教学技能，为将来担任教师做好准备。

2. 在职进修

随着时代发展和科技进步，新的教育理论和方法不断涌现。教师必须树立终身学习观念，不断追求新知识，掌握新的教育教学知识和技能，做到与时俱进。教师在职进修的方式主要有学历和非学历两类。在职学历教育是指通过函授、自考、成人教育或远程教育等形式获得本科、研究生学历。在职非学历教育的形式较为丰富，包括专题培训班、助教进修班、研究生课程班等。教师的在职进修对于其自身专业发展意义重大，教师个体形成自我发展意识的同时，还需要学校、教育行政部门和社会机构共同创造条件，为教师提供合适、有效的方式进行继续教育，促进教师队伍整体水平的提高。

（二）观摩与评估

观摩优秀教师的教育教学活动，是培养新教师、促进教师专业发展的重要途径之一。通过观摩现场教学、教学记录或观看教学录像，观课教师可以了解优秀的教学设计和教材研究案例，学习有效的课堂教学手段和课堂管理办法，熟悉教学记录的格式和记述的方法，收集可供自己参考的实践案例，并进行整理和尝试，从而促进自身教育教学水平的提高。同样，授课教师可在准备观摩课程的过程中，对自己的整个教学过程进行精雕细琢，反复推敲，以获得最佳的教学效果，这不仅有利于提升自己的教育教学能力，逐步确立反思意识、发展意识，而且将不断地获得自身发展和经验的提升。在观摩结束之后，观课教师和授课教师可就具体问题进行深入分析和讨论，对观摩课进行整体评估，从而有效地促进教学经验、教学技巧的交流与学习。

（三）合作互助

教师寻求同事间的合作与互助，时常从他人那里获取有价值的信息来提升自己的专业内涵，这是新时期教师专业发展的重要理念和途径。教师可采用对话的形式，进行信息交换、经验分享、深度会谈和专题研讨，相互丰富彼此的思想，不断深化对问题的认识，不断更新和扩展知识。教师也可以采用协作的形式，大家共同承担责任、完成任务，发挥每个教师的兴趣爱好和个性特长，彼此在互补、互助、合作中成长。同时，教学经验丰富、成绩突出的优秀教师要在合作互助中发挥积极作用，要帮助和指导新任教师，使其尽快适应角色和环境的要求，防止和克服教师各自为战和孤立无助的现象，从而促进教师队伍的整体发展。

(四) 反思和研究

反思和研究是实现教师专业发展的有效途径。教师对自己的教育教学工作进行实践反思,是促进自身专业发展的有效方法。教育实践反思是教师在完成日常教学任务之后,对教学工作各环节和实践过程中获得的认识和经验进行回顾、分析和总结,积极应对教育实践中的问题,提出自己的解决设想,并通过教育教学实践加以检验、调整。通过不断的学习、实践、反思,提高自身专业素质,从而促进教育质量的提升和学生的全面发展。教师可以通过撰写反思日记帮助自己进行教育实践反思。反思日记可以是自己的受教育经历、对教育现象的所见所闻、对教育问题的所思所想,也可以是自己在教育教学过程中遇到的实际问题、解决方案及实施效果等。

教师处于教育教学工作第一线,拥有最佳的研究位置和最丰富的研究资源,有机会长期在各种学习环境和社会场所观察学生,这无疑为教师的教学研究提供了良好的条件。他们通过主动参与和全身心体验,对教育教学活动的意义、价值、运作方式等不断解读、探究和创造,从而丰富自身的实践知识,增长实践能力,培养主动探究和反思的态度,提升自我更新能力和可持续发展能力。

(五) 自我促进

教师这一职业具有高自律性的特点,教师应基于个体主动意识和能力而自觉地提高自己、完善自己,达到作为教师的人生意义与价值的自我超越。因此,教师应根据实际情况制定自我专业发展的目标和规划,为自己的专业发展设计蓝图,为引导、监督和反思自身专业发展提供参考框架。同时,教师应具备明确的专业自我意识,包括时间维度上对自己过去的专业发展过程的意识、对自己现在专业发展状态和水平的意识,以及对自己未来专业发展规划的意识,也包括内容维度上在专业理念、专业知识、专业能力和专业智慧等方面的意识。

(六) 终身学习

终身学习源于终身教育,终身教育的首倡者、法国教育家保罗·朗格朗(Paul Lengrand)认为,人格的发展是通过人的一生来完成的,教育,不能停止在儿童期和青年期,只要人还活着,就应该是继续的。20世纪60年代中期以来,在联合国教科文组织及其他有关国际机构的大力提倡、推广和普及下,1994年首届世界终身学习会议在罗马隆重举行,终身学习在世界范围内达成共识。终身学习已经作为一个极其重要的教育概念在全世界广泛传播。教师只有确立终身学习的观念,具备终身学习的能力,才能使自己的专业不断得到发展。

21世纪教育委员会在向联合国教科文组织提交的报告《教育:财富蕴藏其中》中指出:"终身学习是21世纪人的通行证。"终身学习是指社会每个成员为适应社会发展和实现个体发展的需要,贯穿于人的一生的、持续的学习过程。终身学习有时候特指"学会求知,学会做事,学会共处,学会做人。"这是21世纪教育的四大支柱,也是每个人一生成长的支柱。

现代教师首先应该是一个具有终身学习意识和能力的人。现代知识的迅速更新,要求教师不应满足于原有的知识和经验,教师需要不断地学习,以完善自己的知识结构,充实自己的知识内容,从学习中获得更多的思想、观点和方法,用于改进自己的教育教学,提高教育教学的能力。

本章知识结构

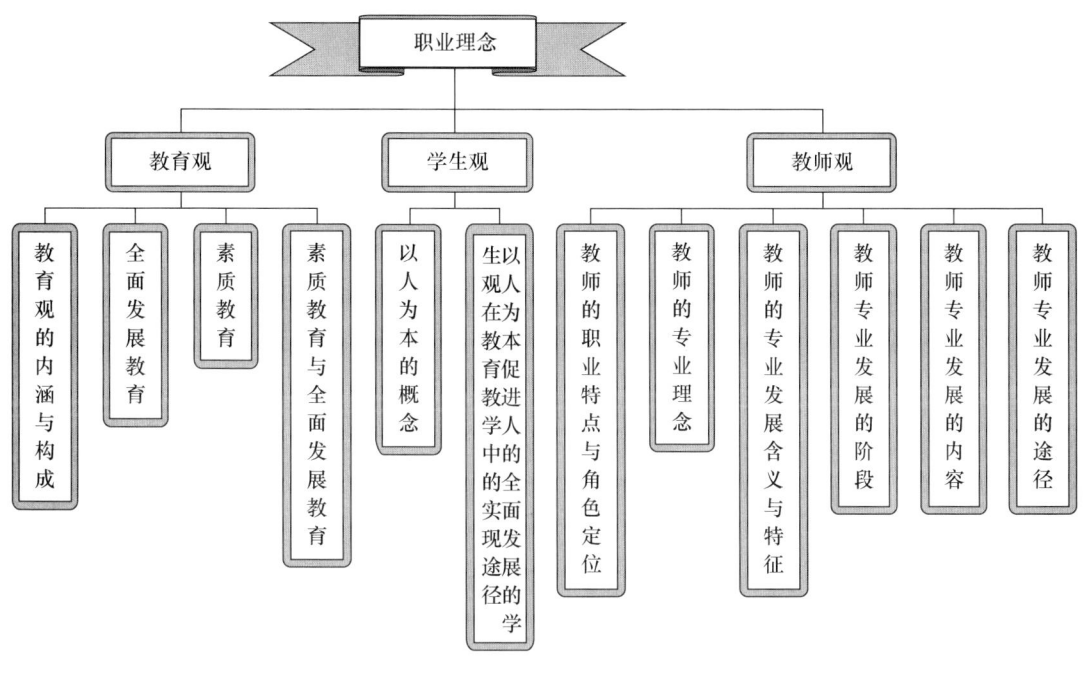

本章小结

（一）本章主要内容

1. 教育观

（1）全面发展教育、素质教育、素质教育与全面发展教育的关系；

（2）全面发展教育的具体内容、实现途径与策略。

2. 学生观

（1）以人为本、人的全面发展；

（2）促进人的全面发展的策略。

3. 教师观

（1）教师的角色、教师专业发展的含义与内容；

（2）教师专业发展阶段与途径。

（二）本章的重点、难点

本章的重点是"三观"（教育观、学生观、教师观）的理解，特别是全面发展观、素质教育观、以人为本和终身学习；难点是将观点运用于现实材料的分析与评价。

（三）学习时要注意的问题

1. 熟记一些关键概念，如全面发展教育、素质教育、以人为本、专业发展、自主发展、终身学习等。

2. 识记并理解全面发展教育与素质教育的实施要求与方法；教师专业发展的要求与途径。

3. 运用全面发展、素质教育、以人为本的理念分析教育案例。

4. 学习时一定要注意识记基本概念,通过案例加深对相应原理的理解,同时能够运用相关原理对教育教学材料进行分析。

自测训练

一、选择题

1. (2016下)某校的校训是"卓越立于全面,广博产生精专",这体现的教育理念是(　　)。
   A. 开拓创新　　　B. 全面发展　　　C. 自主发展　　　D. 因材施教

2. (2018上)下列关于素质教育的表述中,正确的是(　　)。
   A. 素质教育包括社会实践　　　　　B. 素质教育不包括家庭教育
   C. 素质教育就是学校教育　　　　　D. 素质教育不包括社会教育

3. (2017上)为了改变学生从课堂中找"标准答案"的习惯,刘老师经常在课堂上设计一些开放性问题,引导学生自由讨论,探索答案,同事马老师对刘老师说:"你这样做会使学生思维太发散,也浪费时间,将来考试肯定会吃亏的。我从来不这么做!"下列选项中正确的是(　　)。
   A. 马老师的说法合理,有利于提高学生的学习成绩
   B. 刘老师的做法得当,有利于培养学生的创新意识
   C. 马老师的说法欠妥,不利于维持课堂教学秩序
   D. 刘老师的做法欠妥,不利于保证正常教学进度

4. (2018下)初三(1)班的李凡考试成绩一直不佳,班主任召开家长会时说:"我们班有几个像李凡这样的孩子考试成绩一直落在班级后面,他们今后的发展很令人担忧啊!"这位班主任的做法(　　)。
   A. 不恰当,应私下提醒家长做好心理准备
   B. 不恰当,应综合评价之后,再与家长沟通
   C. 恰当,能帮助家长正确预期孩子的发展
   D. 恰当,能帮助李凡等同学准确定位自己

5. (2016下)初一学生小武想做一个科学家,班主任说:"你现在学数学那么吃力,以后学物理、化学肯定也学不好,一定不能把当科学家作为人生目标。"班主任的说法(　　)。
   A. 忽视了学生的主体性　　　　B. 忽视了学生的发展性
   C. 忽视了学生的创造性　　　　D. 忽视了学生的差异性

6. (2018上)于老师总是根据学生不同的学习基础设计课堂提问和练习,这表明于老师(　　)。
   A. 遵循教学规律,实现学生全面发展　　B. 注重分层教学,促进学生均衡发展
   C. 关注学生差异,促进全体学生发展　　D. 注重循序渐进,实现师生教学相长

7. (2014下)学习成绩一般的晓丽在县舞蹈比赛中取得良好成绩,班会上,班主任吴老师表扬了她:"一花一世界,每个人都有自己的精彩。"这表明吴老师关注(　　)。
   A. 学生的个性发展　　　　　B. 学生的品行发展
   C. 学生的知识习得　　　　　D. 学生的身心健康

8. (2018上)张老师在班上鼓励学生进行课外阅读,开展"分享知识"的活动,引导学生在班上分享阅读收获,并及时对其点评,张老师的做法(　　)。
   A. 减轻了教师教学负担　　　　B. 拓展了学生学习资源
   C. 加重了学生学习负担　　　　D. 促进了教师专业发展

9. (2017 上)吴老师把课堂教学中存在的突出问题归纳、提炼为若干主题进行研究,并发表系列论文,这表明吴老师具有( )。

A. 良好的教学研究能力　　B. 良好的课堂管理能力
C. 良好的课程开发能力　　D. 良好的校本研修能力

10. (2017 下)综合实践活动中,段老师设计了主题为"社会旅行资源"的调查,有部分同学对一座古塔的建筑材料、风格产生了兴趣,在指导大家完成调查报告之后,段老师又指导这部分同学确定了新课题——"古塔建筑材料、风格与保护"。对于段老师的做法下列评价不恰当的是( )

A. 尊重了学生的学习需要　　B. 培养了学生的探究意识
C. 激发了学生的学习兴趣　　D. 纠正了学生的研究方法

二、材料分析题

1. 仔细阅读下列材料,根据要求回答问题。

材料(2018 上):

有一天,我请学生读课文,只有四名学生举手,我说:"杨萌你读。"她大大方方地读了一遍。等她坐下后,我说:"还有谁愿意读?"一个举手的学生都没有了,是什么原因呢?

课后,我专门就这一现象与学生聊起来。一位学生说:"老师,您每堂课提问,总是先叫杨萌,我们这些无名小卒没有她答得好,就不想回答了。"我恍然大悟,是啊,让杨萌先回答问题已成习惯。她的语文功底好,回答问题准确严密、简洁利落。

下午,我组织了一次"为老师出主意"的班会。大家畅所欲言,我详细记录了大家的想法,收获了好多方法。我还请大家通过打电话、发信息、发邮件等形式继续给我提建议。

在以后的课堂互动中,我鼓励学生积极回答问题。有的学生说话不流畅,我会引导他组织语言;有的学生不敢站起来回答,我就让他先坐着说;有的学生内向,声音小,我就到他身边听清楚之后再把答案复述给大家……

后来,我又尝试让学生参与组织教学,共同探索出了"辩论教学""说书教学""戏剧教学"等以前没有尝试过的形式。

慢慢地,我的课堂再也不是一潭死水了。

问题: 请结合材料,从学生观的角度,评析"我"的教育行为。

2. 仔细阅读下列材料,根据要求回答问题。

材料:

历史课上,教师让学生阅读有关古希腊神话和中国古代神话的两段描述,然后提问:"从这两段描述中,可以发现古希腊神话和中国古代神话有什么不同?"学生甲回答:"古希腊神话有比较完整的系统,而中国古代神话比较零散。"教师点评道:"这位同学的回答很不完整,哪位同学来补充一下?"这时,甲同学羞得满脸通红,而班里则是一片宁静。

课后历史老师回到办公室就抱怨道:"现在的学生怎么这么笨。我之前都讲过类似的知识,他们居然还不会,考试成绩差真是活该啊!反正我已经尽力了,就这样吧。"

问题: 请运用教师观的知识,评价该教师的行为。

第二章　教育法律法规

考纲内容

1. 教育法律法规

（1）了解国家主要的教育法律法规，如《中华人民共和国教育法》《中华人民共和国义务教育法》《中华人民共和国教师法》《中华人民共和国未成年人保护法》《中华人民共和国预防未成年人犯罪法》《学生伤害事故处理办法》等。

（2）了解《国家中长期教育改革和发展规划纲要（2010—2020年）》的相关内容。

2. 教师权利和义务

（1）理解教师的权利和义务，熟悉国家有关教育法律法规所规范的教师教育行为，依法从教。

（2）依据国家教育法律法规，分析评价教师在教育教学实践中的实际问题。

3. 学生权利保护

（1）了解有关学生权利保护的教育法规，保护学生的合法权利。

（2）依据国家教育法律法规，分析评价教育教学活动中的学生权利保护等实际问题。

第一节　我国教育法律法规的类别与内容

教育法律法规，简称教育法规，是国家管理教育的依据，学校依法办学的基础，也是教师依法从教、学生依法保护自己权益的基本准则。

我国现行的教育法律法规一般包括教育法律、教育法规、教育规章等，它们隶属不同层次，通过不同的方式加以表达。

宪法是国家最高权力机关制定的总章程和根本大法，具有最高的法律效力。它是教育法律法规的母法，一切法律法规都要根据宪法制定。宪法中的教育条款具有最高的法律效力，任何形式的教育法律法规都不得与之相抵触，否则无效。宪法为教育法律法规提供了基本指导思想和立法依据，也为教育教学活动确定了基本法律规范。《中华人民共和国宪法》（以下简称《宪法》）总纲的第十九条、第二十四条，第二章的第四十六条、第四十七条，第三章第四节的第一百零七条、第三章第六节的第一百一十九条对教育的各方面进行了规定。

《宪法》中与教育相关条款包括教育性质、教育目的、教育权利、教育管理、教育制度等内容。

(1) 教育性质。《宪法》第十九条规定："国家发展社会主义的教育事业，提高全国人民的科学文化水平。"

(2) 教育目的和任务。《宪法》第二十三条规定："国家培养为社会主义服务的各种专业人才，扩大知识分子的队伍，创造条件，充分发挥他们在社会主义现代化建设中的作用。"第四十六条规定："国家培养青年、少年、儿童在品德、智力、体质等方面全面发展。"

(3) 公民受教育的权利和义务。《宪法》第四十六条规定："中华人民共和国公民有受教育的权利和义务。"

(4) 教育管理。根据《宪法》第八十九条和第一百零七条的规定，国务院领导和管理教育工作；县级以上地方各级人民政府依照法律规定的权限，管理本行政区域内的教育工作。

(5) 宗教与国家教育制度的关系问题。《宪法》第三十六条规定："国家保护正常的宗教活动。任何人不得利用宗教进行破坏社会秩序、损害公民身体健康、妨碍国家教育制度的活动。"

一、我国教育法律法规的类别

（一）教育法律

教育法律是由国家最高权力机关或专门的立法机构制定的教育规范性文件。它分为教育基本法律和教育单行法律两种。教育基本法律是依据宪法制定的调整教育内部、外部相互关系的基本法律准则。《中华人民共和国教育法》是我国的教育基本法律。教育单行法律又称教育专项或专门法律，它是依据宪法和教育基本法律或教育基本法律原则制定的调整某类教育或某一具体部分教育法律关系的法律准则。

此外，教育法律还包括由国家最高权力机关或专门的立法机关制定的除教育基本法律和教育单行或专项（专门）法律以外的涉及教育活动的各种法律。如《中华人民共和国体育法》和《中华人民共和国卫生法》，其中就有关于学校体育和卫生的法律条款。

（二）教育行政法规

教育行政法规是指国家最高行政机关为实施、管理教育事业根据宪法和教育法律制定的规范性文件。在我国，根据《宪法》和《中华人民共和国立法法》的规定，教育行政法规专指由国务院根据宪法和法律制定的教育规范性文件。在名称上它一般有三种：① 对某一方面的教育行政工作作比较全面、系统规定的，称为"条例"；② 对某一方面的教育行政工作作部分规定的，称为"规定"；③ 对某一项教育行政工作作比较具体规定的，称为"办法"。

（三）地方性教育法规

地方性教育法规是指由国家赋予而拥有一定立法权的地方立法机构制定的教育规范性文件。地方性法规只在该行政区域内具有法律效力。地方性法规一般称"条例"，有时也称"规定""实施办法""补充规定"等。

地方性教育法规从立法目的和依据上划分，有执行性、补充性的地方性教育法规和自主性的地方性教育法规两种。前者如各省、自治区、直辖市的人民代表大会和它们的常务委员会制定的《义务教育条例》等；后者指一些省、市在国家没有制定出统一的教育法规之前就制定的一些地方性教育法规，如上海市 2001 年制定的《上海市中小学校学生伤害事故处理条例》等。

（四）教育（行政）规章

教育（行政）规章根据制定与发布机关的不同可以分为两大类：一类是部门教育（行政）规章。它由教育部制定，通过用规定、办法、规程、大纲、标准、规范等词语表达。一般由教育部或教育部与国务院其他部委联合发布,在全国有效。教育部出台过大量的教育(行政)规章,如 2002 年颁布的《学生伤害事故处理办法》《中小学班主任工作规定》等。另一类是地方政府教育(行政)规章。地方政府教育(行政)规章由各省市、自治区、直辖市人民政府制定,一般称为"规定""办法"等。采取政府令的形式发布,只在本行政区域内有效。

(五) 国际教育条约(协定)

国际教育条约(协定),是国家批准和由国家领导人代表国家与其他国家、国际组织或国家元首正式签署的关于国际教育协作交流的约定。它属于国际法的范畴,也是我国教育法律法规的表现形式,具有国际法的约束力,如 1989 年颁布的《儿童权利公约》。

二、我国主要的教育法律法规及其内容

我国主要的教育法律法规有《中华人民共和国教育法》《中华人民共和国义务教育法》《中华人民共和国教师法》《中华人民共和国未成年人保护法》《中华人民共和国预防未成年人犯罪法》《学生伤害事故处理办法》等。本节主要介绍前三种,后三种在本章第五节"学生的权利及保护"中介绍。

(一)《中华人民共和国教育法》

大学生多修学分需缴费

又是一年毕业季,对于××美术学院的近 400 名学生来说,最近却为另一件事心烦,那就是要不要给学校补缴"学分费",如果 5 月 30 日前不补缴学费,就拿不到毕业证。所谓的学分费,就是因为多修学分而缴纳的费用。而这些学生是严格按照学院的课程设置选课上课的,没想到临毕业却发现多修了几十个学分,每人需补缴 1000～3000 元不等的学分费。明明按照学院设置的课程学习,怎么会超出这么多学分? 一个学生多修了学分,可以理解为是学生没有"吃透"课程计划。而全学院近 400 名学生都多修了学分,这是选课系统出了问题,还是学院课程设置存在缺陷?

这些学生多修的"学分费",该不该交呢?学校的规定是否合乎我国的教育法律?关于这个问题,《中华人民共和国教育法》(以下简称《教育法》)有明确的规定。《教育法》于 1995 年 3 月 18 日由第八届全国人民代表大会第三次会议通过,1995 年 9 月 1 日起施行,2009 年第一次修正,2015 年第二次修正,2021 年第三次修正。《教育法》包括总则、教育基本制度、学校及其他教育机构、教师和其他教育工作者、受教育者、教育与社会、教育投入与条件保障、教育对外交流与合作、法律责任、附则,共 10 章 86 条,对有关教育问题都作了全面规定。

1. 教育性质和教育方针

(1) 教育性质。

《教育法》第三条规定:"国家坚持中国共产党的领导,坚持以马克思列宁主义、毛泽东思想、邓小平理论、'三个代表'重要思想、科学发展观、习近平新时代中国特色社会主义思想为指导,遵循宪法确定的基本原则,发展社会主义的教育事业。"

(2) 教育方针。

《教育法》第五条规定:"教育必须为社会主义现代化建设服务、为人民服务,必须与生产劳动和社会实践相结合,培养德智体美劳全面发展的社会主义建设者和接班人。"

2. 教育活动原则

教育活动应遵循以下原则。

(1) 重视思想道德教育。《教育法》第六条规定:"国家在受教育者中进行爱国主义、集

体主义、中国特色社会主义的教育,进行理想、道德、纪律、法治、国防和民族团结的教育。"

(2) 继承优秀文化成果。《教育法》第七条规定:"教育应当继承和弘扬中华优秀传统文化、革命文化、社会主义先进文化,吸收人类文明发展的一切优秀成果。"

(3) 教育的公共性(或公益性)。《教育法》第八条规定:"教育活动必须符合国家和社会公共利益。"

(4) 教育与宗教相分离。《教育法》第八条规定:"国家实行教育与宗教相分离。任何组织和个人不得利用宗教进行妨碍国家教育制度的活动。"

(5) 公民受教育机会平等。《教育法》第九条规定:"中华人民共和国公民有受教育的权利和义务。公民不分民族、种族、性别、职业、财产状况、宗教信仰等,依法享有平等的受教育机会。"

(6) 帮助、扶持特殊地区和人群教育。《教育法》第十条规定:"国家根据各少数民族的特点和需要,帮助各少数民族地区发展教育事业。国家扶持边远贫困地区发展教育事业。国家扶持和发展残疾人教育事业。"

(7) 建立和完善终身教育体系。《教育法》第十一条规定:"国家适应社会主义市场经济发展和社会进步的需要,推进教育改革,推动各级各类教育协调发展、衔接融通,完善现代国民教育体系,健全终身教育体系,提高教育现代化水平。"

(8) 支持、鼓励教育科学研究。《教育法》第十一条规定:"国家支持、鼓励和组织教育科学研究,推广教育科学研究成果,促进教育质量提高。"

(9) 通用语言文字教学。《教育法》第十二条规定:"国家通用语言文字为学校及其他教育机构的基本教育教学语言文字,学校及其他教育机构应当使用国家通用语言文字进行教育教学。民族自治地方以少数民族学生为主的学校及其他教育机构,从实际出发,使用国家通用语言文字和本民族或者当地民族通用的语言文字实施双语教育。国家采取措施,为少数民族学生为主的学校及其他教育机构实施双语教育提供条件和支持。"

(10) 学校奖励突出贡献。《教育法》第十三条规定:"国家对发展教育事业做出突出贡献的组织和个人,给予奖励。"

3. 教育管理体制

《教育法》第十四条规定:"国务院和地方各级人民政府根据分级管理、分工负责的原则,领导和管理教育工作。中等及中等以下教育在国务院领导下,由地方人民政府管理。"第十五条规定:"国务院教育行政部门主管全国教育工作,统筹规划、协调管理全国的教育事业。县级以上地方各级人民政府教育行政部门主管本行政区域内的教育工作。县级以上各级人民政府其他有关部门在各自的职责范围内,负责有关的教育工作。"第十六条规定:"国务院和县级以上地方各级人民政府应当向本级人民代表大会或者其常务委员会报告教育工作和教育经费预算、决算情况,接受监督。"

4. 教育基本制度

(1) 学校教育制度。《教育法》第十七条规定:"国家实行学前教育、初等教育、中等教育、高等教育的学校教育制度。国家建立科学的学制系统。学制系统内的学校和其他教育机构的设置、教育形式、修业年限、招生对象、培养目标等,由国务院或者由国务院授权教育行政部门规定。"

(2) 义务教育制度。《教育法》第十九条规定:"国家实行九年制义务教育制度。各级人民政府采取各种措施保障适龄儿童、少年就学。适龄儿童、少年的父母或者其他监护人以及有关社会组织和个人有义务使适龄儿童、少年接受并完成规定年限的义务教育。"

(3)学业证书制度。《教育法》第二十二条规定:"国家实行学业证书制度。经国家批准设立或者认可的学校及其他教育机构按照国家有关规定,颁发学历证书或者其他学业证书。"

5．学校及其他教育机构的设立(举办)原则、条件、程序和权利、义务

(1)学校及其他教育机构的设立(举办)原则。《教育法》第二十六条规定:"国家制定教育发展规划,并举办学校及其他教育机构。国家鼓励企业事业组织、社会团体、其他社会组织及公民个人依法举办学校及其他教育机构。国家举办学校及其他教育机构,应当坚持勤俭节约的原则。以财政性经费、捐赠资产举办或者参与举办的学校及其他教育机构不得设立为营利性组织。"

(2)学校及其他教育机构的设立(举办)条件。根据《教育法》第二十七条的规定,设立学校及其他教育机构,必须具备下列基本条件:① 有组织机构和章程;② 有合格的教师;③ 有符合规定标准的教学场所及设施、设备等;④ 有必备的办学资金和稳定的经费来源。

(3)学校及其他教育机构的设立(举办)程序。《教育法》第二十八条规定:"学校及其他教育机构的设立、变更和终止,应当按照国家有关规定办理审核、批准、注册或者备案手续。"

(4)学校及其他教育机构的权利、义务。

根据《教育法》第二十九条的规定,学校及其他教育机构行使下列权利:① 按照章程自主管理;② 组织实施教育教学活动;③ 招收学生或者其他受教育者;④ 对受教育者进行学籍管理,实施奖励或者处分;⑤ 对受教育者颁发相应的学业证书;⑥ 聘任教师及其他职工,实施奖励或者处分;⑦ 管理、使用本单位的设施和经费;⑧ 拒绝任何组织和个人对教育教学活动的非法干涉;⑨ 法律、法规规定的其他权利。国家保护学校及其他教育机构的合法权益不受侵犯。

根据《教育法》第三十条的规定,学校及其他教育机构应当履行下列义务:① 遵守法律、法规;② 贯彻国家的教育方针,执行国家教育教学标准,保证教育教学质量;③ 维护受教育者、教师及其他职工的合法权益;④ 以适当方式为受教育者及其监护人了解受教育者的学业成绩及其他有关情况提供便利;⑤ 遵照国家有关规定收取费用并公开收费项目;⑥ 依法接受监督。

(5)学校管理体制、校长条件和学校法人地位。

① 学校管理体制。按照《教育法》第三十一条的规定,学校及其他教育机构的举办者按照国家有关规定,确定其所举办的学校或者其他教育机构的管理体制。学校及其他教育机构应当按照国家有关规定,通过以教师为主体的教职工代表大会等组织形式,保障教职工参与民主管理和监督。

② 学校校长的条件。《教育法》第三十一条规定:"学校及其他教育机构的校长或者主要行政负责人必须由具有中华人民共和国国籍、在中国境内定居、并具备国家规定任职条件的公民担任,其任免按照国家有关规定办理。学校的教学及其他行政管理,由校长负责。"

③ 学校法人地位。《教育法》第三十二条规定:"学校及其他教育机构具备法人条件的,自批准设立或者登记注册之日起取得法人资格。学校及其他教育机构在民事活动中依法享有民事权利,承担民事责任。学校及其他教育机构中的国有资产属于国家所有。学校及其他教育机构兴办的校办产业独立承担民事责任。"

6．教师和其他教育工作者的规定

(1)对教师的规定。《教育法》第三十三条规定:"教师享有法律规定的权利,履行法律规定的义务,忠诚于人民的教育事业。"第三十四条规定:"国家保护教师的合法权益,改善

教师的工作条件和生活条件,提高教师的社会地位。教师的工资报酬、福利待遇,依照法律、法规的规定办理。"第三十五条规定:"国家实行教师资格、职务、聘任制度,通过考核、奖励、培养和培训,提高教师素质,加强教师队伍建设。"

(2) 对其他教育工作者的规定。《教育法》第三十六条规定:"学校及其他教育机构中的管理人员,实行教育职员制度。学校及其他教育机构中的教学辅助人员和其他专业技术人员,实行专业技术职务聘任制度。"

7. 受教育者的权利与义务

《教育法》第三十七条规定:"受教育者在入学、升学、就业等方面依法享有平等权利。"根据《教育法》第四十三条的规定,受教育者享有下列权利:① 参加教育教学计划安排的各种活动,使用教育教学设施、设备、图书资料;② 按照国家有关规定获得奖学金、贷学金、助学金;③ 在学业成绩和品行上获得公正评价,完成规定的学业后获得相应的学业证书、学位证书;④ 对学校给予的处分不服向有关部门提出申诉,对学校、教师侵犯其人身权、财产权等合法权益,提出申诉或者依法提起诉讼;⑤ 法律、法规规定的其他权利。根据《教育法》第四十四条的规定,受教育者应当履行下列义务:① 遵守法律、法规;② 遵守学生行为规范,尊敬师长,养成良好的思想品德和行为习惯;③ 努力学习,完成规定的学习任务;④ 遵守所在学校或者其他教育机构的管理制度。

8. 对社会组织及个人的规定

根据《教育法》第六章的规定,国家机关、军队、企业事业组织、社会团体及其他社会组织和个人,应当依法为儿童、少年、青年学生的身心健康成长创造良好的社会环境。国家鼓励企业事业组织、社会团体及其他社会组织同高等学校、中等职业学校在教学、科研、技术开发和推广等方面进行多种形式的合作。企业事业组织、社会团体及其他社会组织和个人,可以通过适当形式,支持学校的建设,参与学校管理。国家机关、军队、企业事业组织及其他社会组织应当为学校组织的学生实习、社会实践活动提供帮助和便利。未成年人的父母或者其他监护人应当为其未成年子女或者其他被监护人受教育提供必要条件。未成年人的父母或者其他监护人应当配合学校及其他教育机构,对其未成年子女或者其他被监护人进行教育。学校、教师可以对学生家长提供家庭教育指导。图书馆、博物馆、科技馆、文化馆、美术馆、体育馆(场)等社会公共文化体育设施,以及历史文化古迹和革命纪念馆(地),应当对教师、学生实行优待,为受教育者接受教育提供便利。广播、电视台(站)应当开设教育节目,促进受教育者思想品德、文化和科学技术素质的提高。国家、社会建立和发展对未成年人进行校外教育的设施。学校及其他教育机构应当同基层群众性自治组织、企业事业组织、社会团体相互配合,加强对未成年人的校外教育工作。

9. 教育投入与条件保障

根据《教育法》第七章的规定,国家建立以财政拨款为主、其他多种渠道筹措教育经费为辅的体制,逐步增加对教育的投入,保证国家举办的学校教育经费的稳定来源。企业事业组织、社会团体及其他社会组织和个人依法举办的学校及其他教育机构,办学经费由举办者负责筹措,各级人民政府可以给予适当支持。国家财政性教育经费支出占国民生产总值的比例应当随着国民经济的发展和财政收入的增长逐步提高。全国各级财政支出总额中教育经费所占比例应当随着国民经济的发展逐步提高。各级人民政府的教育经费支出,按照事权和财权相统一的原则,在财政预算中单独列项。各级人民政府教育财政拨款的增长应当高于财政经常性收入的增长,并使按在校学生人数平均的教育费用逐步增长,保证教师工资和学生人均公用经费逐步增长。国务院及县级以上地方各级人民政府应当设立教育专项资金,重点扶持边远贫困地区、少数民族地区实施义务教育。税务机关依法足额征收教育费附加,由教育行政部门统筹管理,主要用于实施义务教育。省、自治区、直辖市人民政府根据国务院的有关规定,可以决定开征用于教育的地方附加费,专款专用。国家采取优惠措施,鼓励和扶持学校在不影响正常教育教学的前提下开展勤工俭学和社会服务,兴办校办产业。国家鼓励境内、境外社会组织和个人捐资助学。国家财政性教育经费、社会组织和个人对教育的捐赠,必须用于教育,不得挪用、克扣。国家鼓励运用金融、信贷手段,支持教育事业的发展。各级人民政府及其教育行政部门应当加强对学校及其他教育机构教育经费的监督管理,提高教育投资效益。地方各级人民政府及其有关行政部门必须把学校的基本建设纳入城乡建设规划,统筹安排学校的基本建设用地及所需物资,按照国家有关规定实行优先、优惠政策。各级人民政府对教科书及教学用图书资料的出版发行,对教学仪器、设备的生产和供应,对用于学校教育教学和科学研究的图书资料、教学仪器、设备的进口,按照国家有关规定实行优先、优惠政策。县级以上人民政府及有关部门应当发展教育信息技术和其他现代化教学手段,有关行政部门应当优先安排,给予扶持。国家鼓励学校及其他教育机构推广运用现代化教学手段。

10. 对外交流与合作

根据《教育法》第八章的规定,国家鼓励开展教育对外交流与合作。教育对外交流与合作坚持独立自主、平等互利、相互尊重的原则,不得违反中国法律,不得损害国家主权、安全和社会公共利益。中国境内公民出国留学、研究、进行学术交流或者任教,依照国家有关规定办理。

中国境外个人符合国家规定的条件并办理有关手续后,可以进入中国境内学校及其他教育机构学习、研究、进行学术交流或者任教,其合法权益受国家保护。中国对境外教育机构颁发的学位证书、学历证书及其他学业证书的承认,依照中华人民共和国缔结或者加入的国际条约办理,或者按照国家有关规定办理。

11. 法律责任

《教育法》针对教育实践中可能发生或存在的直接影响《教育法》实施的问题,作了若干法律责任规定。根据《教育法》第九章的规定,结伙斗殴、寻衅滋事,扰乱学校及其他教育机构教育教学秩序或者破坏校舍、场地及其他财产的,由公安机关给予治安管理处罚;构成犯罪的,依法追究刑事责任。侵占学校及其他教育机构的校舍、场地及其他财产的,依法承担民事责任。明知校舍或者教育教学设施有危险,而不采取措施,造成人员伤亡或者重大财产损失的,对直接负责的主管人员和其他直接责任人员,依法追究刑事责任。违反国家有关规定,向学校或者其他教育机构收取费用的,由政府责令退还所收费用;对直接负责的主管人员和其他直接责任人员,依法给予处分。违反国家有关规定,举办学校或者其他教育机构的,由教育行政部门或者其他有关行政部门予以撤销;有违法所得的,没收违法所得;对直接负责的主管人员和其他直接责任人员,依法给予处分。学校或者其他教育机构违反国家有关规定招收学员的,由教育行政部门或者其他有关行政部门责令退回招收的学生,退还所收费用;对学校、其他教育机构给予警告,可以处违法所得五倍以下罚款;情节严重的,责令停止相关招生资格一年以上三年以下,直至撤销招生资格、吊销办学许可证;对直接负责的主管人员和其他直接责任人员,依法给予处分;构成犯罪的,依法追究刑事责任。在招收学生工作中滥用职权、玩忽职守、徇私舞弊的,由教育行政部门或者其他有关行政部门责令退回招收的不符合入学条件的人员;对直接负责的主管人员和其他直接责任人员,依法给予处分;构成犯罪的,依法追究刑事责任。盗用、冒用他人身份,顶替他人取得的入学资格的,由教育行政部门或者其他有关行政部门责令撤销入学资格,并责令停止参加相关国家教育考试二年以上五年以下;已经取得学位证书、学历证书或者其他学业证书的,由颁发机构撤销相关证书;已经成为公职人员的,依法给予开除处分;构成违反治安管理行为的,由公安机关依法给予治安管理处罚;构成犯罪的,依法追究刑事责任。与他人串通,允许他人冒用本人身份,顶替本人取得的入学资格的,由教育行政部门或者其他有关行政部门责令停止参加相关国家教育考试一年以上三年以下;有违法所得的,没收违法所得;已经成为公职人员的,依法给予处分;构成违反治安管理行为的,由公安机关依法给予治安管理处罚;构成犯罪的,依法追究刑事责任。组织、指使盗用或者冒用他人身份,顶替他人取得的入学资格的,有违法所得的,没收违法所得;属于公职人员的,依法给予处分;构成违反治安管理行为的,由公安机关依法给予治安管理处罚;构成犯罪的,依法追究刑事责任。入学资格被顶替权利受到侵害的,可以请求恢复其入学资格。学校及其他教育机构违反国家有关规定向受教育者收取费用的,由教育行政部门或者其他有关行政部门责令退还所收费用;对直接负责的主管人员和其他直接责任人员,依法给予处分。学校或者其他教育机构违反本法规定,颁发学位证书、学历证书或者其他学业证书的,由教育行政部门或者其他有关行政部门宣布证书无效,责令收回或者予以没收;有违法所得的,没收违法所得;情节严重的,责令停止相关招生资格一年以上三年以下,直至撤销招生资格、颁发证书资格;对直接负责的主管人员和其他直接责任人员,依法给予处分。违反本法规定,侵犯教师、受教育者、学校或者其他教育机构的合法权益,造成损失、损害的,应当依法承担民事责任。

(二)《中华人民共和国义务教育法》

学校能拒绝有自闭症学生吗?

刘妈妈牵着李明(化名)再一次离开了当地的一所小学,这已经是他读过的第三所小学了。李明和其他孩子不一样,书法过了8级的他患有自闭症,无法自律自己的部分行为。校方在让他试读一个学期后,勒令他退学,几十名家长甚至联名要求校方将自闭症儿童拒之门外,以确保在校学生的人事安全。谈及具体原因,学校认为,李明是自闭症儿童,根本无法控制自己的行为,上课会扰乱纪律,偶尔还有攻击倾向,且年龄已经达到了14岁,与小学四年级的年龄、身高都不相符。学校也没有专业的自闭症教师,无法教授其课程,他应该回到特殊学校就读。

那么,学校拒收特殊儿童是否与我国的教育法律法规相符?特别是义务教育阶段的学生,国家有明确的法律规定学生的受教育权。下面介绍《中华人民共和国义务教育法》(1986年4月12日第六届全国人民代表大会第四次会议通过,2006年修订,2015年第一次修正,2018年第二次修正,以下简称《义务教育法》)的基本内容。

1. 义务教育的年限与性质

国家实行九年义务教育制度。实施义务教育,不收学费、杂费。国家建立义务教育经费保障机制,保证义务教育制度的实施。

2. 义务教育的方针

义务教育必须贯彻国家的教育方针,实施素质教育,提高教育质量,使适龄儿童、少年在品德、智力、体质等方面全面发展,为培养有理想、有道德、有文化、有纪律的社会主义建设者和接班人奠定基础。

3. 义务教育的对象

凡具有中华人民共和国国籍的适龄儿童、少年,不分性别、民族、种族、家庭财产状况、宗教信仰等,依法享有平等接受义务教育的权利,并履行接受义务教育的义务。

4. 各级政府、社会组织和个人的责任

各级人民政府及其有关部门应当履行《义务教育法》规定的各项职责,保障适龄儿童、少年接受义务教育的权利。适龄儿童、少年的父母或者其他法定监护人应当依法保证其按时入学接受并完成义务教育。依法实施义务教育的学校应当按照规定标准完成教育教学任务,保证教育教学质量。社会组织和个人应当为适龄儿童、少年接受义务教育创造良好的环境。国务院和县级以上地方人民政府应当合理配置教育资源,促进义务教育均衡发展,改善薄弱学校的办学条件,并采取措施,保障农村地区、民族地区实施义务教育,保障家庭经济困难的和残疾的适龄儿童、少年接受义务教育。

5. 义务教育的管理

义务教育实行国务院领导,省、自治区、直辖市人民政府统筹规划实施,县级人民政府为主管理的体制。县级以上人民政府教育行政部门具体负责义务教育实施工作;县级以上人民政府其他有关部门在各自的职责范围内负责义务教育实施工作。

6. 入学年龄与原则

凡年满六周岁的儿童,其父母或者其他法定监护人应当送其入学接受并完成义务教育;条件不具备的地区的儿童,可以推迟到七周岁。适龄儿童、少年因身体状况需要延缓入学或者休学的,其父母或者其他法定监护人应当提出申请,由当地乡镇人民政府或者县级人民政府教育行政部门批准。适龄儿童、少年免试入学。地方各级人民政府应当保障适龄儿童、少年在户籍所在地学校就近入学。父母或者其他法定监护人在非户籍所在地工作或者居住的适龄儿童、少年,在其父母或者其他法定监护人工作或者居住地接受义务教育的,当地人民政府应当为其提供平等接受义务教育的条件。县级人民政府教育行政部门和乡镇人民政府组织和督促适龄儿童、少年入学,帮助解决适龄儿童、少年接受义务教育的困难,采取措施防止适龄儿童、少年辍学。居民委员会和村民委员会协助政府做好工作,督促适龄儿童、少年入学。禁止用人单位招用应当接受义务教育的适龄儿童、少年。根据国家有关规定经批准招收适龄儿童、少年进行文艺、体育等专业训练的社会组织,应当保证所招收的适龄儿童、少年接受义务教育;自行实施义务教育的,应当经县级人民政府教育行政部门批准。

7. 学校建设的标准

学校建设,应当符合国家规定的办学标准,适应教育教学需要;应当符合国家规定的选址要求和建设标准,确保学生和教职工安全。县级人民政府根据需要设置寄宿制学校,保障居住分散的适龄儿童、少年入学接受义务教育。县级以上地方人民政府根据需要设置相应的实施特殊教育的学校(班),对视力残疾、听力语言残疾和智力残疾的适龄儿童、少年实施义务教育。特殊教育学校(班)应当具备适应残疾儿童、少年学习、康复、生活特点的场所和设施。普通学校应当接收具有接受普通教育能力的残疾适龄儿童、少年随班就读,并为其学习、康复提供帮助。县级以上地方人民政府根据需要,为具有预防未成年人犯罪法规定的严重不良行为的适龄少年设置专门的学校实施义务教育。对未完成义务教育的未成年犯和被采取强制性教育措施的未成年人应当进行义务教育,所需经费由人民政府予以保障。县级以上人民政府及其教育行政部门应当促进学校均衡发展,缩小学校之间办学条件的差距,不得将学校分为重点学校和非重点学校。学校不得分设重点班和非重点班。县级以上人民政府及其教育行政部门不得以任何名义改变或者变相改变公办学校的性质。各级人民政府及其有关部门依法维护学校周边秩序,保护学生、教师、学校的合法权益,为学校提供安全保障。学校应当建立、健全安全制度和应急机制,对学生进行安全教育,加强管理,及时消除隐患,预防发生事故。县级以上地方人民政府定期对学校校舍安全进行检查;对需要维修、改造的,及时予以维修、改造。学校不得聘用曾经因故意犯罪被依法剥夺政治权利或者其他不适合从事义务教育工作的人担任工作人员。学校不得违反国家规定收取费用,不得以向学生推销或者变相推销商品、服务等方式谋取利益。

8. 学校行政

学校实行校长负责制。校长应当符合国家规定的任职条件。校长由县级人民政府教育行政部门依法聘任。对违反学校管理制度的学生,学校应当予以批评教育,不得开除。

9. 教师资格、权利与义务

教师应当取得国家规定的教师资格。教师享有法律规定的权利,履行法律规定的义务,应当为人师表,忠诚于人民的教育事业。教师在教育教学中应当平等对待学生,关注学生的个体差异,因材施教,促进学生的充分发展。教师应当尊重学生的人格,不得歧视学生,不得对学生实施体罚、变相体罚或者其他侮辱人格尊严的行为,不得侵犯学生合法权益。各级人民政府保障教师工资福利和社会保险待遇,改善教师工作和生活条件;完善农村教师工资经费保障机制。教师的平均工资水平应当不低于当地公务员的平均工资水平。特殊教育教师享有特殊岗位补助津贴。在民族地区和边远贫困地区工作的教师享有艰苦贫困地区补助津贴。县级以上人民政府应当加强教师培养工作,采取措施发展教师教育。县级人民政府教育行政部门应当均衡配置本行政区域内学校师资力量,组织校长、教师的培训和流动,加强对薄弱学校的建设。

10. 教育教学工作

教育教学工作应当符合教育规律和学生身心发展特点,面向全体学生,教书育人,将德育、智育、体育、美育等有机统一在教育教学活动中,注重培养学生独立思考能力、创新能力和实践能力,促进学生全面发展。国务院教育行政部门根据适龄儿童、少年身心发展的状况和实际情况,确定教学制度、教育教学内容和课程设置,改革考试制度,并改进高级中等学校招生办法,推进实施素质教育。学校和教师按照确定的教育教学内容和课程设置开展教育教学活动,保证达到国家规定的基本质量要求。学校应当保证学生的课外活动时间,组织开展文化娱乐等课外活动。社会公共文化体育设施应当为学校开展课外活动提供便利。

11. 经费

国家将义务教育全面纳入财政保障范围,义务教育经费由国务院和地方各级人民政府依照《义务教育法》规定予以保障,将义务教育经费纳入财政预算,按照教职工编制标准、工资标准和学校建设标准、学生人均公用经费标准等,及时足额拨付义务教育经费,确保学校的正常运转和校舍安全,确保教职工工资按照规定发放。国务院和地方各级人民政府用于实施义务教育财政拨款的增长比例应当高于财政经常性收入的增长比例,保证按照在校学生人数平均的义务教育费用逐步增长,保证教职工工资和学生人均公用经费逐步增长。特殊教育学校(班)学生人均公用经费标准应当高于普通学校学生人均公用经费标准。义务教育经费投入实行国务院和地方各级人民政府根据职责共同负担,省、自治区、直辖市人民政府负责统筹落实的体制。农村义务教育所需经费,由各级人民政府根据国务院的规定分项目、按比例分担。各级人民政府对家庭经济困难的适龄儿童、少年免费提供教科书并补助寄宿生生活费。国务院和省、自治区、直辖市人民政府规范财政转移支付制度,加大一般性转移支付规模和规范义务教育专项转移支付,支持和引导地方各级人民政府增加对义务教育的投入。地方各级人民政府确保将上级人民政府的义务教育转移支付资金按照规定用于义务教育。国务院和县级以上地方人民政府根据实际需要,设立专项基金,扶持农村地区、民族地区实施义务教育。国家鼓励社会组织和个人向义务教育捐赠,鼓励按照国家有关基金会管理的规定设立义务教育基金。义务教育经费严格按照预算规定用于义务教育;任何组织和个人不得侵占、挪用义务教育经费,不得向学校非法收取或者摊派费用。县级以上人民政府建立健全义务教育经费的审计监督和统计公告制度。

12. 违规处理

《义务教育法》对违反法律规定所应承担的法律责任作了规定。县级以上人民政府或者其教育行政部门将学校分为重点学校和非重点学校的、改变或者变相改变公办学校性质的,由上级人民政府或者其教育行政部门责令限期改正、通报批评;情节严重的,对直接负责的主管人员和其他直接责任人员依法给予行政处分。侵占和挪用义务教育经费的、向学校非法收取或者摊派费用的,由上级人民政府或者上级人民政府教育行政部门、财政部门、价格行政部门和审计机关根据职责分工责令限期改正;情节严重的,对直接负责的主管人员和其他直接责任人员依法给予处分。学校或者教师在义务教育工作中违反教育法、教师法规定的,依照教育法、教师法的有关规定处罚。学校违反国家规定收取费用的,由县级人民政府教育行政部门责令退还所收费用;对直接负责的主管人员和其他直接责任人员依法给予处分。学校以向学生推销或者变相推销商品、服务等方式谋取利益的,由县级人民政府教育行政部门给予通报批评;有违法所得的,没收违法所得;对直接负责的主管人员和其他直接责任人员依法给予处分。

学校有拒绝接收具有接受普通教育能力的残疾适龄儿童、少年随班就读的,分设重点班和非重点班的、违法开除学生的、选用未经审定的教科书的,由县级人民政府教育行政部门责令限期改正;情节严重的,对直接负责的主管人员和其他直接责任人员依法给予处分。适龄儿童、少年的父母或者其他法定监护人无正当理由未依照《义务教育法》规定送适龄儿童、少年入学接受义务教育的,由当地乡镇人民政府或者县级人民政府教育行政部门给予批评教育,责令限期改正。对胁迫或者诱骗应当接受义务教育的适龄儿童、少年失学、辍学的,非法招用应当接受义务教育的适龄儿童、少年的,出版未经依法审定的教科书的,依照有关法律、行政法规的规定予以处罚。违反法律规定,构成犯罪的,依法追究刑事责任。

(三)《中华人民共和国教师法》

学校的做法合法吗?

应届毕业生小丽6月份去了一家私立学校面试教师,面试成功后要求签合同,学校要扣押小丽的毕业证等相关证件,因是提前招聘,工作要等两个多月以后才能开始,合同上注明小丽违约就要交5000~10 000元的违约金,当时小丽签了合同,并按要求上缴相关证件。两天后小丽就反悔了,觉得要等两个月才能工作,太浪费时间了,就打电话想要回证书。学校说要证件必须交违约金,最后经过协商,说最起码要交1000元。请问:学校扣留证件的做法是否违法?小丽该不该交违约金?她现在该怎么办?

为了理清这些问题,我们首先要了解《中华人民共和国教师法》(以下简称《教师法》)的基本规定。《教师法》于1993年10月31日第八届全国人民代表大会常务委员会第四次会议通过,1994年1月1日起施行,2009年修正。《教师法》分总则、权利和义务、资格和任用、培养和培训、考核、待遇、奖励、法律责任、附则共9章43条,基本内容如下。

1. 立法宗旨和适用对象

《教师法》的立法宗旨是"为了保障教师的合法权益,建设具有良好思想品德修养和业务素质的教师队伍,促进社会主义教育事业的发展",适用对象是:"在各级各类学校和其他教育机构中专门从事教育教学工作的教师"。

2. 教师的权利和义务

根据《教师法》第七条的规定，教师享有下列权利：① 进行教育教学活动，开展教育教学改革和实验；② 从事科学研究、学术交流，参加专业的学术团体，在学术活动中充分发表意见；③ 指导学生的学习和发展，评定学生的品行和学业成绩；④ 按时获取工资报酬，享受国家规定的福利待遇以及寒暑假期的带薪休假；⑤ 对学校教育教学、管理工作和教育行政部门的工作提出意见和建议，通过教职工代表大会或者其他形式，参与学校的民主管理；⑥ 参加进修或者其他方式的培训。

根据《教师法》第八条的规定，教师应当履行下列义务：① 遵守宪法、法律和职业道德，为人师表；② 贯彻国家的教育方针，遵守规章制度，执行学校的教学计划，履行教师聘约，完成教育教学工作任务；③ 对学生进行宪法所确定的基本原则的教育和爱国主义、民族团结的教育，法制教育以及思想品德、文化、科学技术教育，组织、带领学生开展有益的社会活动；④ 关心、爱护全体学生，尊重学生人格，促进学生在品德、智力、体质等方面全面发展；⑤ 制止有害于学生的行为或者其他侵犯学生合法权益的行为，批评和抵制有害于学生健康成长的现象；⑥ 不断提高思想政治觉悟和教育教学业务水平。

3. 教师的资格和任用

（1）获取教师资格的条件。

基本条件：中国公民凡遵守宪法和法律，热爱教育事业，具有良好的思想品德，具备《教师法》规定的学历或者经国家教师资格考试合格，有教育教学能力，经认定合格的，可以取得教师资格。

学历要求：取得幼儿园教师资格，应具备幼儿师范学校毕业及其以上学历；取得小学教师资格，应当具备中等师范学校毕业及其以上学历；取得初级中学教师和初级职业学校文化、专业课教师资格，应当具备高等师范专科学校或者其他大学专科毕业及其以上学历；取得高级中学教师资格和中等专业学校、技工学校、职业高中文化课、专业课教师资格，应当具备高等师范院校本科或者其他大学本科毕业及其以上学历；取得中等专业学校、技工学校和职业高中学生实习指导教师资格应当具备的学历，由国务院教育行政部门规定；取得高等学校教师资格，应当具备研究生或者大学本科毕业学历；取得成人教育教师资格，应当按照成人教育的层次、类别，分别具备高等、中等学校毕业及其以上学历。

不具备本法规定的教师资格学历的公民，申请获取教师资格，必须通过国家教师资格考试。国家教师资格考试制度由国务院规定。

（2）认定与任用。

中小学教师资格由县级以上地方人民政府教育行政部门认定。中等专业学校、技工学校的教师资格由县级以上地方人民政府教育行政部门组织有关主管部门认定。具备本法规定的学历或者经国家教师资格考试合格的公民，要求有关部门认定其教师资格的，有关部门应当依照《教师法》规定的条件予以认定。

取得教师资格的人员首次任教时，应当有试用期。受到剥夺政治权利或者故意犯罪受到有期徒刑以上刑事处罚的，不能取得教师资格；已经取得教师资格的，丧失教师资格。

4. 教师的培养和培训

各级人民政府和有关部门应当办好师范教育，并采取措施，鼓励优秀青年进入各级师范学校学习。各级教师进修学校承担培训中小学教师的任务。非师范学校应当承担培养和培训中小学教师的任务。各级师范学校学生享受专业奖学金。各级人民政府教育行政部门、学校主管部门和学校应当制定教师培训规划，对教师进行多种形式的思想政治、业务培训。

各级人民政府应当采取措施,为少数民族地区和边远贫困地区培养、培训教师。

5. 教师的考核、待遇和奖励

(1) 教师的考核。

学校或者其他教育机构应当对教师的政治思想、业务水平、工作态度和工作成绩进行考核。教育行政部门对教师的考核工作进行指导、监督。考核应当客观、公正、准确,充分听取教师本人、其他教师以及学生的意见。教师考核结果是受聘任教、晋升工资、实施奖惩的依据。

(2) 教师的待遇。

教师的平均工资水平应当不低于或者高于国家公务员的平均工资水平,并逐步提高。建立正常晋级增薪制度。中小学教师和职业学校教师享受教龄津贴和其他津贴。地方各级人民政府对教师以及具有中专以上学历的毕业生到少数民族地区和边远贫困地区从事教育教学工作的,应当予以补贴。地方各级人民政府和国务院有关部门,对城市教师住房的建设、租赁、出售实行优先、优惠。县、乡两级人民政府应当为农村中小学教师解决住房提供方便。教师的医疗同当地国家公务员享受同等的待遇;定期对教师进行身体健康检查,并因地制宜安排教师进行休养。医疗机构应当对当地教师的医疗提供方便。教师退休或者退职后,享受国家规定的退休或者退职待遇。县级以上地方人民政府可以适当提高长期从事教育教学工作的中小学退休教师的退休金比例。

(3) 教师的奖励。

教师在教育教学、培养人才、科学研究、教学改革、学校建设、社会服务、勤工俭学等方面成绩优异的,由所在学校予以表彰、奖励。国务院和地方各级人民政府及其有关部门对有突出贡献的教师,应当予以表彰、奖励。对有重大贡献的教师,依照国家有关规定授予荣誉称号。

6. 法律责任

教师有下列情形之一的,由所在学校、其他教育机构或者教育行政部门给予行政处分或者解聘。

(1) 故意不完成教育教学任务给教育教学工作造成损失的;

(2) 体罚学生,经教育不改的;

(3) 品行不良、侮辱学生,影响恶劣的。

教师有第(1)项、第(2)项所列情形之一,情节严重,构成犯罪的,依法追究刑事责任。

教师对学校或者其他教育机构侵犯其合法权益的,或者对学校或者其他教育机构做出的处理不服,可以向教育行政部门提出申诉,教育行政部门应当在接到申诉的30日内,做出处理。

第二节 《国家中长期教育改革和发展规划纲要(2010—2020年)》

统筹推进城乡义务教育一体化

湖南省长沙市岳麓区坚持目标导向、问题导向、需求导向,破解中小学"大班额"难题,精准对接教育资源需求,增加优质教育资源供给,有力推进了城乡义务教育一体化发展。

夯实发展基础。坚持规划先行,制定中小学校教育用地专项规划、农村义务教育学校布局专项规划等,统筹城乡学校布局,确保布点科学规范、无盲点、合民情,形成5分钟小学就学圈、10分钟中学就学圈。

突破均衡瓶颈。瞄准教育发展短板,实施"一带一片"计划,推进振兴沿江教育风光带行动计划和雨莲含片区教育提质计划。三年来,投入数亿资金对12所沿江学校进行大规模硬件改造,优化师资队伍,推动特色发展。推进雨莲含农村片区学校建设,发挥岳麓区第五实验小学的引领、辐射作用,实现片区共同发展。对全区小学招生入学范围详细摸底、全面铺排,就进一步合理划分学区听取各方意见,优化学区划片,做好按学区免试就近入学和阳光招生工作。

扩充优质资源。积极探索"名校+",与省、市名校合作办学,扩充区内名校资源,实现学生"在家门口读名校"的愿望。争取省内教师编制统筹调剂,协调市编办按全区中小学生总数核定编制,多渠道拓宽教师编制资源,设立"政府雇员"制度,建立编制蓄水池,补充的雇员身份教师与编制内教师同工同酬。近三年,超额完成市对区教师交流轮岗工作额定任务,其中城区学校、优质学校到农村学校交流的教师达100余人。

消除城乡差距。推进城乡学校提质改造,近三年累计投入资金约1.88亿元,改造项目190个。实施区属中小学校维修改造、运动场建设、新建学校二次装修、公立幼儿园建设等项目,进一步改善城乡学校面貌。①

2010年7月,中共中央、国务院印发的《国家中长期教育改革和发展规划纲要(2010—2020年)》(以下简称《教育规划纲要》),是21世纪我国第一个中长期教育改革和发展规划,是一定时期指导全国教育改革和发展的纲领性文件。湖南省基于充分利用教育资源、保证教育公平的考虑,推进城乡义务教育一体化,以提高中小学的教育质量。这种调整是《教育规划纲要》精神落实的具体表现。下面对《教育规划纲要》的内容进行详细介绍。

一、教育基本政策

(一)教育地位和教育工作总要求

在党和国家工作全局中,必须始终坚持把教育摆在优先发展的位置。按照面向现代化、面向世界、面向未来的要求,适应全面建设小康社会、建设创新型国家的需要,坚持育人为本,以改革创新为动力,以促进公平为重点,以提高质量为核心,全面实施素质教育,推动教育事业在新的历史起点上科学发展,加快从教育大国向教育强国、从人力资源大国向人力资源强国迈进,为中华民族伟大复兴和人类文明进步做出更大贡献。

(二)教育指导思想和工作方针

1. 指导思想

高举中国特色社会主义伟大旗帜,以邓小平理论和"三个代表"重要思想为指导,深入贯彻落实科学发展观,实施科教兴国战略和人才强国战略,优先发展教育,完善中国特色社会主义现代教育体系,办好人民满意的教育,建设人力资源强国。

全面贯彻党的教育方针,坚持教育为社会主义现代化建设服务,为人民服务,与生产劳动和社会实践相结合,培养德、智、体、美全面发展的社会主义建设者和接班人。全面推进教育事业科学发展,立足社会主义初级阶段基本国情,把握教育发展阶段性特征,坚持以人为本,遵循教育规律,面向社会需求,优化结构布局,提高教育现代化水平。

2. 工作方针

(1)优先发展。把教育摆在优先发展的战略地位。

---

① 佚名.湖南省长沙市岳麓区统筹推进城乡义务教育一体化发展[EB/OL].(2021-05-18)[2018-08-15]. http://www.moe.gov.cn/jyb_xwfb/s6192/s222/moe_1750/201808/t20180815_345315.html.

(2) 育人为本。把育人为本作为教育工作的根本要求。要以学生为主体,以教师为主导,充分发挥学生的主动性,把促进学生健康成长作为学校一切工作的出发点和落脚点。

(3) 改革创新。把改革创新作为教育发展的强大动力。要以体制机制改革为重点,鼓励地方和学校大胆探索和试验,加快重要领域和关键环节的改革步伐。创新人才培养体制、办学体制、教育管理体制,改革质量评价和考试招生制度,改革教学内容、方法、手段,建设现代学校制度。为教育事业持续健康发展提供强大动力。

(4) 促进公平。把促进公平作为国家基本教育政策。保障公民依法享有受教育的权利,促进义务教育均衡发展和扶持困难群体,合理配置教育资源,向农村地区、边远贫困地区和民族地区倾斜,加快缩小教育差距。

(5) 提高质量。把提高质量作为教育改革发展的核心任务。树立科学的质量观,把促进人的全面发展、适应社会需要作为衡量教育质量的根本标准。

(三) 教育战略目标和战略主题

1. 战略目标

到2020年,基本实现教育现代化,基本形成学习型社会,进入人力资源强国行列。

(1) 实现更高水平的普及教育。基本普及学前教育,巩固提高九年义务教育水平;普及高中阶段教育,毛入学率达到90%;高等教育大众化水平进一步提高,毛入学率达到40%;扫除青壮年文盲。新增劳动力平均受教育年限从12.4年提高到13.5年;主要劳动年龄人口平均受教育年限从9.5年提高到11.2年,其中受过高等教育的比例达到20%,具有高等教育文化程度的人数比2009年翻一番。

(2) 形成惠及全民的公平教育。坚持教育的公益性和普惠性,保障公民依法享有接受良好教育的机会。建成覆盖城乡的基本公共教育服务体系,逐步实现基本公共教育服务均等化,缩小区域差距。切实解决进城务工人员子女平等接受义务教育问题。保障残疾人受教育权利。

(3) 提供更加丰富的优质教育,更好满足人民群众接受高质量教育的需求。

(4) 构建体系完备的终身教育。继续教育参与率大幅提升,从业人员继续教育年参与率达到50%。

(5) 健全充满活力的教育体制。进一步解放思想,更新观念,深化改革,提高教育开放水平,全面形成与社会主义市场经济体制和全面建设小康社会目标相适应的充满活力、富有效率、更加开放、有利于科学发展的教育体制机制,办出具有中国特色、世界水平的现代教育。

2. 战略主题

(1) 坚持以人为本、全面实施素质教育。

(2) 坚持德育为先。立德树人,把社会主义核心价值体系融入国民教育全过程。

(3) 坚持能力为重。优化知识结构,丰富社会实践,强化能力培养。着力提高学生的学习能力、实践能力、创新能力。

(4) 坚持全面发展。全面加强和改进德育、智育、体育、美育。坚持文化知识学习与思想品德修养的统一、理论学习与社会实践的统一、全面发展与个性发展的统一。

(四) 教育体制改革

1. 人才培养体制改革

(1) 更新人才培养观念,改革人才培养体制,提高人才培养水平。

(2) 创新人才培养模式。注重学思结合,注重知行统一,注重因材施教。

(3) 改革教育质量评价和人才评价制度。

2. 考试招生制度改革

完善中等学校考试招生制度。完善初中就近免试入学的具体办法。完善学业水平考试和综合素质评价,为高中阶段学校招生录取提供更加科学的依据。改进高中阶段学校考试招生方式,发挥优质普通高中和优质中等职业学校招生名额合理分配的导向作用。规范优秀特长生录取程序与办法。中等职业学校实行自主招生或注册入学。完善高等学校考试招生制度。深化考试内容和形式改革,着重考查综合素质和能力。加强信息公开和社会监督。

3. 现代学校制度建设

(1) 推进政校分开、管办分离。适应中国国情和时代要求,建设依法办学、自主管理、民主监督、社会参与的现代学校制度,构建政府、学校、社会之间新型关系。完善学校目标管理和绩效管理机制。健全校务公开制度,接受师生员工和社会的监督。随着国家事业单位分类改革推进,探索建立符合学校特点的管理制度和配套政策,克服行政化倾向,取消实际存在的行政级别和行政化管理模式。

(2) 落实和扩大学校办学自主权。政府及其部门要树立服务意识,改进管理方式,完善监管机制,减少和规范对学校的行政审批事项,依法保障学校充分行使办学自主权和承担相应责任。

(3) 完善中小学学校管理制度。完善普通中小学和中等职业学校校长负责制。完善校长任职条件和任用办法。实行校务会议等管理制度,建立健全教职工代表大会制度,不断完善科学民主决策机制。扩大中等职业学校专业设置自主权。建立中小学家长委员会。引导社区和有关专业人士参与学校管理和监督。发挥企业参与中等职业学校发展的作用。建立中等职业学校与行业、企业合作机制。

4. 办学体制改革

深化办学体制改革。坚持教育公益性原则,深化公办学校办学体制改革,积极鼓励行业、企业等社会力量参与公办学校办学,扶持薄弱学校发展,扩大优质教育资源,增强办学活力,提高办学效益。各地可从实际出发,开展公办学校联合办学、委托管理等试验,探索多种形式,提高办学水平。大力支持民办教育,依法管理民办教育。

5. 管理体制改革

(1) 健全统筹有力、权责明确的教育管理体制。

(2) 加强省级政府教育统筹。进一步加大省级政府对区域内各级各类教育的统筹。统筹管理义务教育,推进城乡义务教育均衡发展,依法落实发展义务教育的财政责任。

(3) 转变政府教育管理职能。各级政府要切实履行统筹规划、政策引导、监督管理和提供公共教育服务的职责,建立健全公共教育服务体系,逐步实现基本公共教育服务均等化,维护教育公平和教育秩序。改变直接管理学校的单一方式,综合应用立法、拨款、规划、信息服务、政策指导和必要的行政措施,减少不必要的行政干预。提高政府决策的科学性和管理的有效性。加强教育监督检查,完善教育问责机制。

二、义务教育

(一) 巩固提高九年义务教育水平

到 2020 年,全面提高普及水平,全面提高教育质量,基本实现区域内均衡发展,确保适龄儿童少年接受良好义务教育。具体有以下三个要求。

1. 巩固义务教育普及成果

适应城乡发展需要,合理规划学校布局,办好必要的教学点,方便学生就近入学。坚持以输入地政府管理为主、以全日制公办中小学为主,确保进城务工人员随迁子女平等接受义务教育,研究制定进城务工人员随迁子女接受义务教育后在当地参加升学考试的办法。建立健全政府主导、社会参与的农村留守儿童关爱服务体系和动态监测机制。加快农村寄宿制学校建设,优先满足留守儿童住宿需求。采取必要措施,确保适龄儿童少年不因家庭经济困难、就学困难、学习困难等原因而失学,努力消除辍学现象。

2. 提高义务教育质量

建立国家义务教育质量基本标准和监测制度。严格执行义务教育国家课程标准、教师资格标准。深化课程与教学方法改革,推行小班教学。配齐音乐、体育、美术等学科教师,开足开好规定课程。大力推广普通话教学,使用规范汉字。

3. 增强学生体质

科学安排学习、生活、锻炼,保证学生睡眠时间。大力开展"阳光体育"运动,保证学生每天锻炼一小时,不断提高学生体质健康水平。提倡合理膳食,改善学生营养状况,提高贫困地区农村学生营养水平。保护学生视力。

（二）推进义务教育均衡发展

建立健全义务教育均衡发展保障机制。推进义务教育学校标准化建设,均衡配置教师、设备、图书、校舍等资源。

1. 切实缩小校际差距,着力解决择校问题

加快薄弱学校改造,着力提高师资水平。实行县（区）域内教师、校长交流制度。义务教育阶段不得设置重点学校和重点班。在保障适龄儿童少年就近进入公办学校的前提下,发展民办教育,提供选择机会。

2. 加快缩小城乡差距

建立城乡一体化义务教育发展机制,在财政拨款、学校建设、教师配置等方面向农村倾斜。率先在县（区）域内实现城乡均衡发展,逐步在更大范围内推进。

3. 努力缩小区域差距

加大对革命老区、民族地区、边疆地区、贫困地区义务教育的转移支付力度。鼓励发达地区支援欠发达地区。

（三）减轻中小学生课业负担

各级政府要把减负作为教育工作的重要任务,统筹规划,整体推进。调整教材内容,科学设计课程难度。改革考试评价制度和学校考核办法。规范办学行为,建立学生课业负担监测和公告制度。不得以升学率对地区和学校进行排名,不得下达升学指标。规范各种社会补习机构和教辅市场。加强校外活动场所建设和管理,丰富学生课外及校外活动。学校要把减负落实到教育教学各个环节,给学生留下了解社会、深入思考、动手实践、健身娱乐的时间。提高教师业务素质,改进教学方法,增强课堂教学效果,减少作业量和考试次数。培养学生学习兴趣和爱好。严格执行课程方案,不得增加课时和提高难度。各种等级考试和竞赛成绩不得作为义务教育阶段入学与升学的依据。

三、高中阶段教育

（一）加快普及高中阶段教育

注重培养学生自主学习、自强自立和适应社会的能力,克服应试教育倾向。到 2020 年,

普及高中阶段教育,满足初中毕业生接受高中阶段教育需求。根据经济社会发展需要,合理确定普通高中和中等职业学校招生比例,今后一个时期总体保持普通高中和中等职业学校招生规模大体相当。加大对中西部贫困地区高中阶段教育的扶持力度。

（二）全面提高普通高中学生综合素质

深入推进课程改革,全面落实课程方案,保证学生全面完成国家规定的文理等各门课程的学习。创造条件开设丰富多彩的选修课,为学生提供更多选择,促进学生全面而有个性的发展。逐步消除大班额现象。积极开展研究性学习、社区服务和社会实践。建立科学的教育质量评价体系,全面实施高中学业水平考试和综合素质评价。建立学生发展指导制度,加强对学生的理想、心理、学业等多方面指导。

（三）推动普通高中多样化发展

促进办学体制多样化,扩大优质资源。推进培养模式多样化,满足不同潜质学生的发展需要。探索发现和培养创新人才的途径。鼓励普通高中办出特色。鼓励有条件的普通高中根据需要适当增加职业教育的教学内容。探索综合高中发展模式。采取多种方式,为在校生和未升学毕业生提供职业教育。

四、教师队伍建设

（一）建设高素质教师队伍

提高教师地位,维护教师权益,改善教师待遇,使教师成为受人尊重的职业。严格教师资质,提升教师素质,努力造就一支师德高尚、业务精湛、结构合理、充满活力的高素质专业化教师队伍。

（二）加强师德建设

加强教师职业理想和职业道德教育,增强广大教师教书育人的责任感和使命感。将师德表现作为教师考核、聘任（聘用）和评价的首要内容。采取综合措施,建立长效机制,形成良好的学术道德和学术风气,克服学术浮躁,查处学术不端行为。

（三）提高教师业务水平

完善培养培训体系,做好培养培训规划,优化队伍结构,提高教师专业水平和教学能力。通过研修培训、学术交流、项目资助等方式,培养教育教学骨干、"双师型"教师、学术带头人和校长,造就一批教学名师和学科领军人才。以农村教师为重点,提高中小学教师队伍整体素质。创新农村教师补充机制,完善制度政策,吸引更多优秀人才从教。积极推进师范生免费教育,实施农村义务教育学校教师特设岗位计划,完善代偿机制,鼓励高校毕业生到艰苦边远地区当教师。完善教师培训制度,将教师培训经费列入政府预算,对教师实行每五年一周期的全员培训。加大民族地区双语教师培养培训力度。加强校长培训,重视辅导员和班主任培训。加强教师教育,构建以师范院校为主体、综合大学参与、开放灵活的教师教育体系。深化教师教育改革,创新培养模式,增强实习实践环节,强化师德修养和教学能力训练,提高教师培养质量。

（四）提高教师地位待遇

不断改善教师的工作、学习和生活条件,吸引优秀人才长期从教、终身从教。依法保证教师平均工资水平不低于或者高于国家公务员的平均工资水平,并逐步提高。落实教师绩效工资。对长期在农村基层和艰苦边远地区工作的教师,在工资、职务（职称）等方面实行倾斜政策,完善津贴补贴标准。建设农村艰苦边远地区学校教师周转宿舍。研究制定优惠政策,改善教师工作和生活条件。关心教师身心健康。落实和完善教师医疗养老等社会保障政策。国家对在农村地区长期从教、贡献突出的教师给予奖励。

（五）健全教师管理制度

完善并严格实施教师准入制度,严把教师入口关。国家制定教师资格标准,提高教师任职学历标准和品行要求。建立教师资格证书定期登记制度。省级教育行政部门统一组织中小学教师资格考试和资格认定,县级教育行政部门按规定履行中小学教师的招聘录用、职务（职称）评聘、培养培训和考核等管理职能。

逐步实行城乡统一的中小学编制标准,对农村边远地区实行倾斜政策。建立统一的中小学教师职务（职称）系列,在中小学设置正高级教师职务（职称）。加强学校岗位管理,创新聘用方式,规范用人行为,完善激励机制,激发教师积极性和创造性。建立健全义务教育学校教师和校长流动机制。城镇中小学教师在评聘高级职务（职称）时,原则上要有一年以上在农村学校或薄弱学校的任教经历。加强教师管理,完善教师退出机制。制定校长任职资格标准,促进校长专业化,提高校长管理水平。推行校长职级制。

第三节 《关于全面深化新时代教师队伍建设改革的意见》

湖南中小学教师资格考试一年两考

华声在线4月1日讯（湖南日报·华声在线记者 余蓉）湖南中小学教师资格考试将实行一年两考。近日,省教育厅发布《关于2019年湖南省教师资格认定、中小学教师资格考试与定期注册工作有关事项的公告》。公告指出,根据教育部考试中心《关于2019年中小学教师资格考试考务相关事项的通知》及《教育部教师工作司关于同意湖南省中小学教师资格考试一年两考的请示》的要求,从2019年起,我省中小学教师资格考试将实行一年两考,从2019年上半年考试的面试开始与教育部同步。

上半年面试报名时间为2019年4月16日至19日,考试时间为2019年5月18日至19日;下半年笔试报名时间为2019年9月3日至6日,考试时间为2019年11月2日;下半年面试报名时间为2019年12月10日至13日,考试时间为2020年1月4日至5日。笔试成绩有效期为2年,面试报名时笔试成绩在有效期内,即可参加当次的面试。

按照教育部统一部署,湖南省从2015年下半年启动国家中小学教师资格考试与定期注册制度改革试点工作。所有申请幼儿园、小学、初级中学、高级中学、中等职业学校教师资格和中等职业学校实习指导教师资格的人员,均须参加中小学教师资格考试。笔试、面试成绩均合格可申请认定教师资格,须登录中国教师资格网,从"教师资格认定申请人网报入口"提交相关材料进行申报。申报的时间为春季批次4月15日至4月30日,秋季批次10月15日至10月30日。[①]

这种做法是落实《关于全面深化新时代教师队伍建设改革的意见》的具体表现。为深入贯彻落实党的十九大精神,造就党和人民满意的高素质专业化创新型教师队伍,落实立德树人根本任务,培养德智体美全面发展的社会主义建设者和接班人,全面提升国民素质和人力资源质量,加快教育现代化,建设教育强国,办好人民满意的教育,国务院就全面深化新时代教师队伍建设改革提出如下意见。

---

① 余蓉. 湖南中小学教师资格考试将实行一年两考[EB/OL]. (2021-05-18)[2019-04-12]. https://baijiahao.baidu.com/s?id=1629669437587619591&wfr=spider&for=pc.

一、教师队伍建设的重要意义和总体要求

（一）战略意义

教师承担着传播知识、传播思想、传播真理的历史使命,肩负着塑造灵魂、塑造生命、塑造人的时代重任,是教育发展的第一资源,是国家富强、民族振兴、人民幸福的重要基石。中国特色社会主义进入了新时代,开启了全面建设社会主义现代化国家的新征程。我国社会主要矛盾已经转化为人民日益增长的美好生活需要和不平衡不充分的发展之间的矛盾,人民对公平而有质量的教育的向往更加迫切。

（二）指导思想

全面贯彻落实党的十九大精神,以习近平新时代中国特色社会主义思想为指导,紧紧围绕统筹推进"五位一体"总体布局和协调推进"四个全面"战略布局,坚持和加强党的全面领导,坚持以人民为中心的发展思想,坚持全面深化改革,牢固树立新发展理念,全面贯彻党的教育方针,坚持社会主义办学方向,落实立德树人根本任务,遵循教育规律和教师成长发展规律,加强师德师风建设,培养高素质教师队伍,倡导全社会尊师重教,形成优秀人才争相从教、教师人人尽展其才、好教师不断涌现的良好局面。

（三）基本原则

（1）确保方向。坚持党管干部、党管人才,坚持依法治教、依法执教,坚持严格管理监督与激励关怀相结合,充分发挥党委(党组)的领导和把关作用,确保党牢牢掌握教师队伍建设的领导权,保证教师队伍建设正确的政治方向。

（2）强化保障。坚持教育优先发展战略,把教师工作置于教育事业发展的重点支持战略领域,优先谋划教师工作,优先保障教师工作投入,优先满足教师队伍建设需要。

（3）突出师德。把提高教师思想政治素质和职业道德水平摆在首要位置,把社会主义核心价值观贯穿教书育人全过程,突出全员全方位全过程师德养成,推动教师成为先进思想文化的传播者、党执政的坚定支持者、学生健康成长的指导者。

（4）深化改革。抓住关键环节,优化顶层设计,推动实践探索,破解发展瓶颈,把管理体制改革与机制创新作为突破口,把提高教师地位待遇作为真招实招,增强教师职业吸引力。

（5）分类施策。立足我国国情,借鉴国际经验,根据各级各类教师的不同特点和发展实际,考虑区域、城乡、校际差异,采取有针对性的政策举措,定向发力,重视专业发展,培养一批教师;加大资源供给,补充一批教师;创新体制机制,激活一批教师;优化队伍结构,调配一批教师。

（四）目标任务

经过5年左右努力,教师培养培训体系基本健全,职业发展通道比较畅通,事权人权财权相统一的教师管理体制普遍建立,待遇提升保障机制更加完善,教师职业吸引力明显增强。教师队伍规模、结构、素质能力基本满足各级各类教育发展需要。

二、加强师德师风建设

（一）加强教师党支部和党员队伍建设

将全面从严治党要求落实到每个教师党支部和教师党员,把党的政治建设摆在首位,用习近平新时代中国特色社会主义思想武装头脑,充分发挥教师党支部教育管理监督党员和

宣传引导凝聚师生的战斗堡垒作用,充分发挥党员教师的先锋模范作用。

(二) 提高思想政治素质

加强理想信念教育,深入学习领会习近平新时代中国特色社会主义思想,引导教师树立正确的历史观、民族观、国家观、文化观,坚定中国特色社会主义道路自信、理论自信、制度自信、文化自信。引导教师准确理解和把握社会主义核心价值观的深刻内涵,增强价值判断、选择、塑造能力,带头践行社会主义核心价值观。引导广大教师充分认识中国教育辉煌成就,扎根中国大地,办好中国教育。

(三) 弘扬高尚师德

健全师德建设长效机制,推动师德建设常态化长效化,创新师德教育,完善师德规范,引导广大教师以德立身、以德立学、以德施教、以德育德,坚持教书与育人相统一、言传与身教相统一、潜心问道与关注社会相统一、学术自由与学术规范相统一,争做"四有"好教师,全心全意做学生锤炼品格、学习知识、创新思维、奉献祖国的引路人。

三、提升教师专业素质能力

(一) 加大对师范院校支持力度

实施教师教育振兴行动计划,建立以师范院校为主体、高水平非师范院校参与的中国特色师范教育体系,推进地方政府、高等学校、中小学"三位一体"协同育人。研究制定师范院校建设标准和师范类专业办学标准,重点建设一批师范教育基地,整体提升师范院校和师范专业办学水平。

(二) 支持高水平综合大学开展教师教育

创造条件,推动一批有基础的高水平综合大学成立教师教育学院,设立师范专业,积极参与基础教育、职业教育教师培养培训工作。整合优势学科的学术力量,凝聚高水平的教学团队。发挥专业优势,开设厚基础、宽口径、多样化的教师教育课程。创新教师培养形态,突出教师教育特色,重点培养教育硕士,适度培养教育博士,造就学科知识扎实、专业能力突出、教育情怀深厚的高素质复合型教师。

(三) 全面提高中小学教师质量,建设一支高素质专业化的教师队伍

提高教师培养层次,提升教师培养质量。推进教师培养供给侧结构性改革,为义务教育学校侧重培养素质全面、业务见长的本科层次教师,为高中阶段教育学校侧重培养专业突出、底蕴深厚的研究生层次教师。大力推动研究生层次教师培养,增加教育硕士招生计划,向中西部地区和农村地区倾斜。

加强中小学校长队伍建设,努力造就一支政治过硬、品德高尚、业务精湛、治校有方的校长队伍。面向全体中小学校长,加大培训力度,提升校长办学治校能力,打造高品质学校。实施校长国培计划,重点开展乡村中小学骨干校长培训和名校长研修。支持教师和校长大胆探索,创新教育思想、教育模式、教育方法,形成教学特色和办学风格,营造教育家脱颖而出的制度环境。

(四) 全面提高幼儿园教师质量,建设一支高素质善保教的教师队伍

办好一批幼儿师范专科学校和若干所幼儿师范学院,支持师范院校设立学前教育专业,培养热爱学前教育事业、幼儿为本、才艺兼备、擅长保教的高水平幼儿园教师。建立幼儿园教师全员培训制度,切实提升幼儿园教师科学保教能力。加大幼儿园园长、乡村幼儿园教

师、普惠性民办幼儿园教师的培训力度。

（五）全面提高职业院校教师质量，建设一支高素质双师型的教师队伍

继续实施职业院校教师素质提高计划，引领带动各地建立一支技艺精湛、专兼结合的双师型教师队伍。加强职业技术师范院校建设，支持高水平学校和大中型企业共建双师型教师培养培训基地，建立高等学校、行业企业联合培养双师型教师的机制。

（六）全面提高高等学校教师质量，建设一支高素质创新型的教师队伍

着力提高教师专业能力，推进高等教育内涵式发展。搭建校级教师发展平台，组织研修活动，开展教学研究与指导，推进教学改革与创新。服务创新型国家和人才强国建设、世界一流大学和一流学科建设，实施好千人计划、万人计划、长江学者奖励计划等重大人才项目，着力打造创新团队，培养引进一批具有国际影响力的学科领军人才和青年学术英才。

四、理顺教师管理体制机制

（一）创新和规范中小学教师编制配备

根据教育发展需要，在现有编制总量内，统筹考虑、合理核定教职工编制，盘活事业编制存量，优化编制结构，向教师队伍倾斜，采取多种形式增加教师总量，优先保障教育发展需要。

（二）优化义务教育教师资源配置

实行义务教育教师"县管校聘"。深入推进县域内义务教育学校教师、校长交流轮岗，实行教师聘期制、校长任期制管理，推动城镇优秀教师、校长向乡村学校、薄弱学校流动。逐步扩大农村教师特岗计划实施规模，适时提高特岗教师工资性补助标准。鼓励地方政府和相关院校因地制宜采取定向招生、定向培养、定期服务等方式，为乡村学校及教学点培养"一专多能"教师，优先满足老少边穷地区教师补充需要。

（三）完善中小学教师准入和招聘制度

完善教师资格考试政策，逐步将修习教师教育课程、参加教育教学实践作为认定教育教学能力、取得教师资格的必备条件。新入职教师必须取得教师资格。严格教师准入，提高入职标准，重视思想政治素质和业务能力，根据教育行业特点，分区域规划，分类别指导，结合实际，逐步提升教师学历。建立符合教育行业特点的中小学、幼儿园教师招聘办法，遴选乐教适教善教的优秀人才进入教师队伍。按照中小学校领导人员管理暂行办法，明确任职条件和资格，规范选拔任用工作，激发办学治校活力。

（四）深化中小学教师职称和考核评价制度改革

适当提高中小学中级、高级教师岗位比例，畅通教师职业发展通道。完善符合中小学特点的岗位管理制度，实现职称与教师聘用衔接。将中小学教师到乡村学校、薄弱学校任教一年以上的经历作为申报高级教师职称和特级教师的必要条件。推行中小学校长职级制改革，拓展职业发展空间，促进校长队伍专业化建设。进一步完善职称评价标准，建立符合中小学教师岗位特点的考核评价指标体系，坚持德才兼备、全面考核，突出教育教学实绩，引导教师潜心教书育人。

（五）健全职业院校教师管理制度

根据职业教育特点，有条件的地方研究制定中等职业学校人员配备规范。完善职业院校教师资格标准，探索将行业企业从业经历作为认定教育教学能力、取得专业课教师资格的必要条件。

（六）深化高等学校教师人事制度改革

积极探索实行高等学校人员总量管理。严把高等学校教师选聘入口关，实行思想政治素质和业务能力双重考查。推动高等学校教师职称制度改革，将评审权直接下放至高等学校，由高等学校自主组织职称评审、自主评价、按岗聘任。深入推进高等学校教师考核评价制度改革，突出教育教学业绩和师德考核，将教授为本科生上课作为基本制度。

五、让教师成为令人羡慕的职业

（一）明确教师的特别重要地位

突显教师职业的公共属性，强化教师承担的国家使命和公共教育服务的职责，确立公办中小学教师作为国家公职人员特殊的法律地位，明确中小学教师的权利和义务，强化保障和管理。各级党委和政府要切实负起中小学教师保障责任，提升教师的政治地位、社会地位、职业地位，吸引和稳定优秀人才从教。公办中小学教师要切实履行作为国家公职人员的义务，强化国家责任、政治责任、社会责任和教育责任。

（二）完善中小学教师待遇保障机制

健全中小学教师工资长效联动机制，核定绩效工资总量时统筹考虑当地公务员实际收入水平，确保中小学教师平均工资收入水平不低于或高于当地公务员平均工资收入水平。完善教师收入分配激励机制，有效体现教师工作量和工作绩效，绩效工资分配向班主任和特殊教育教师倾斜。实行中小学校长职级制的地区，根据实际实施相应的校长收入分配办法。

（三）大力提升乡村教师待遇

深入实施乡村教师支持计划，关心乡村教师生活。认真落实艰苦边远地区津贴等政策，全面落实集中连片特困地区乡村教师生活补助政策，依据学校艰苦边远程度实行差别化补助，鼓励有条件的地方提高补助标准，努力惠及更多乡村教师。加强乡村教师周转宿舍建设，按规定将符合条件的教师纳入当地住房保障范围，让乡村教师住有所居。拿出务实举措，帮助乡村青年教师解决困难，关心乡村青年教师工作生活，巩固乡村青年教师队伍。在培训、职称评聘、表彰奖励等方面向乡村青年教师倾斜，优化乡村青年教师发展环境，加快乡村青年教师成长步伐。为乡村教师配备相应设施，丰富精神文化生活。

（四）维护民办学校教师权益

完善学校、个人、政府合理分担的民办学校教师社会保障机制，民办学校应与教师依法签订合同，按时足额支付工资，保障其福利待遇和其他合法权益，并为教师足额缴纳社会保险费和住房公积金。依法保障和落实民办学校教师在业务培训、职务聘任、教龄和工龄计算、表彰奖励、科研立项等方面享有与公办学校教师同等权利。

（五）推进高等学校教师薪酬制度改革

建立体现以增加知识价值为导向的收入分配机制，扩大高等学校收入分配自主权，高等学校在核定的绩效工资总量内自主确定收入分配办法。高等学校教师依法取得的科技成果转化奖励收入，不纳入本单位工资总额基数。完善适应高等学校教学岗位特点的内部激励机制，对专职从事教学的人员，适当提高基础性绩效工资在绩效工资中的比重，加大对教学型名师的岗位激励力度。

（六）提升教师社会地位

加大教师表彰力度。大力宣传教师中的"时代楷模"和"最美教师"。开展国家级教学名师、国家级教学成果奖评选表彰，重点奖励贡献突出的教学一线教师。做好特级教师评选，发挥引领作用。做好乡村学校从教30年教师荣誉证书颁发工作。各地要按照国家有关规定，因地制宜开展多种形式的教师表彰奖励活动，并落实相关优待政策。鼓励社会团体、企事业单位、民间组织对教师出资奖励，开展尊师活动，营造尊师重教良好社会风尚。

六、确保政策举措落地见效

（一）强化组织保障

各级党委和政府要满腔热情关心教师，充分信任、紧紧依靠广大教师。要切实加强领导，实行一把手负责制，紧扣广大教师最关心、最直接、最现实的重大问题，找准教师队伍建设的突破口和着力点，坚持发展抓公平、改革抓机制、整体抓质量、安全抓责任、保证抓党建，把教师工作记在心里、扛在肩上、抓在手中，摆上重要议事日程，细化分工，确定路线图、任务书、时间表和责任人。

各省、自治区、直辖市党委常委会每年至少研究一次教师队伍建设工作。建立教师工作联席会议制度，解决教师队伍建设重大问题。相关部门要制定切实提高教师待遇的具体措施。研究修订教师法。统筹现有资源，壮大全国教师工作力量，培育一批专业机构，专门研究教师队伍建设重大问题，为重大决策提供支撑。

（二）强化经费保障

各级政府要将教师队伍建设作为教育投入重点予以优先保障，完善支出保障机制，确保党和国家关于教师队伍建设重大决策部署落实到位。优化经费投入结构，优先支持教师队伍建设最薄弱、最紧迫的领域，重点用于按规定提高教师待遇保障、提升教师专业素质能力。加大师范教育投入力度。健全以政府投入为主、多渠道筹集教育经费的体制，充分调动社会力量投入教师队伍建设的积极性。制定严格的经费监管制度，规范经费使用，确保资金使用效益。

第四节 教师的权利与义务

蹲着听课

湖北武汉某中学一学生小韩，性格孤僻平时爱自言自语，因在历史课上"交头接耳"被任课的赵老师抓了个正着，老师就罚他蹲着听课，以示惩戒。此后，每逢历史课小韩就蹲到教室的后面，直到学期末放假才得以"解放"。其遭任课老师体罚，竟被逼蹲着上课达一学期之久。新学期开学3天，又因答不出历史问题遭到同样的体罚，这名初二学生至今还在蹲着听历史课。因为蹲着视线太低，小韩只能"听"课，老师的板书无法看到。而这位老师则解释，他的做法仅出于对学生学习的促进。

小韩说，他基础较差，全班50人他的成绩排在40名开外，自从蹲着听课以来成绩更差。现在他的历史考试成绩仅是个位数。他说，他会努力做个好学生，只是不想再蹲着上课了，他受不了。

教师是否有权利对学生实行如此"惩戒"？中学教师拥有怎样的权利，又要履行哪些义务？下面分别加以阐述。

一、教师的法定权利

🕮 学校可以考勤罚款吗？ 🕮

以前,学校对于教师请病事假,有相应的扣罚制度。比如,请假一天,一般扣 40 元。最近,随着教师工资的上调,学校重新修订了考勤扣罚制度,其中规定提高每天请假扣罚的力度,增加到 80 元。

学校认为,教师工资上调,扣罚也应该水涨船高;而且,按照原来的扣罚力度,很多老师没有引起足够的重视。学校进一步解释,此举是为了让老师们不要轻易请假,有困难尽量克服,个别教师请假次数过多,影响了正常的教学秩序。同时,扣下来的钱,就补贴给了给请假老师代课的其他老师,合情合理。

学校是否有权扣罚教师工资?学校又该如何规范教师请假制度来确保教师职责?根据我国教育法律法规,教师拥有哪些法定权利?

（一）教师权利及其内容

法律意义上的教师权利,是指教师在教育活动中享有的由教育法律赋予的权利,是国家对教师在教育活动中可以为或可以不为的行为的许可与保障。其基本内容有：① 教师实施某种行为的权利,也可称为积极行为的权利;② 教师要求义务人履行法律义务的权利;③ 当教师的权利受到侵害时,有权诉诸法律,要求确认和保护其权利。

（二）教师的基本权利

依据《教师法》,我国教师具有以下基本权利。

1. 教育教学权

教育教学权即进行教育教学活动、开展教育教学改革和实验的权利。其基本含义包括：

（1）教育可依据其所在学校的教学计划、教学工作量等具体要求,结合自身的教学特点,自主地组织课堂教学。

（2）按照教学大纲的要求确定其教学内容和进度,并不断完善教学内容。

（3）针对不同的教育教学对象,在教育教学的形式、方法、具体内容等方面进行改革、实验和完善。任何组织或个人都不得非法剥夺在聘教师从事教育教学活动,开展教育教学改革和实验权利的行使。

2. 科学研究权

科学研究权即从事科学研究、学术交流,参加专业的学术团体,在学术活动中发表意见的权利。这是教师作为专业技术人员所享有的基本权利之一。其基本含义包括：

（1）教师在完成规定的教育教学任务的前提下,有权进行科学研究、技术开发、技术咨询等创造性劳动。有权将教育教学中的成功经验,或专业领域的研究成果等,撰写成学术论文,著书立说。

（2）参加有关的学术交流活动,以及参加依法成立的学术团体并在其兼任工作的权利。

（3）有在学术研究中发表自己的观点,开展学术争鸣的自由。但应注意在教育教学活动中,应按教学大纲或教学基本要求进行讲授,不应任意发表与讲授内容无关且有损受教育者身心发展的个人看法。

3. 管理学生权

管理学生权即指导学生的学习和发展,评定学生的品行和学生成绩的权利。这是教师所享有的在教育教学过程中居于主导地位的基本权利。其基本含义包括：

（1）教师有权利依据学生的身心发展状况和特点,因材施教,有针对性地指导学生,并就学生的特长、就业、升学等方面的发展给予指导。

（2）教师有权对学生的思想政治、品德、学习、劳动等方面给予客观、公正的恰如其分的评价。

（3）教师有权运用正确的指导思想、科学的方式方法,使学生的个性和能力得到充分发展。

4. 获取报酬待遇权

获取报酬待遇权即按时获取工资报酬,享受国家规定的福利待遇以及寒暑假期的带薪休假的权利。这是《宪法》规定的公民享有劳动的权利和劳动者有休息的权利的具体化。其基本含义包括：

（1）教师有权要求所在学校及其主管部门根据国家教育法律法规、教师聘用合同的规定,按时、足额支付工资报酬,包括基础工资、职务工资、课时报酬、教龄津贴、班主任津贴及其他各种津贴在内的工资收入。

（2）教师有权享受国家规定的福利待遇,包括医疗、住房、退休等方面的各种待遇和优惠以及寒暑假期的带薪休假。

5. 民主管理权

民主管理权即对学校教育教学、管理工作和教育行政部门的工作提出意见和建议,通过教职工代表大会或者其他形式,参与学校民主管理的权利。其基本含义包括：

（1）教师享有对学校及教育行政部门工作的批评和建议权,这是《宪法》规定的"公民对任何国家机关和国家工作人员,有提出批评和建议的权利"的具体表现。

（2）教师有权通过教职工代表大会、工会等组织形式以及其他适当方式,参与学校的民主管理,讨论学校发展、改革等方面的重大事项,以保障自身的民主权利和切身利益,推进学校的民主建设,提高学校管理的效率和水平。

6. 进修培训权

进修培训权即参加进修或者其他方式的培训的权利。其基本含义包括：

（1）教师有权参加进修和接受其他多种形式的培训,不断更新知识、调整知识结构,以提高自己的思想品德和业务素质,从而保障教育教学的质量。

（2）教育行政部门和学校及其他教育机构应当采取各种形式,开辟多种渠道,保证教师进修培训权的行使。同时,教师进修培训权的行使,要在完成本职工作的前提下,有组织、有计划地进行,不得影响正常的教育教学工作。

二、教师的义务

教师的义务,是指教师依照《教育法》和《教师法》及其他有关法律法规,从事教育教学工作而必须承担的责任,表现为教师在教育教学活动中必须做出一定行为或不得做出一定行为的约束。它是由法律规定,并以国家强制力保障其履行。

（一）教师义务的类别

教师的义务通常可分为两大类：积极义务和消极义务,绝对义务与相对义务。

1. 积极义务和消极义务

积极义务即必须做出一定行为的义务,如根据《教师法》第八条的规定,教师有贯彻国家的教育方针,遵守规章制度,执行学校的教学计划,履行教师聘约,完成教育教学工作任务的义务。消极义务即不做出一定行为的义务,如,教师不得体罚学生。

2. 绝对义务与相对义务

绝对义务指对一般人承担的义务，如教师应当遵守宪法、法律。相对义务指对特定人承担的义务。如教师与学校签订的聘任合同中只对学校承担义务。

（二）中学教师应尽的义务

依据《教师法》，教师应履行以下义务。

1. 遵守宪法、法律和职业道德，为人师表

根据《教师法》第八条的规定，教师应履行"遵守宪法、法律和职业道德，为人师表"的义务。它包括如下几层含义：一是教师作为中华人民共和国的公民，必须遵守宪法、法律。教师不但应是模范遵守宪法和法律的表率，而且要在教育教学工作中，自觉培养学生的法制观念、民主意识，使每个学生都成为遵纪守法的好公民。二是教师作为人类灵魂的工程师，应当遵守职业道德。由于教师担负着培养下一代的任务，他们在传授科学文化知识的同时，对学生的思想品德、道德、法律意识等的形成有着重要的影响，因此教师职业道德不仅是教师自身行为的规范，也是法律赋予教师应尽的基本义务。

2. 履行教育教学职责

根据《教师法》第八条的规定，教师应履行"贯彻国家的教育方针，遵守规章制度，执行学校的教学计划，履行教师聘约，完成教育教学工作任务"的义务。这一义务包括以下几个方面含义：一是教师在教育教学活动中，应当全面贯彻国家关于教育必须为社会主义现代化建设服务、为人民服务，必须与生产劳动和社会实践相结合，培养德、智、体、美等方面全面发展的社会主义建设者和接班人的方针，对学生进行全面指导。二是教师应遵守教育行政部门和学校及其他教育机构制定的教育教学管理的各项规章制度，执行学校依据法律法规制定的具体教学工作安排。三是教师应当履行聘任合同中约定的教育教学职责，完成职责范围内的教育教学任务。如果教师故意不完成教育教学任务给教育教学工作造成损失的，应依据《教师法》第三十七条规定，由所在学校、其他教育机构或者教育行政部门给予行政处分或者解聘。

3. 按法律规定内容进行教学与组织活动

根据《教师法》第八条的规定，教师应履行"对学生进行宪法所确定的基本原则的教育和爱国主义、民族团结的教育，法制教育以及思想品德、文化、科学技术教育，组织、带领学生开展有益的社会活动"的义务。这是对教师从事教育教学工作内容方面的全面规范。其基本含义包括：第一，教师应自觉地结合自己教育教学的业务特点，将思想政治、品德教育贯穿在教育教学工作的全过程之中。第二，在对学生进行思想政治、品德教育的内容上，要遵循宪法确定的基本原则。要引导学生逐步树立科学的人生观、世界观，教育学生爱祖国、爱人民、爱劳动、爱科学、爱社会主义，把学生培养成具有社会公德、文明行为习惯的遵纪守法的好公民。第三，教师应当有意识地对学生进行爱国主义教育、民族团结教育、法制教育，弘扬中华民族精神。

4. 关爱和尊重学生，促进学生全面发展

根据《教师法》第八条的规定，教师应履行"关心、爱护全体学生，尊重学生人格，促进学生在品德、智力、体质等方面全面发展"的义务。人格尊严是宪法赋予公民的一项基本权利，由于学生在教育教学活动中居于受教育者的地位，其人格尊严往往容易受到侵犯，尤其是对有缺点错误的学生，教师更应给予特别关怀，使他们也能健康地成长，绝不能采取简单粗暴的办法，不能侮辱、歧视他们，不能泄露学生隐私，更不能体罚和变相体罚学生，因污辱学生影响恶劣或体罚学生经教育不改的，泄露学生隐私造成后果的，应承担相应的法律责任。

5. 保护学生的合法权益,制止和抵制有害于学生的行为和现象

根据《教师法》第八条的规定,教师应履行"制止有害于学生的行为或者其他侵犯学生合法权益的行为,批评和抵制有害于学生健康成长的现象"的义务。这一义务有两个方面的含义:第一,教师制止的范围是特定的。它主要指教师在学校工作与教育教学工作相关的活动中,对侵犯其所负责教育管理的学生合法权益的违法行为给予制止。第二,教师批评和抵制的范围是一般意义上的。保护学生的合法权益和身心健康,是全社会的责任。教师自然更负有义不容辞的义务。因此,教师对社会上出现的有害于学生身心健康成长的不良现象,有义务进行批评和抵制。

6. 不断提高思想政治觉悟和教育教学业务水平

根据《教师法》第八条的规定,教师应履行"不断提高思想政治觉悟和教育教学业务水平"的义务。教育教学工作是一项专业性较强的工作,担负着提高民族素质的使命,这就要求教师不断学习,加强自身的思想道德修养,保持较高的思想政治觉悟和教育教学专业水平,以适应教育教学工作需要。

第五节 学生的权利及保护

教师课堂辱骂学生

2019年4月10日,网曝南京某大学老师在艺术学院的课堂上辱骂学生。据了解,该教师系该校另一学院教师,事发时在艺术学院兼课。11日中午,因该教师发表不当言论,学校已对其停课调查。网传视频显示,一名身穿白色衣服的女老师坐在讲台上,她先是批评学生唱歌不专业,随后又出言称,"你看看你们青春的脸蛋,一副世俗,说难听一点,就跟站街的差不多","大学生没有大学生的气质,妆化的和鬼一样"。视频曝光后,很多网友认为该老师言辞不妥,批评学生应该注意方式方法。

教师辱骂学生,是否侵犯了学生的合法权益?这首先要知道学生有哪些合法权利。那么,根据法律法规,学生拥有哪些权利,又该如何保护呢?

一、儿童权利保护的法律及内容

最差生选举

江西余江县的一所中学为了加强学校对学生的管理,居然要求初三年级各班"民主选举"最不守纪律的差生,此举引起了教育专家和家长的反对。近日,有家长向记者举报,称余江一中要求初二年级各班选举10名最不守纪律的差生,被选中者要向学校交500元押金。如被选中的学生有再违反校纪的情况,这名学生要么被没收押金,要么被勒令退学。该校分管副校长郑天荣表示,这不是学校的要求,仅仅是一种班主任与家长"商讨"后的措施。他表示,有些初三毕业生成绩不理想,产生了"破罐子破摔"的想法,甚至还会影响他人。为此,学校在履行教导职责的同时,也希望能与家长多"沟通"。对校方的这种管理"奇招",一位姓段的家长表示非常气愤。他认为,初三的学生仍处在义务教育阶段,这些孩子都是未成年人,被"选"中的学生会在人格上受到损害。[1]

---

[1] 甘健. 学校竟"民主选举"最差生[EB/OL]. (2021-05-18)[2005-02-28]. http://news.sina.com.cn/c/2005-02-28/02515217668s.shtml.

《义务教育法》第二十九条规定："教师在教育教学中应当平等对待学生,关注学生的个体差异,因材施教,促进学生的充分发展。教师应当尊重学生的人格,不得歧视学生,不得对学生实施体罚、变相体罚或者其他侮辱人格尊严的行为,不得侵犯学生合法权益。"显然,上述老师的做法违背了我国的相关法律,侵犯了学生的基本权利。那么,我国有哪些法律涉及学生权利的保护?其基本内容有哪些?

我国现行的关于儿童权利保护的法律法规主要有《中华人民共和国未成年人保护法》《中华人民共和国预防未成年人犯罪法》《学生伤害事故处理办法》《禁止使用童工规定》《中华人民共和国残疾人教育条例》《流动儿童少年就学暂行办法》等。下面主要介绍前三种的基本内容。

（一）《中华人民共和国未成年人保护法》

《中华人民共和国未成年人保护法》(简称《未成年人保护法》)1991年9月4日由第七届全国人民代表大会常务委员会第二十一次会议通过,自2007年6月1日起施行,2006年修订,2012年修正,2020年第二次修订,包括总则、家庭保护、学校保护、社会保护、网络保护、政府保护、司法保护、法律责任、附则共132条,相关规定如下。

1. 未成年人保护的原则

保护未成年人,应当坚持最有利于未成年人的原则。处理涉及未成年人事项,应当符合下列要求:

（1）给予未成年人特殊、优先保护;

（2）尊重未成年人人格尊严;

（3）保护未成年人隐私权和个人信息;

（4）适应未成年人身心健康发展的规律和特点;

（5）听取未成年人的意见;

（6）保护与教育相结合。

2. 家庭保护

未成年人的父母或者其他监护人应当学习家庭教育知识,接受家庭教育指导,创造良好、和睦、文明的家庭环境。共同生活的其他成年家庭成员应当协助未成年人的父母或者其他监护人抚养、教育和保护未成年人。

未成年人的父母或者其他监护人应当为未成年人提供生活、健康、安全等方面的保障;关注未成年人的生理、心理状况和情感需求;教育和引导未成年人遵纪守法、勤俭节约,养成良好的思想品德和行为习惯;对未成年人进行安全教育,提高未成年人的自我保护意识和能力;尊重未成年人受教育的权利,保障适龄未成年人依法接受并完成义务教育;保障未成年人休息、娱乐和体育锻炼的时间,引导未成年人进行有益身心健康的活动;妥善管理和保护未成年人的财产;依法代理未成年人实施民事法律行为;预防和制止未成年人的不良行为和违法犯罪行为,并进行合理管教。

未成年人的父母或者其他监护人不得实施下列行为:虐待、遗弃、非法送养未成年人或者对未成年人实施家庭暴力;放任、教唆或者利用未成年人实施违法犯罪行为;放任、唆使未成年人参与邪教、迷信活动或者接受恐怖主义、分裂主义、极端主义等侵害;放任、唆使未成年人吸烟(含电子烟,下同)、饮酒、赌博、流浪乞讨或者欺凌他人;放任或者迫使应当接受义务教育的未成年人失学、辍学;放任未成年人沉迷网络,接触危害或者可能影响其身心健康的图书、报刊、电影、广播电视节目、音像制品、电子出版物和网络信息等;放任未成年人进入营业性娱乐场所、酒吧、互联网上网服务营业场所等不适宜未成年人活动的场所;允许或者迫使未成年人从事国家规定以外的劳动;允许、迫使未成年人结婚或者为未成年人订立婚约;违法处分、侵吞未成年人的财产或者利用未成年人牟取不正当利益;其他侵犯未成年人身心健康、财产权益或者不依法履行未成年人保护义务的行为。

未成年人的父母或者其他监护人应当为未成年人提供安全的家庭生活环境,及时排除引发触电、烫伤、跌落等伤害的安全隐患;采取配备儿童安全座椅、教育未成年人遵守交通规则等措施,防止未成年人受到交通事故的伤害;提高户外安全保护意识,避免未成年人发生溺水、动物伤害等事故。未成年人的父母或者其他监护人应当根据未成年人的年龄和智力发展状况,在作出与未成年人权益有关的决定前,听取未成年人的意见,充分考虑其真实意愿。未成年人的父母或者其他监护人发现未成年人身心健康受到侵害、疑似受到侵害或者其他合法权益受到侵犯的,应当及时了解情况并采取保护措施;情况严重的,应当立即向公安、民政、教育等部门报告。未成年人的父母或者其他监护人不得使未满八周岁或者由于身体、心理原因需要特别照顾的未成年人处于无人看护状态,或者将其交由无民事行为能力、限制民事行为能力、患有严重传染性疾病或者其他不适宜的人员临时照护。未成年人的父母或者其他监护人不得使未满十六周岁的未成年人脱离监护单独生活。未成年人的父母或者其他监护人因外出务工等原因在一定期限内不能完全履行监护职责的,应当委托具有照护能力的完全民事行为能力人代为照护;无正当理由的,不得委托他人代为照护。未成年人的父母或者其他监护人在确定被委托人时,应当综合考虑其道德品质、家庭状况、身心健康状况、与未成年人生活情感上的联系等情况,并听取有表达意愿能力未成年人的意见。

未成年人的父母或者其他监护人应当及时将委托照护情况书面告知未成年人所在学校、幼儿园和实际居住地的居民委员会、村民委员会,加强和未成年人所在学校、幼儿园的沟通;与未成年人、被委托人至少每周联系和交流一次,了解未成年人的生活、学习、心理等情况,并给予未成年人亲情关爱。未成年人的父母或者其他监护人接到被委托人、居民委员会、村民委员会、学校、幼儿园等关于未成年人心理、行为异常的通知后,应当及时采取干预措施。

未成年人的父母离婚时,应当妥善处理未成年子女的抚养、教育、探望、财产等事宜,听取有表达意愿能力未成年人的意见。不得以抢夺、藏匿未成年子女等方式争夺抚养权。未成年人的父母离婚后,不直接抚养未成年子女的一方应当依照协议、人民法院判决或者调解确定的时间和方式,在不影响未成年人学习、生活的情况下探望未成年子女,直接抚养的一方应当配合,但被人民法院依法中止探望权的除外。

3. 学校保护

(1) 学校应当全面贯彻国家教育方针,坚持立德树人,实施素质教育,提高教育质量,注重培养未成年学生认知能力、合作能力、创新能力和实践能力,促进未成年学生全面发展。学校应当建立未成年学生保护工作制度,健全学生行为规范,培养未成年学生遵纪守法的良好行为习惯。

(2) 学校应当保障未成年学生受教育的权利,不得违反国家规定开除、变相开除未成年学生。学校应当关心、爱护未成年学生,不得因家庭、身体、心理、学习能力等情况歧视学生。对家庭困难、身心有障碍的学生,应当提供关爱;对行为异常、学习有困难的学生,应当耐心帮助。学校应当配合政府有关部门建立留守未成年学生、困境未成年学生的信息档案,开展关爱帮扶工作。

(3) 学校应当根据未成年学生身心发展特点,进行社会生活指导、心理健康辅导、青春期教育和生命教育。

（4）学校应当与未成年学生的父母或者其他监护人互相配合，合理安排未成年学生的学习时间，保障其休息、娱乐和体育锻炼的时间。

（5）学校、幼儿园的教职员工应当尊重未成年人人格尊严，不得对未成年人实施体罚、变相体罚或者其他侮辱人格尊严的行为。

（6）学校、幼儿园应当建立安全管理制度，对未成年人进行安全教育，完善安保设施、配备安保人员，保障未成年人在校、在园期间的人身和财产安全。学校、幼儿园不得在危及未成年人人身安全、身心健康的校舍和其他设施、场所中进行教育教学活动。学校、幼儿园安排未成年人参加文化娱乐、社会实践等集体活动，应当保护未成年人的身心健康，防止发生人身伤害事故。

（7）学校、幼儿园应当根据需要，制定应对自然灾害、事故灾难、公共卫生事件等突发事件和意外伤害的预案，配备相应设施并定期进行必要的演练。

（8）未成年人在校内、园内或者本校、本园组织的校外、园外活动中发生人身伤害事故的，学校、幼儿园应当立即救护，妥善处理，及时通知未成年人的父母或者其他监护人，并向有关部门报告。

（9）学校、幼儿园不得安排未成年人参加商业性活动，不得向未成年人及其父母或者其他监护人推销或者要求其购买指定的商品和服务。

（10）学校应当建立学生欺凌防控工作制度，对教职员工、学生等开展防治学生欺凌的教育和培训。

（11）学校、幼儿园应当建立预防性侵害、性骚扰未成年人工作制度。对性侵害、性骚扰未成年人等违法犯罪行为，学校、幼儿园不得隐瞒，应当及时向公安机关、教育行政部门报告，并配合相关部门依法处理。

4．社会保护

（1）全社会应当树立关心、爱护未成年人的良好风尚。

（2）居民委员会、村民委员会应当设置专人专岗负责未成年人保护工作，协助政府有关部门宣传未成年人保护方面的法律法规，指导、帮助和监督未成年人的父母或者其他监护人依法履行监护职责，建立留守未成年人、困境未成年人的信息档案并给予关爱帮扶。

（3）爱国主义教育基地、图书馆、青少年宫、儿童活动中心、儿童之家应当对未成年人免费开放；博物馆、纪念馆、科技馆、展览馆、美术馆、文化馆、社区公益性互联网上网服务场所以及影剧院、体育场馆、动物园、植物园、公园等场所，应当按照有关规定对未成年人免费或者优惠开放。

（4）城市公共交通以及公路、铁路、水路、航空客运等应当按照有关规定对未成年人实施免费或者优惠票价。

（5）国家鼓励大型公共场所、公共交通工具、旅游景区景点等设置母婴室、婴儿护理台以及方便幼儿使用的坐便器、洗手台等卫生设施，为未成年人提供便利。

（6）任何组织或者个人不得违反有关规定，限制未成年人应当享有的照顾或者优惠。

（7）国家鼓励创作、出版、制作和传播有利于未成年人健康成长的图书、报刊、电影、广播电视节目、舞台艺术作品、音像制品、电子出版物和网络信息等。

（8）新闻媒体应当加强未成年人保护方面的宣传，对侵犯未成年人合法权益的行为进行舆论监督。新闻媒体采访报道涉及未成年人事件应当客观、审慎和适度，不得侵犯未成年人的名誉、隐私和其他合法权益。

(9)禁止制作、复制、出版、发布、传播含有宣扬淫秽、色情、暴力、邪教、迷信、赌博、引诱自杀、恐怖主义、分裂主义、极端主义等危害未成年人身心健康内容的图书、报刊、电影、广播电视节目、舞台艺术作品、音像制品、电子出版物和网络信息等。

(10)任何组织或者个人出版、发布、传播的图书、报刊、电影、广播电视节目、舞台艺术作品、音像制品、电子出版物或者网络信息,包含可能影响未成年人身心健康内容的,应当以显著方式作出提示。

(11)禁止制作、复制、发布、传播或者持有有关未成年人的淫秽色情物品和网络信息。

(12)任何组织或者个人不得刊登、播放、张贴或者散发含有危害未成年人身心健康内容的广告;不得在学校、幼儿园播放、张贴或者散发商业广告;不得利用校服、教材等发布或者变相发布商业广告。

(13)禁止拐卖、绑架、虐待、非法收养未成年人,禁止对未成年人实施性侵害、性骚扰。禁止胁迫、引诱、教唆未成年人参加黑社会性质组织或者从事违法犯罪活动。禁止胁迫、诱骗、利用未成年人乞讨。

(14)生产、销售用于未成年人的食品、药品、玩具、用具和游戏游艺设备、游乐设施等,应当符合国家或者行业标准,不得危害未成年人的人身安全和身心健康。上述产品的生产者应当在显著位置标明注意事项,未标明注意事项的不得销售。

(15)未成年人集中活动的公共场所应当符合国家或者行业安全标准,并采取相应安全保护措施。对可能存在安全风险的设施,应当定期进行维护,在显著位置设置安全警示标志并标明适龄范围和注意事项;必要时应当安排专门人员看管。公共场所发生突发事件时,应当优先救护未成年人。

(16)旅馆、宾馆、酒店等住宿经营者接待未成年人入住,或者接待未成年人和成年人共同入住时,应当询问父母或者其他监护人的联系方式、入住人员的身份关系等有关情况;发现有违法犯罪嫌疑的,应当立即向公安机关报告,并及时联系未成年人的父母或者其他监护人。

(17)学校、幼儿园周边不得设置营业性娱乐场所、酒吧、互联网上网服务营业场所等不适宜未成年人活动的场所。营业性歌舞娱乐场所、酒吧、互联网上网服务营业场所等不适宜未成年人活动场所的经营者,不得允许未成年人进入;游艺娱乐场所设置的电子游戏设备,除国家法定节假日外,不得向未成年人提供。经营者应当在显著位置设置未成年人禁入、限入标志;对难以判明是否是未成年人的,应当要求其出示身份证件。

(18)学校、幼儿园周边不得设置烟、酒、彩票销售网点。禁止向未成年人销售烟、酒、彩票或者兑付彩票奖金。烟、酒和彩票经营者应当在显著位置设置不向未成年人销售烟、酒或者彩票的标志;对难以判明是否是未成年人的,应当要求其出示身份证件。任何人不得在学校、幼儿园和其他未成年人集中活动的公共场所吸烟、饮酒。

(19)禁止向未成年人提供、销售管制刀具或者其他可能致人严重伤害的器具等物品。经营者难以判明购买者是否是未成年人的,应当要求其出示身份证件。

(20)任何组织或者个人不得招用未满十六周岁未成年人,国家另有规定的除外。营业性娱乐场所、酒吧、互联网上网服务营业场所等不适宜未成年人活动的场所不得招用已满十六周岁的未成年人。任何组织或者个人不得组织未成年人进行危害其身心健康的表演等活动。经未成年人的父母或者其他监护人同意,未成年人参与演出、节目制作等活动,活动组织方应当根据国家有关规定,保障未成年人合法权益。

(21)密切接触未成年人的单位招聘工作人员时,应当向公安机关、人民检察院查询应聘者是否具有性侵害、虐待、拐卖、暴力伤害等违法犯罪记录;发现其具有前述行为记录的,不得录用。

(22)任何组织或者个人不得隐匿、毁弃、非法删除未成年人的信件、日记、电子邮件或者其他网络通讯内容。

5. 网络保护

(1)国家、社会、学校和家庭应当加强未成年人网络素养宣传教育,培养和提高未成年人的网络素养,增强未成年人科学、文明、安全、合理使用网络的意识和能力,保障未成年人在网络空间的合法权益。

(2)国家鼓励和支持有利于未成年人健康成长的网络内容的创作与传播,鼓励和支持专门以未成年人为服务对象、适合未成年人身心健康特点的网络技术、产品、服务的研发、生产和使用。

(3)网信部门及其他有关部门应当加强对未成年人网络保护工作的监督检查,依法惩处利用网络从事危害未成年人身心健康的活动,为未成年人提供安全、健康的网络环境。

(4)网信部门会同公安、文化和旅游、新闻出版、电影、广播电视等部门根据保护不同年龄阶段未成年人的需要,确定可能影响未成年人身心健康网络信息的种类、范围和判断标准。

(5)新闻出版、教育、卫生健康、文化和旅游、网信等部门应当定期开展预防未成年人沉迷网络的宣传教育,监督网络产品和服务提供者履行预防未成年人沉迷网络的义务,指导家庭、学校、社会组织互相配合,采取科学、合理的方式对未成年人沉迷网络进行预防和干预。

(6)学校、社区、图书馆、文化馆、青少年宫等场所为未成年人提供的互联网上网服务设施,应当安装未成年人网络保护软件或者采取其他安全保护技术措施。

(7)学校应当合理使用网络开展教学活动。未经学校允许,未成年学生不得将手机等智能终端产品带入课堂,带入学校的应当统一管理。

(8)未成年人的父母或者其他监护人应当提高网络素养,规范自身使用网络的行为,加强对未成年人使用网络行为的引导和监督。

(9)信息处理者通过网络处理未成年人个人信息的,应当遵循合法、正当和必要的原则。处理不满十四周岁未成年人个人信息的,应当征得未成年人的父母或者其他监护人同意,但法律、行政法规另有规定的除外。

(10)网络服务提供者发现未成年人通过网络发布私密信息的,应当及时提示,并采取必要的保护措施。

(11)网络产品和服务提供者不得向未成年人提供诱导其沉迷的产品和服务。

(12)网络游戏经依法审批后方可运营。

(13)网络直播服务提供者不得为未满十六周岁的未成年人提供网络直播发布者账号注册服务;为年满十六周岁的未成年人提供网络直播发布者账号注册服务时,应当对其身份信息进行认证,并征得其父母或者其他监护人同意。

(14)任何组织或者个人不得通过网络以文字、图片、音视频等形式,对未成年人实施侮辱、诽谤、威胁或者恶意损害形象等网络欺凌行为。

(15)网络产品和服务提供者应当建立便捷、合理、有效的投诉和举报渠道,公开投诉、举报方式等信息,及时受理并处理涉及未成年人的投诉、举报。

(16)任何组织或者个人发现网络产品、服务含有危害未成年人身心健康的信息,有权向网络产品和服务提供者或者网信、公安等部门投诉、举报。

(17)网络服务提供者发现用户发布、传播可能影响未成年人身心健康的信息且未作显著提示的,应当作出提示或者通知用户予以提示;未作出提示的,不得传输相关信息。

6. 政府保护

(1)县级以上人民政府承担未成年人保护协调机制具体工作的职能部门应当明确相关内设机构或者专门人员,负责承担未成年人保护工作。

(2)各级人民政府应当将家庭教育指导服务纳入城乡公共服务体系,开展家庭教育知识宣传,鼓励和支持有关人民团体、企业事业单位、社会组织开展家庭教育指导服务。

(3)各级人民政府应当保障未成年人受教育的权利,并采取措施保障留守未成年人、困境未成年人、残疾未成年人接受义务教育。

(4)各级人民政府应当发展托育、学前教育事业,办好婴幼儿照护服务机构、幼儿园,支持社会力量依法兴办母婴室、婴幼儿照护服务机构、幼儿园。

(5)各级人民政府应当发展职业教育,保障未成年人接受职业教育或者职业技能培训,鼓励和支持人民团体、企业事业单位、社会组织为未成年人提供职业技能培训服务。

(6)各级人民政府应当保障具有接受普通教育能力、能适应校园生活的残疾未成年人就近在普通学校、幼儿园接受教育;保障不具有接受普通教育能力的残疾未成年人在特殊教育学校、幼儿园接受学前教育、义务教育和职业教育。

(7)地方人民政府及其有关部门应当保障校园安全,监督、指导学校、幼儿园等单位落实校园安全责任,建立突发事件的报告、处置和协调机制。

(8)公安机关和其他有关部门应当依法维护校园周边的治安和交通秩序,设置监控设备和交通安全设施,预防和制止侵害未成年人的违法犯罪行为。

(9)地方人民政府应当建立和改善适合未成年人的活动场所和设施,支持公益性未成年人活动场所和设施的建设和运行,鼓励社会力量兴办适合未成年人的活动场所和设施,并加强管理。

(10)各级人民政府及其有关部门应当对未成年人进行卫生保健和营养指导,提供卫生保健服务。

(11)各级人民政府及其有关部门对困境未成年人实施分类保障,采取措施满足其生活、教育、安全、医疗康复、住房等方面的基本需要。

(12)具有下列情形之一的,民政部门应当依法对未成年人进行临时监护:未成年人流浪乞讨或者身份不明,暂时查找不到父母或者其他监护人;监护人下落不明且无其他人可以担任监护人;监护人因自身客观原因或者因发生自然灾害、事故灾难、公共卫生事件等突发事件不能履行监护职责,导致未成年人监护缺失;监护人拒绝或者怠于履行监护职责,导致未成年人处于无人照料的状态;监护人教唆、利用未成年人实施违法犯罪行为,未成年人需要被带离安置;未成年人遭受监护人严重伤害或者面临人身安全威胁,需要被紧急安置;法律规定的其他情形。

(13)对临时监护的未成年人,民政部门可以采取委托亲属抚养、家庭寄养等方式进行安置,也可以交由未成年人救助保护机构或者儿童福利机构进行收留、抚养。

(14)具有下列情形之一的,民政部门应当依法对未成年人进行长期监护:查找不到未成年人的父母或者其他监护人;监护人死亡或者被宣告死亡且无其他人可以担任监护人;监护人丧失监护能力且无其他人可以担任监护人;人民法院判决撤销监护资格并指定由民政部门担任监护人;法律规定的其他情形。

（15）民政部门进行收养评估后,可以依法将其长期监护的未成年人交由符合条件的申请人收养。收养关系成立后,民政部门与未成年人的监护关系终止。

（16）民政部门承担临时监护或者长期监护职责的,财政、教育、卫生健康、公安等部门应当根据各自职责予以配合。

（17）县级以上人民政府应当开通全国统一的未成年人保护热线,及时受理、转介侵犯未成年人合法权益的投诉、举报;鼓励和支持人民团体、企业事业单位、社会组织参与建设未成年人保护服务平台、服务热线、服务站点,提供未成年人保护方面的咨询、帮助。

（18）国家建立性侵害、虐待、拐卖、暴力伤害等违法犯罪人员信息查询系统,向密切接触未成年人的单位提供免费查询服务。

（19）地方人民政府应当培育、引导和规范有关社会组织、社会工作者参与未成年人保护工作,开展家庭教育指导服务,为未成年人的心理辅导、康复救助、监护及收养评估等提供专业服务。

7. 司法保护

（1）公安机关、人民检察院、人民法院和司法行政部门应当依法履行职责,保障未成年人合法权益。

（2）公安机关、人民检察院、人民法院和司法行政部门应当确定专门机构或者指定专门人员,负责办理涉及未成年人案件。办理涉及未成年人案件的人员应当经过专门培训,熟悉未成年人身心特点。专门机构或者专门人员中,应当有女性工作人员。

（3）公安机关、人民检察院、人民法院和司法行政部门办理涉及未成年人案件,应当考虑未成年人身心特点和健康成长的需要,使用未成年人能够理解的语言和表达方式,听取未成年人的意见。

（4）公安机关、人民检察院、人民法院、司法行政部门以及其他组织和个人不得披露有关案件中未成年人的姓名、影像、住所、就读学校以及其他可能识别出其身份的信息,但查找失踪、被拐卖未成年人等情形除外。

（5）对需要法律援助或者司法救助的未成年人,法律援助机构或者公安机关、人民检察院、人民法院和司法行政部门应当给予帮助,依法为其提供法律援助或者司法救助。

（6）人民检察院通过行使检察权,对涉及未成年人的诉讼活动等依法进行监督。

（7）未成年人合法权益受到侵犯,相关组织和个人未代为提起诉讼的,人民检察院可以督促、支持其提起诉讼;涉及公共利益的,人民检察院有权提起公益诉讼。

（8）人民法院审理继承案件,应当依法保护未成年人的继承权和受遗赠权。

（9）未成年人的父母或者其他监护人不依法履行监护职责或者严重侵犯被监护的未成年人合法权益的,人民法院可以根据有关人员或者单位的申请,依法作出人身安全保护令或者撤销监护人资格。

（10）人民法院审理离婚、抚养、收养、监护、探望等案件涉及未成年人的,可以自行或者委托社会组织对未成年人的相关情况进行社会调查。

（11）公安机关、人民检察院、人民法院讯问未成年犯罪嫌疑人、被告人,询问未成年被害人、证人,应当依法通知其法定代理人或者其成年亲属、所在学校的代表等合适成年人到场,并采取适当方式,在适当场所进行,保障未成年人的名誉权、隐私权和其他合法权益。

（12）公安机关、人民检察院、人民法院应当与其他有关政府部门、人民团体、社会组织互相配合,对遭受性侵害或者暴力伤害的未成年被害人及其家庭实施必要的心理干预、经济救助、法律援助、转学安置等保护措施。

(13)公安机关、人民检察院、人民法院办理未成年人遭受性侵害或者暴力伤害案件,在询问未成年被害人、证人时,应当采取同步录音录像等措施,尽量一次完成;未成年被害人、证人是女性的,应当由女性工作人员进行。

(14)对违法犯罪的未成年人,实行教育、感化、挽救的方针,坚持教育为主、惩罚为辅的原则。

(15)公安机关、人民检察院、人民法院和司法行政部门发现有关单位未尽到未成年人教育、管理、救助、看护等保护职责的,应当向该单位提出建议。被建议单位应当在一个月内作出书面回复。

(16)公安机关、人民检察院、人民法院和司法行政部门应当结合实际,根据涉及未成年人案件的特点,开展未成年人法治宣传教育工作。

(17)国家鼓励和支持社会组织、社会工作者参与涉及未成年人案件中未成年人的心理干预、法律援助、社会调查、社会观护、教育矫治、社区矫正等工作。

8.法律责任

违反《未成年人保护法》的法律责任主要分为三种:即行政处罚、民事责任和刑事责任。《未成年人保护法》第一百二十九条规定:"违反本法规定,侵犯未成年人合法权益,造成人身、财产或者其他损害的,依法承担民事责任。违反本法规定,构成违反治安管理行为的,依法给予治安管理处罚;构成犯罪的,依法追究刑事责任。"同时,《未成年人保护法》采取列举式规定了违犯未成年人保护法的主体、情形和处罚种类。其中对学校保护的法律责任规定是(第一百一十九条):"学校、幼儿园、婴幼儿照护服务等机构及其教职员工违反本法第二十七条、第二十八条、第三十九条规定的,由公安、教育、卫生健康、市场监督管理等部门按照职责分工责令改正;拒不改正或者情节严重的,对直接负责的主管人员和其他直接责任人员依法给予处分。"

(二)《中华人民共和国预防未成年人犯罪法》

《中华人民共和国预防未成年人犯罪法》(以下简称《预防未成年人犯罪法》)于1999年6月28日由第九届全国人民代表大会常务委员会第十次会议通过,自1999年11月1日起施行,2012年修正,2020年修订,共68条。其有关教育的主要内容和重要规定如下。

1.预防未成年人犯罪的教育

教育行政部门、学校应当将预防犯罪教育纳入学校教学计划,指导教职员工结合未成年人的特点,采取多种方式对未成年学生进行有针对性的预防犯罪教育。各级人民政府及其有关部门、人民检察院、人民法院、共产主义青年团、少年先锋队、妇女联合会、残疾人联合会、关心下一代工作委员会等应当结合实际,组织、举办多种形式的预防未成年人犯罪宣传教育活动。有条件的地方可以建立青少年法治教育基地,对未成年人开展法治教育。学校应当聘任从事法治教育的专职或者兼职教师,并可以从司法和执法机关、法学教育和法律服务机构等单位聘请法治副校长、校外法治辅导员。学校应当配备专职或者兼职的心理健康教育教师,开展心理健康教育。学校可以根据实际情况与专业心理健康机构合作,建立心理健康筛查和早期干预机制,预防和解决学生心理、行为异常问题。学校应当与未成年学生的父母或者其他监护人加强沟通,共同做好未成年学生心理健康教育;发现未成年学生可能患有精神障碍的,应当立即告知其父母或者其他监护人送相关专业机构诊治。教育行政部门应当会同有关部门建立学生欺凌防控制度。学校应当加强日常安全管理,完善学生欺凌发现和处置的工作流程,严格排查并及时消除可能导致学生欺凌行为的各种隐患。教育行政部门鼓励和支持学校聘请社会工作者长期或者定期进驻学校,协助开展道德教育、法治教育、生命教育和心理健康教育,参与预防和处理学生欺凌等行为。教育行政部门、学校应当通过举办讲座、座谈、培训等活动,介绍科学合理的教育方法,指导教职员工、未成年学生的父母或者其他监护人有效预防未成年人犯罪。学校应当将预防犯罪教育计划告知未成年学生的父母或者其他监护人。未成年学生的父母或者其他监护人应当配合学校对未成年学生进行有针对性的预防犯罪教育。教育行政部门应当将预防犯罪教育的工作效果纳入学校年度考核内容。青少年宫、儿童活动中心等校外活动场所应当把预防犯罪教育作为一项重要的工作内容,开展多种形式的宣传教育活动。职业培训机构、用人单位在对已满十六周岁准备就业的未成年人进行职业培训时,应当将预防犯罪教育纳入培训内容。

2. 对未成年人不良行为的干预

(1)未成年人的父母或者其他监护人和学校应当教育未成年人不得有下列不良行为:吸烟、饮酒;多次旷课、逃学;无故夜不归宿、离家出走;沉迷网络;与社会上具有不良习性的人交往,组织或者参加实施不良行为的团伙;进入法律法规规定未成年人不宜进入的场所;参与赌博、变相赌博,或者参加封建迷信、邪教等活动;阅览、观看或者收听宣扬淫秽、色情、暴力、恐怖、极端等内容的读物、音像制品或者网络信息等;其他不利于未成年人身心健康成长的不良行为。

(2)家庭、学校对未成年人具有监护、教育和管教的责任。未成年人的父母或者其他监护人发现未成年人有不良行为的,应当及时制止并加强管教。公安机关、居民委员会、村民委员会发现本辖区内未成年人有不良行为的,应当及时制止,并督促其父母或者其他监护人依法履行监护职责。学校对有不良行为的未成年学生,应当加强管理教育,不得歧视;对拒不改正或者情节严重的,学校可以根据情况予以处分或者采取相应的管理教育措施。学校和家庭应当加强沟通,建立家校合作机制。学校决定对未成年学生采取管理教育措施的,应当及时告知其父母或者其他监护人;未成年学生的父母或者其他监护人应当支持、配合学校进行管理教育。未成年学生有偷窃少量财物,或者有殴打、辱骂、恐吓、强行索要财物等学生欺凌行为,情节轻微的,可以由学校依照《预防未成年人犯罪法》第三十一条规定采取相应的管理教育措施。未成年学生旷课、逃学的,学校应当及时联系其父母或者其他监护人,了解有关情况;无正当理由的,学校和未成年学生的父母或者其他监护人应当督促其返校学习。未成年人无故夜不归宿、离家出走的,父母或者其他监护人、所在的寄宿制学校应当及时查找,必要时向公安机关报告。收留夜不归宿、离家出走未成年人的,应当及时联系其父母或者其他监护人、所在学校;无法取得联系的,应当及时向公安机关报告。对夜不归宿、离家出走或者流落街头的未成年人,公安机关、公共场所管理机构等发现或者接到报告后,应当及时采取有效保护措施,并通知其父母或者其他监护人、所在的寄宿制学校,必要时应当护送其返回住所、学校;无法与其父母或者其他监护人、学校取得联系的,应当护送未成年人到救助保护机构接受救助。未成年人的父母或者其他监护人、学校发现未成年人组织或者参加实施不良行为的团伙,应当及时制止;发现该团伙有违法犯罪嫌疑的,应当立即向公安机关报告。

3. 对未成年人严重不良行为的矫治

未成年人的父母或者其他监护人、学校、居民委员会、村民委员会发现有人教唆、胁迫、引诱未成年人实施严重不良行为的,应当立即向公安机关报告。公安机关接到报告或者发现有上述情形的,应当及时依法查处;对人身安全受到威胁的未成年人,应当立即采取有效保护措施。公安机关接到举报或者发现未成年人有严重不良行为的,应当及时制止,依法调查处理,并可以责令其父母或者其他监护人消除或者减轻违法后果,采取措施严加管教。对有严重不良行为的未成年人,公安机关可以根据具体情况,采取相应的矫治教育措施。公安机关在对未成年人进行矫治教育时,可以根据需要邀请学校、居民委员会、村民委员会以及社会工作服务机构等社会组织参与。未成年人的父母或者其他监护人应当积极配合矫治教育措施的实施,不得妨碍阻挠或者放任不管。对有严重不良行为的未成年人,未成年人的父母或者其他监护人、所在学校无力管教或者管教无效的,可以向教育行政部门提出申请,经专门教育指导委员会评估同意后,由教育行政部门决定送入专门学校接受专门教育。

4. 对未成年人重新犯罪的预防

公安机关、人民检察院、人民法院办理未成年人刑事案件,应当根据未成年人的生理、心理特点和犯罪的情况,有针对性地进行法治教育。

(三)《学生伤害事故处理办法》

学生住校摔伤学校该不该赔偿?

江西省新干县××中学初中年级住校生邓某在睡梦中从学校的学生床铺上跌落下来,经法医鉴定,损伤程度属重伤甲级,为此,邓某要求学校赔偿其医疗费和精神损失费2万多元。而学校认为,邓某已获人寿保险公司理赔款6000余元,学校可以不予赔偿。双方就赔偿一事难以达成一致协议,邓某遂向法院起诉,请求责令学校赔偿有关费用。

法院审理认为,原告系被告所属住校生,原告在校住宿期间,被告应为原告提供安全的生活设施。而被告在学校住宿的安全管理方面具有明显疏漏,床铺上层靠近过道的一边未安装挡板等安全设施,存在重大的安全隐患,系造成原告从上铺跌落受伤的重要原因,被告应对原告的受伤负主要赔偿责任。同时,法院对被告提出的保险公司已支付的理赔款应折抵其赔偿责任的要求不予采信。但原告作为在校住宿的中学生,对自己住宿中的安全隐患未及时向学校反映,亦未注意避免,理应承担相应责任。原告受伤后因手术之需导致颅骨缺损,身体损伤达重伤甲级,造成了一定的精神痛苦,依据有关法律,法院判决被告赔偿原告12 624.03元,判决后3日内付清。①

上述案例中邓某认为应该赔偿而学校认为不应该赔偿,最后法院判决学校赔偿部分款项,邓某自负部分。法院依据《学生伤害事故处理办法》做出上述判决。《学生伤害事故处理办法》于2002年3月26日经教育部部务会议讨论通过并发布,自2002年9月1日起施行,共六章40条,其主要内容如下。

1. 适用范围

在学校实施的教育教学活动或者学校组织的校外活动中,以及在学校负有管理责任的校舍、场地、其他教育教学设施、生活设施内发生的,造成在校学生人身损害后果的事故的处理,适用《学生伤害事故处理办法》。

2. 学生伤害事故的处理原则与预防职责和要求

(1)原则。学生伤害事故应当遵循依法、客观公正、合理适当的原则,及时、妥善地处理。

---

① 李美娟,张春林.学生住校摔伤学校该不该赔偿[EB/OL].(2021-05-18)[2003-12-23]. http://www.hncourt.gov.cn/public/detail.php? id=25.

（2）预防职责与要求。学校的举办者应当提供符合安全标准的校舍、场地、其他教育教学设施和生活设施。教育行政部门应当加强学校安全工作，指导学校落实预防学生伤害事故的措施，指导、协助学校妥善处理学生伤害事故，维护学校正常的教育教学秩序。学校应当对在校学生进行必要的安全教育和自护自救教育；应当按照规定，建立健全安全制度，采取相应的管理措施，预防和消除教育教学环境中存在的安全隐患；当发生伤害事故时，应当及时采取措施救助受伤害学生。学校对学生进行安全教育、管理和保护，应当针对学生年龄、认知能力和法律行为能力的不同，采用相应的内容和预防措施。学生应当遵守学校的规章制度和纪律；在不同的受教育阶段，应当根据自身的年龄、认知能力和法律行为能力，避免和消除相应的危险。未成年学生的父母或者其他监护人应当依法履行监护职责，配合学校对学生进行安全教育、管理和保护工作。

3. 学校和学生或未成年学生监护人应当依法承担相应责任的情形等

（1）因下列情形之一造成的学生伤害事故，学校应当依法承担相应的责任：

① 学校的校舍、场地、其他公共设施，以及学校提供给学生使用的学具、教育教学和生活设施、设备不符合国家规定的标准，或者有明显不安全因素的；

② 学校的安全保卫、消防、设施设备管理等安全管理制度有明显疏漏，或者管理混乱，存在重大安全隐患，而未及时采取措施的；

③ 学校向学生提供的药品、食品、饮用水等不符合国家或者行业的有关标准、要求的；

④ 学校组织学生参加教育教学活动或者校外活动，未对学生进行相应的安全教育，并未在可预见的范围内采取必要的安全措施的；

⑤ 学校知道教师或者其他工作人员患有不适宜担任教育教学工作的疾病，但未采取必要措施的；

⑥ 学校违反有关规定，组织或者安排未成年学生从事不宜未成年人参加的劳动、体育运动或者其他活动的；

⑦ 学生有特异体质或者特定疾病，不宜参加某种教育教学活动，学校知道或者应当知道，但未予以必要的注意的；

⑧ 学生在校期间突发疾病或者受到伤害，学校发现，但未根据实际情况及时采取相应措施，导致不良后果加重的；

⑨ 学校教师或者其他工作人员体罚或者变相体罚学生，或者在履行职责过程中违反工作要求、操作规程、职业道德或者其他有关规定的；

⑩ 学校教师或者其他工作人员在负有组织、管理未成年学生的职责期间，发现学生行为具有危险性，但未进行必要的管理、告诫或者制止的；

⑪ 对未成年学生擅自离校等与学生人身安全直接相关的信息，学校发现或者知道，但未及时告知未成年学生的监护人，导致未成年学生因脱离监护人的保护而发生伤害的；

⑫ 学校有未依法履行职责的其他情形。

（2）学生或者未成年学生监护人由于过错，有下列情形之一，造成学生伤害事故，应当依法承担相应的责任：

① 学生违反法律法规的规定，违反社会公共行为准则、学校的规章制度或者纪律，实施按其年龄和认知能力应当知道具有危险或者可能危及他人的行为的；

② 学生行为具有危险性，学校、教师已经告诫、纠正，但学生不听劝阻、拒不改正的；

③ 学生或者其监护人知道学生有特异体质，或者患有特定疾病，但未告知学校的；

④ 未成年学生的身体状况、行为、情绪等有异常情况,监护人知道或者已被学校告知,但未履行相应监护职责的;

⑤ 学生或者未成年学生监护人有其他过错的。

(3) 学校安排学生参加活动,因提供场地、设备、交通工具、食品及其他消费与服务的经营者,或者学校以外的活动组织者的过错造成的学生伤害事故,有过错的当事人应当依法承担相应的责任。

4. 学生伤害事故的特殊情形及责任

下列情形下发生的造成学生人身损害后果的事故,学校行为并无不当的,不承担事故责任;事故责任应当按有关法律法规或者其他有关规定认定:在学生自行上学、放学、返校、离校途中发生的;在学生自行外出或者擅自离校期间发生的;在放学后、节假日或者假期等学校工作时间以外,学生自行滞留学校或者自行到校发生的;其他在学校管理职责范围外发生的。

因学校教师或者其他工作人员与其职务无关的个人行为,或者因学生、教师及其他个人故意实施的违法犯罪行为,造成学生人身损害的,由致害人依法承担相应的责任。

5. 学校无法律责任的情形

因下列情形之一造成的学生伤害事故,学校已履行了相应职责,行为并无不当的,无法律责任:地震、雷击、台风、洪水等不可抗的自然因素造成的;来自学校外部的突发性、偶发性侵害造成的;学生有特异体质、特定疾病或者异常心理状态,学校不知道或者难于知道的;学生自杀、自伤的;在对抗性或者具有风险性的体育竞赛活动中发生意外伤害的;其他意外因素造成的。

6. 事故处理程序

发生学生伤害事故,学校应当及时救助受伤害学生,并应当及时告知未成年学生的监护人;有条件的,应当采取紧急救援等方式救助。发生学生伤害事故,情形严重的,学校应当及时向主管教育行政部门及有关部门报告;属于重大伤亡事故的,教育行政部门应当按照有关规定及时向同级人民政府和上一级教育行政部门报告。学校的主管教育行政部门应学校要求或者认为必要,可以指导、协助学校进行事故的处理工作,尽快恢复学校正常的教育教学秩序。

发生学生伤害事故,学校与受伤害学生或者学生家长可以通过协商方式解决;双方自愿,可以书面请求主管教育行政部门进行调解。成年学生或者未成年学生的监护人也可以依法直接提起诉讼。教育行政部门收到调解申请,认为必要的,可以指定专门人员进行调解,并应当在受理申请之日起 60 日内完成调解。经教育行政部门调解,双方就事故处理达成一致意见的,应当在调解人员的见证下签订调解协议,结束调解;在调解期限内,双方不能达成一致意见,或者调解过程中一方提起诉讼,人民法院已经受理的,应当终止调解。调解结束或者终止,教育行政部门应当书面通知当事人。对经调解达成的协议, 方当事人不履行或者反悔的,双方可以依法提起诉讼。事故处理结束,学校应当将事故处理结果书面报告主管的教育行政部门;重大伤亡事故的处理结果,学校主管的教育行政部门应当向同级人民政府和上一级教育行政部门报告。

7. 事故损害赔偿

对发生学生伤害事故负有责任的组织或者个人,应当按照法律法规的有关规定,承担相应的损害赔偿责任。学生伤害事故赔偿的范围与标准,按照有关行政法规、地方性法规或者最高人民法院司法解释中的有关规定确定。学校对学生伤害事故负有责任的,根据责任大小,适当予以经济赔偿,但不承担解决户口、住房、就业等与救助受伤害学生、赔偿相应经济损失无直接关系的其他事项。学校无责任的,如果有条件,可以根据实际情况,本着自愿和可能的原则,对受伤害学生给予适当的帮助。

因学校教师或者其他工作人员在履行职务中的故意或者重大过失造成的学生伤害事故,学校予以赔偿后,可以向有关责任人员追偿。未成年学生对学生伤害事故负有责任的,由其监护人依法承担相应的赔偿责任。学生的行为侵害学校教师及其他工作人员以及其他组织、个人的合法权益,造成损失的,成年学生或者未成年学生的监护人应当依法予以赔偿。

根据双方达成的协议、经调解形成的协议或者人民法院的生效判决,应当由学校负担的赔偿金,学校应当负责筹措;学校无力完全筹措的,由学校的主管部门或者举办者协助筹措。县级以上人民政府教育行政部门或者学校举办者有条件的,可以通过设立学生伤害赔偿准备金等多种形式,依法筹措伤害赔偿金。

8. 事故责任者的处理

(1) 发生学生伤害事故,学校负有责任且情节严重的,教育行政部门应当根据有关规定,对学校的直接负责的主管人员和其他直接责任人员,分别给予相应的行政处分;有关责任人的行为触犯刑律的,应当移送司法机关依法追究刑事责任。

(2) 学校管理混乱,存在重大安全隐患的,主管的教育行政部门或者其他有关部门应当责令其限期整顿;对情节严重或者拒不改正的,应当依据法律法规的有关规定,给予相应的行政处罚。

(3) 教育行政部门未履行相应职责,对学生伤害事故的发生负有责任的,由有关部门对直接负责的主管人员和其他直接责任人员分别给予相应的行政处分;有关责任人的行为触犯刑律的,应当移送司法机关依法追究刑事责任。

(4) 违反学校纪律,对造成学生伤害事故负有责任的学生,学校可以给予相应的处分;触犯刑律的,由司法机关依法追究刑事责任。

(5) 受伤害学生的监护人、亲属或者其他有关人员,在事故处理过程中无理取闹,扰乱学校正常教育教学秩序,或者侵犯学校、学校教师或者其他工作人员的合法权益的,学校应当报告公安机关依法处理;造成损失的,可以依法要求赔偿。

二、学生的合法权利

根据《宪法》《中华人民共和国民法典》《儿童权利公约》[①]《义务教育法》《未成年人保护法》等法律法规,我国中小学生拥有下列基本权利。

(一) 生存权

儿童自出生之日起,即获得了作为自然人的生命权。儿童的生命和生存的权利,受到国家法律的保护,任何人都不得非法剥夺儿童的生命,不得侵犯儿童生存的权利;同时必须为保护儿童的生命,保障儿童的生存和发展提供最大的条件。《儿童权利公约》第六条规定:"缔约国确认每个儿童均有固有的生命权。缔约国应最大限度地确保儿童的存活与发展。"

[①] 1989年11月20日第44届联合国大会第25号决议通过《儿童权利公约》,于1990年9月2日在世界生效。1991年12月29日第七届全国人民代表大会常务委员会第23次会议批准了《儿童权利公约》,从此《儿童权利公约》成为我国广泛认可的国际公约。

第十九条规定:"缔约国应采取一切适当的立法、行政、社会和教育措施,保护儿童在受父母、法定监护人或其他任何负责照管儿童的人的照料时,不致受到任何形式的身心摧残、伤害或凌辱,忽视或照料不周,虐待或剥削,包括性侵犯。"我国《宪法》第四十九条规定,禁止虐待儿童。

(二) 健康权

这是与儿童生存权相联系的一项儿童权利。《儿童权利公约》第二十四条规定:"缔约国确认儿童有权享有可达到的最高标准的健康,并享有医疗和康复设施;缔约国应努力确保没有任何儿童被剥夺获得这种保健服务的权利。"《中华人民共和国民法典》第一千零四条规定:"自然人享有健康权。"其中自然包括儿童在内。《未成年人保护法》第五十九条规定:"任何人不得在学校、幼儿园和其他未成年人集中活动的公共场所吸烟、饮酒。"第五十五条规定:"生产、销售用于未成年人的食品、药品、玩具、用具和游戏游艺设备、游乐设施等,应当符合国家或者行业标准,不得危害未成年人的人身安全和身心健康。"《中华人民共和国食品卫生法》和其他卫生保健法律法规,也都对儿童的健康权的保护做了规定。

(三) 受教育权和享用教学设施权

根据《教育法》第四十三条的规定,学生有权"参加教育教学计划安排的各种活动,使用教育教学设施、设备、图书资料"。《宪法》第四十六条规定:"中华人民共和国公民有受教育的权利和义务。"《义务教育法》第四条规定:"凡具有中华人民共和国国籍的适龄儿童、少年,不分性别、民族、种族、家庭财产状况、宗教信仰等,依法享有平等接受义务教育的权利,并履行接受义务教育的义务。"第十一条规定:"凡满六周岁的儿童,其父母或者其他法定监护人应当送其入学并完成义务教育;条件不具备的地区的儿童,可以推迟到七周岁。"第十四条规定:"禁止用人单位招用应当接受义务教育的适龄儿童、少年。"《未成年人保护法》第二十八条规定:"学校应当保障未成年学生受教育的权利,不得违反国家规定开除、变相开除未成年学生。"《儿童权利公约》第二十八条指出:"缔约国确认儿童有受教育的权利。"

(四) 获奖权和公正评价权

根据《教育法》第四十三条的规定,学生拥有"按照国家有关规定获得奖学金、贷学金、助学金"的权利,"在学业成绩和品行上获得公正评价,完成规定的学业后获得相应的学业证书、学位证书"的权利。

(五) 姓名权、肖像权、国籍权

儿童和其他公民一样享有姓名权。姓名权是公民特定化的标志,是人格权的一种。《中华人民共和国民法典》第一千零一十二条规定:"自然人享有姓名权,有权依法决定、使用、变更或者许可他人使用自己的姓名。"

儿童和其他公民一样,享有肖像权。肖像权是指公民对自己的照片、画像、雕像、录像、全息摄像及其他有载体的视感影像依法享有的不受非法侵犯的权利。《民法典》第一千零一十八条规定:"自然人享有肖像权,有权依法制作、使用、公开或者许可他人使用自己的肖像。"

国籍权是指个人作为特定国家成员的资格的权利。国籍是个人与所属国家的法律纽带,具有一国国籍的人称为该国的公民,涉及一系列的法律关系,所以儿童的国籍权是十分重要的,如果丢失某国的国籍,就很难受到该国法律的保护。

（六）名誉权、荣誉权和智力成果权

儿童依法享有名誉权。名誉权是人格权的一种。任何人不得以任何形式侵害儿童的名誉权。《宪法》第三十八条规定："中华人民共和国公民的人格尊严不受侵犯。禁止用任何方法对公民进行侮辱、诽谤和诬告陷害。"《未成年人保护法》第二十七条规定："学校、幼儿园的教职员工应当尊重未成年人人格尊严，不得对未成年人实施体罚、变相体罚或者其他侮辱人格尊严的行为。"

荣誉权指公民依法享有的保持自己所得的嘉奖、光荣称号等荣誉，并不受非法剥夺的权利。根据《民法典》第一千零三十一条规定："民事主体享有荣誉权，任何组织或者个人不得非法剥夺他人的荣誉称号，不得诋毁、贬损他人的荣誉。"这项规定同样适用于未成年人。

智力成果权亦即知识产权，指公民或法人对自己创造的智力活动成果依法享有的人身权利和财产权利，是诸如著作权、专利权、商标权、发现权、发明权和其他成果权的总称。儿童尽管是未成年人，但也依法享有智力成果权。

（七）隐私权

隐私权是指个人私生活的保密权。根据《未成年人保护法》第四条的规定，处理未成年人事项时应保护未成年人隐私权和个人信息。未成年人的隐私权就是未成年人所享有的不公开其生活秘密的权利。凡个人不愿告诉别人或不愿公开的生活秘密，都属于个人隐私，如日记、信件、生理方面的疾病，以及曾经受过的污辱、经历过的痛苦、生活习惯、生活方式、消遣方面的爱好等。如果他人不尊重未成年人的隐私权就会使未成年人受到刺激或打击，以致在精神上和名誉上受到损伤。

（八）司法保护权

无论是民事诉讼、行政诉讼、还是刑事诉讼，国家相关法律都规定了对未成年人合法权利的保护。尤其是刑事诉讼中，这种保护更为突出。其中主要有：① 关于刑事责任方面。法律规定，不满14岁的儿童实施了任何危害社会的行为，不追究刑事责任，而是采取其他帮助教育措施。② 公安机关、人民检察院、人民法院办理未成年人刑事案件，应当根据未成年人的生理、心理特点和犯罪的情况，有针对性地进行法治教育。③ 人民法院审判未成年人犯罪的刑事案件，应当由熟悉未成年人身心特点的审判员或者审判员和人民陪审员依法组成少年法庭进行。④ 在法律审理中，未成年被告人依法享有申请回避权、辩护权、提出新证据权、申请重新鉴定或者勘验权、发问权、最后陈述权、上诉权、申诉权等。⑤ 在被执行刑罚期间，未成年犯依法享有人格不受侮辱权、人身安全权、合法财产不受侵犯权、申诉权、辩护权、控告权、检举权。⑥ 对被拘留、逮捕和执行刑罚的未成年人与成年人应当分别关押、分别管理、分别教育。⑦ 注意保护未成年被告人的名誉。⑧ 未成年人在被收容教养期间，执行机关应当保证其继续接受文化知识、法律知识或者职业技术教育；对没有完成义务教育的未成年人，执行机关应当保证其继续接受义务教育。解除收容教养、劳动教养的未成年人，在复学、升学、就业等方面与其他未成年人享有同等权利，任何单位和个人不得歧视。

本章知识结构

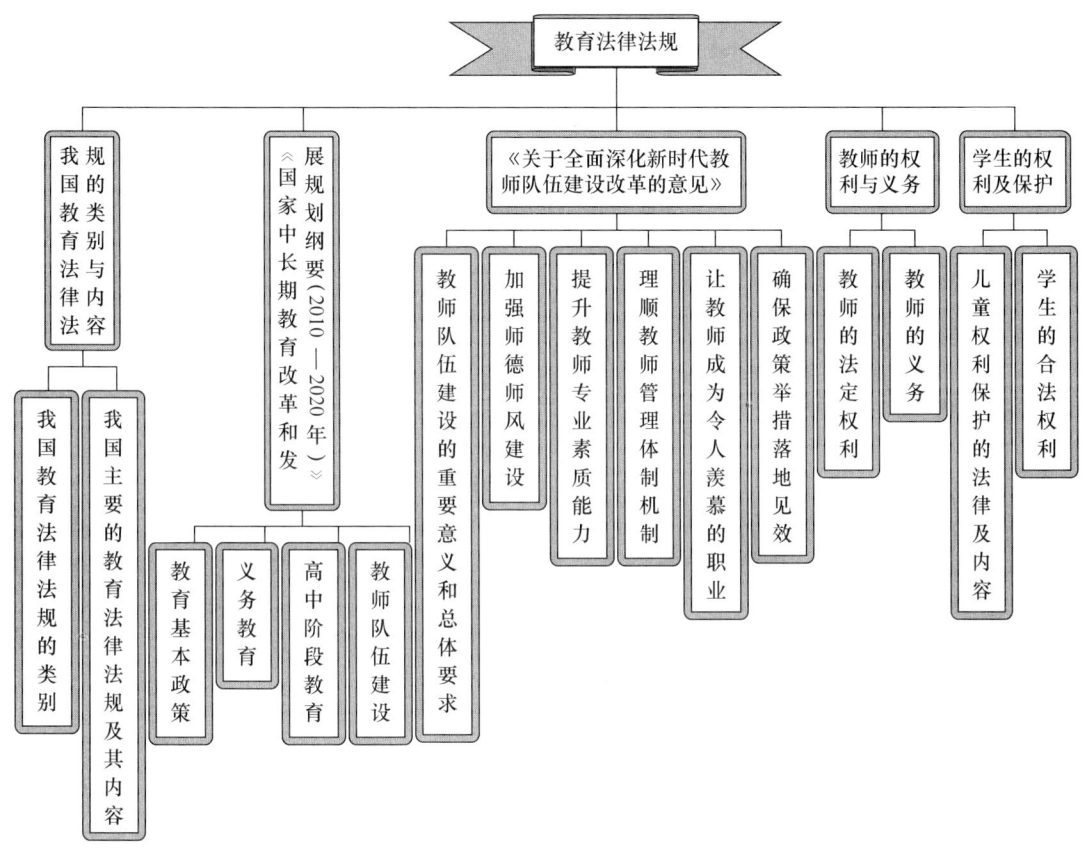

本章小结

（一）本章主要内容

1.《教育法》《义务教育法》《教师法》《未成年人保护法》《预防未成年人犯罪法》《学生伤害事故处理办法》《国家中长期教育改革和发展规划纲要（2010—2020年）》《关于全面深化新时代教师队伍建设改革的意见》的相关内容。

2. 教师教育教学行为的法律规定；教师的权利与义务；教师违规及处理。

3. 学生的权利与义务，学生合法权利的保护。

（二）本章的重点、难点

本章的重点是教师的权利与义务，教师教育教学行为的相关法律规定和学生的合法权利；难点是根据相关法律条文分析教师是否依法执教，学生的权益是否受到侵犯。

（三）学习时要注意的问题

本章学习时要注意下列几个方面：

1. 熟记相关的法律细则，特别是与学校、教师、学生相关的细则。

2. 知道并理解教师的权利和义务；熟悉关于教师教育行为的相关法律法规；运用相关法律法规分析评价教师在教育教学实践中的实际问题。

3. 了解有关学生权利保护的相关法律规定,依法保护学生的合法权利,并能分析案例中学生的权利是否受到侵犯。

4. 运用相关教育法律法规分析评价教育教学活动中的学生权利保护等实际问题。

5. 学习时一定要注意首先熟记相关的法律条文,尽可能通过案例提高记忆效果并能运用相关的规定进行分析。可以从自己的身边寻找一些案例,运用相关法律知识对其进行分析,这样可以提高学习的效果。

自测训练

一、选择题

1. 某中学非法招生获利80万元。依据《中华人民共和国教育法》,教育行政部门或其他有关行政部门可以对该校采取的措施是(　　)。
   A. 对直接负责的主管人员追究民事责任
   B. 责令其退回所招学生并退还所收费用
   C. 对其他直接责任人员处以罚款
   D. 没收其非法所得的财物

2. 某中学规定,教师因休产假不能工作的,其工资由学校扣除用作其他代课教师的代课费用。该学校的做法(　　)。
   A. 不合法,侵犯了教师享受国家规定的福利待遇的权利
   B. 不合法,代课教师的工资应由学校自筹经费予以保障
   C. 合法,学校享有对教师实施奖励或处分的权利
   D. 合法,学校享有按照章程进行自主管理的权利

3. 某足球学校是专门招收适龄儿童、少年进行足球专门训练的学校。依据《中华人民共和国义务教育法》,对该学校自行对适龄儿童、少年实施义务教育具有审批权的主体是(　　)。
   A. 市级人民政府　　　　　　　　　B. 市级人民政府教育行政部门
   C. 县级人民政府　　　　　　　　　D. 县级人民政府教育行政部门

4. 为防止学生受到网络伤害,班主任李老师要求班上所有学生将手机上交接受检查,以便及时了解情况。李老师的这种做法(　　)。
   A. 合法,班主任对学生有管教权　　B. 合法,班主任对学生有监护权
   C. 不合法,侵犯了学生的隐私权　　D. 不合法,侵犯了学生的财产权

5. 李老师的课上,中学生顾某起立回答问题时,后排的陈某悄悄将顾某的座椅移开,导致顾某坐下时重重地摔在地上。后经医院检查发现其尾椎骨摔裂,需要长期治疗。在这起事故中,应当依法承担相应法律责任的是(　　)。
   A. 陈某　　　　B. 李老师　　　　C. 陈某和学校　　　　D. 陈某和李老师

6. 《中华人民共和国宪法》规定,国家的法律监督机关是(　　)。
   A. 中华人民共和国人民检察院　　　B. 中华人民共和国监察委员会
   C. 全国人民代表大会常务委员会　　D. 中华人民共和国人民法院

7. 《国家中长期教育改革和发展规划纲要(2010—2020年)》提出了教育战略目标。下列关于教育战略目标的说法中不正确的是(　　)。
   A. 到2020年,进入人力资源强国行列　　B. 到2020年,基本形成学习型社会
   C. 到2020年,终身教育体系全面形成　　D. 到2020年,基本实现教育现代化

8. 中学教师黄某认为当地教育行政部门侵犯其权利而提出申诉。依据《中华人民共和国教师法》,受理其申诉的机关是( )。

A. 同级教育行政部门　　　　　　B. 同级人民政府
C. 上级人民政府　　　　　　　　D. 同级纪律检查部门

9. 某初中根据学生分数开设了两个重点班,实施末位淘汰制,非重点班学生根据成绩可以补缺。该校的做法( )。

A. 合法,利于因材施教
B. 合法,利于激励学生
C. 不合法,义务教育学校不得分设重点班
D. 不合法,义务教育学校不得实行动态管理

第三章 教师职业道德规范

考纲内容

1. 教师职业道德

(1) 了解《中小学教师职业道德规范(2008年修订)》。

(2) 掌握教师职业道德规范的主要内容,尊重法律及社会接受的行为准则。

(3) 理解《中小学班主任工作规定》文件精神。

(4) 分析评价教育教学实践中教师的道德规范问题。

2. 教师职业行为

(1) 了解教师职业行为规范的要求。

(2) 理解教师职业行为规范的主要内容,在教育活动中运用行为规范恰当地处理与学生、学生家长、同事以及教育管理者的关系。

(3) 在教育教学活动中,依据教师职业行为规范,爱国守法、爱岗敬业、关爱学生、教书育人、为人师表。

第一节 教师职业道德

教师职业道德是指教师在从事职业活动,即进行教育教学工作时所应遵循的行为规范和必须具备的品德。我国有关中小学教师职业道德规范的内容与要求主要包含在《中小学教师职业道德规范》和《中小学班主任工作规定》中。

一、《中小学教师职业道德规范(2008年修订)》

2008年9月,教育部、中国教科文卫体工会全国委员会联合发布了重新修订的《中小学教师职业道德规范》。

(一)《中小学教师职业道德规范(2008年修订)》的产生背景

1. 政策的引导

随着我国改革开放的不断深入,教育的重要性越来越突显,因为国家政治经济的竞争归根到底是人才的竞争,一个强盛的国家需要以文化强国和人力资源强国作为支撑。2007年,党的十七大报告把"优先发展教育,建设人力资源强国"作为"加快推进以改善民生为重点的社会建设"的重要手段,这说明中央政府将教育问题作为民生问题来对待。2007年8月31日胡锦涛同志在全国优秀教师代表座谈会上表扬了全国优秀教师"胸怀祖国、热爱人民、学为人师、行为示范、默默耕耘、无私奉献的高尚精神",并提出了四点希望,分别是"爱岗敬业、关爱学生;刻苦钻研、严谨笃学;勇于创新、奋发进取;淡泊名利、志存高远"。这一切为2008年《教师职业道德规范》的修订奠定了政策基础。

2. 时代的要求

随着经济的发展,我国教育事业蓬勃向前,人民群众在教育上的要求不再仅仅是"有学上,有书读",而是"上好学,读好书",希望得到优质教育,而优质教育得以保证的一个前提条件是要有一支师德高尚、技艺精良的教师队伍。正所谓"百年大计,教育为本;教育大计,教师为本;教师大计,师德为本"。可见师德建设是教育发展的基础,国家发展的基础。同时,教师的职业道德也是人民群众衡量学校教育质量的重量标杆。国家要办让人民满意的教育,就必须首先重视教师的职业道德建设。

3. 现实的呼唤

尽管我国大多数中小学教师具有良好的职业道德,但现实中仍然存在诸多的不和谐的声音,所以有必要切实加强教师职业道德建设。

(二)《中小学教师职业道德规范(2008年修订)》的基本内容

《中小学教师职业道德规范(2008年修订)》共分为六条,其具体内容如下。

1. 爱国守法

热爱祖国,热爱人民,拥护中国共产党领导,拥护社会主义。全面贯彻国家教育方针,自觉遵守教育法律法规,依法履行教师职责权利。不得有违背党和国家方针政策的言行。

2. 爱岗敬业

忠诚于人民教育事业,志存高远,勤恳敬业,甘为人梯,乐于奉献。对工作高度负责,认真备课上课,认真批改作业,认真辅导学生。不得敷衍塞责。

3. 关爱学生

关心爱护全体学生,尊重学生人格,平等公正对待学生。对学生严慈相济,做学生良师益友。保护学生安全,关心学生健康,维护学生权益。不讽刺、挖苦、歧视学生,不体罚或变相体罚学生。

4. 教书育人

遵循教育规律,实施素质教育。循循善诱,诲人不倦,因材施教。培养学生良好品行,激发学生创新精神,促进学生全面发展。不以分数作为评价学生的唯一标准。

5. 为人师表

坚守高尚情操,知荣明耻,严于律己,以身作则。衣着得体,语言规范,举止文明。关心集体,团结协作,尊重同事,尊重家长。作风正派,廉洁奉公。自觉抵制有偿家教,不利用职务之便谋取私利。

6. 终身学习

崇尚科学精神,树立终身学习理念,拓宽知识视野,更新知识结构。潜心钻研业务,勇于探索创新,不断提高专业素养和教育教学水平。

（三）《中小学教师职业道德规范（2008年修订）》的主要特点

1. 以人为本

教师职业的劳动对象是人，劳动的目的是培养全面发展的社会主义事业接班人。所以，教师的行为准则与规范必须从人出发，以培养人为最高宗旨。2008年修订的《中小学教师职业道德规范》充分彰显了以人为本的思想，充分体现"教育以育人为本，以学生为主体""办学以人才为本，以教师为主体"的理念。如要求教师"对学生严慈相济，做学生良师益友""保护学生安全，关心学生健康，维护学生权益"等都体现了以人为本的教育理念；"教书育人"条目规定"不以分数作为评价学生的唯一标准"，而是要促进学生的全面发展。

2. 继承与创新相结合

《中小学教师职业道德规范（2008年修订）》是在汲取了以往师德规范（要求）精华的基础上结合时代的需要，经过反复的讨论后修改完成的，如继承了之前规范的主旨"爱"和"责任"等，增加了"终身学习"等符合时代需求的新内容。

3. 倡导与禁止相结合

《中小学教师职业道德规范（2008年修订）》既有正面倡导的条文，也有明确禁止的规定。如"爱国守法"中，倡导"热爱祖国，热爱人民，拥护中国共产党领导，拥护社会主义"；"爱岗敬业"中，倡导"志存高远，勤恳敬业，甘为人梯，乐于奉献"；"关爱学生"中，禁止"讽刺、挖苦、歧视学生"和"体罚或变相体罚学生"。

4. 他律与自律相结合

职业道德更多的是一种内心约束，所以要强调自律。自律的前提是有一个约束的标准，即教师职业道德的优劣需要外界做出评价，所以教师职业道德必须他律。《中小学教师职业道德规范（2008年修订）》在注重他律的同时，强调自律，如"自觉遵守教育法律法规"，倡导广大教师自觉践行师德规范，把规范要求内化为自觉行为，逐步从他律走向自律。

（四）师德失范的表现

师德失范大致表现在以下几个方面：态度问题、观念问题、行为问题、方法问题、形象问题、廉洁问题、生活问题、学术问题等几个方面。

1. 态度问题

态度问题主要包括对学生的态度与对工作的态度两个方面。对学生的态度方面表现为忽视学生的存在，不尊重学生的人格，把学生当作娱乐的对象等；对工作的态度方面表现为对工作敷衍了事，在校时间做与工作无关的事，如打扑克、下棋、打电子游戏、网上聊天、炒股等。

2. 观念问题

观念问题主要包括教育观、学生观、教师观、生活观、质量观等几个方面。比较常见的失范有：一是以分数作为衡量学生的唯一标准，而忽视学生的全面发展；二是过分追求物质利益，忽视理想的追求等；三是视教师为绝对权威，不准学生提出任何相反意见。

3. 行为问题

教师的行为失范包括言语失范和非言语失范两大类。

言语失范是指教师用不当的语言伤害学生的身心，如谩骂学生，恐吓威胁学生，经常在课堂上说某某同学不如某某同学，自己班上的学生不如其他班的学生等。

非言语失范是指教师除了言语方式之外，包括教态、管理等方面，运用不良的手段或动作，错误地对待学生。教态方面主要表现为：不够庄重大方；不够和蔼可亲；没有激情，精神不饱满；矫揉造作、粗俗失雅；站在讲台前歪歪斜斜、前仰后合，或者是斜倚黑板，或者是背对学生很久而不转过身来等。管理方面表现为：对学生采用罚站、打耳光等惩罚手段；把"好学生"安排在前排或中间位置；对"差生"态度冷漠，在课堂上不理不睬，不提问；将在课堂上捣乱的学生赶出教室等。

4. 方法问题

方法问题主要包括教育教学的方式、方法失当。尽管许多教师对教育充满激情，对学生倾注了全部的"爱"，希望学生既要学业成绩优秀，又要品行端庄，而且身体健康。因此，对学生要求过高，作业压得学生透不过气，学生一有错误，或者让教师不满意，教师就有可能采用一些不适当的方法管理学生，有时会造成严重的不良后果。

绿领巾的事件

2011年10月，西安市未央区某小学一年级学生中，一部分戴着红领巾，另一部分则戴着绿领巾，学生被分成了红、绿两类。老师称学习、思想品德表现稍差的学生没有红领巾，为教育其上进，该校便为这部分学生发放了绿领巾。有孩子称，"学习不好的才戴绿领巾"。戴绿领巾的孩子则抱怨"不好看，可是不戴的话老师会批评"。

专家认为，用"绿领巾"激励上进的做法仅是学校的一厢情愿。学校对教育方法形式上的变革，掩饰不住实质的尴尬。缺乏尊重、缺乏人格教育，即使学校教学成绩再好，品德素养不健全的教育仍然是失败的。

5. 形象问题

形象问题主要包括教师的衣着打扮、言行举止、自我约束等方面。教师是学生的楷模，是学生学习的榜样，因而必须注意自己的外表与内在修养，给学生做好表率。

6. 廉洁问题

中小学教师的廉洁问题主要表现在三个方面：一是收取家长的礼品、购物券、现金卡等；二是接受家长安排的旅游度假、宴请等；三是有偿补课。

7. 生活问题

生活方面的师德失范主要包括奇装异服、吸烟饮酒、吃喝嫖赌等方面。对于教师的衣着打扮，《中小学教师职业道德规范（2008年修订）》的"为人师表"中有明文规定：衣着得体，语言规范，举止文明。

8. 学术问题

一些教师很想在职称、职务上晋级，又不想踏踏实实做研究，于是就东拼西凑剽窃别人的论文，或请人代写学术论文；在论文评审过程中，搞特殊化，使差论文被评为优秀论文。

二、《中小学班主任工作规定》

班主任是一个怎样的工作？教师怎样才能做好班主任工作？这些都是很现实的问题。教育部在2009年8月12日发布了《中小学班主任工作规定》，其具体内容如下。

（一）《中小学班主任工作规定》的基本内容

1. 班主任的界定与性质

《中小学班主任工作规定》第二条明确界定"班主任是中小学日常思想道德教育和学生管理工作的主要实施者，是中小学生健康成长的引领者，班主任要努力成为中小学生的人生导师。班主任是中小学的重要岗位，从事班主任工作是中小学教师的重要职责。教师担任班主任期间应将班主任工作作为主业"。

2. 班主任的配备与选聘

（1）配备与选聘要求。

《中小学班主任工作规定》指出，班主任的配备标准是"每个班级应当配备一名班主任"，而且要由学校从班级任课教师中选聘。聘期由学校确定，一般应连续一学年以上。教师初次担任班主任应接受岗前培训，符合选聘条件后学校方可聘用。

（2）班主任的基本条件。

选聘班主任应当在教师任职条件的基础上突出考查以下条件：① 作风正派，心理健康，为人师表；② 热爱学生，善于与学生、学生家长及其他任课教师沟通；③ 爱岗敬业，具有较强的教育引导和组织管理能力。

3. 班主任的职责与任务

（1）学生工作。

全面了解班级内每一个学生，深入分析学生思想、心理、学习和生活状况。关心爱护全体学生，平等对待每一个学生，尊重学生人格。采取多种方式与学生沟通，有针对性地进行思想道德教育，促进学生德智体美全面发展。

（2）日常管理。

认真做好班级的日常管理工作，维护班级良好的秩序，培养学生的规则意识、责任意识和集体荣誉感，营造民主和谐、团结互助、健康向上的集体氛围，指导班委会和团队工作。

（3）活动指导。

组织、指导开展班会、团队会（日）、文体娱乐、社会实践、春（秋）游等形式多样的班级活动，注重调动学生的积极性和主动性，并做好安全防护工作。

（4）综合评价。

组织做好学生的综合素质评价工作，指导学生认真记载成长记录，实事求是地评定学生操行，向学校提出奖惩建议。

（5）沟通协调。

经常与任课教师和其他教职员工沟通，主动与学生家长、学生所在社区联系，努力形成教育合力。

4. 班主任的待遇与权利

（1）待遇。

班主任工作量按当地教师标准课时工作量的一半计入教师基本工作量。各地要合理安排班主任的课时工作量，确保班主任做好班级管理工作。班主任津贴纳入绩效工资管理。在绩效工资分配中要向班主任倾斜。对于班主任承担超课时工作量的，以超课时补贴发放班主任津贴。

(2) 权利。

学校在教育管理工作中应充分发挥班主任的骨干作用,注重听取班主任的意见。班主任在日常教育教学管理中,有采取适当方式对学生进行批评教育的权利。

5. 班主任的培养与培训

教育行政部门和学校应制定班主任培养培训规划,有组织地开展班主任岗位培训。教师教育机构应承担班主任培训任务,教育硕士专业学位教育中应设立中小学班主任工作培养方向。

6. 班主任的考核与奖惩

(1) 教育行政部门建立科学的班主任工作评价体系和奖惩制度。对长期从事班主任工作或在班主任岗位上做出突出贡献的教师定期予以表彰奖励。选拔学校管理干部应优先考虑长期从事班主任工作的优秀班主任。

(2) 学校建立班主任工作档案,定期组织对班主任的考核工作。考核结果作为教师聘任、奖励和职务晋升的重要依据。对不能履行班主任职责的,应调离班主任岗位。

(二) 班主任的工作规范

家校联系本上心的交流

我担任班主任时,家校联系本是我精心耕耘的一片绿洲。经纬同学在家校联系本上写道:"24班对22班篮球赛中,我们班因为上场的同学身体较瘦吃亏导致失利,身高又体壮的我有了要上场试试的冲动。随后在24班对21班篮球赛中,我上了,虽然我从没有参加过篮球赛,我拼了,为班级而战,我感到快乐。"他在家校联系本上的真心话,让我捕捉到一个教育的良机,要知道他可是班上令老师们最头痛的学生。"感谢你为班级流汗,班级的球赛因你的加入更精彩!付出是很快乐的,对吗?"家长看到这样的师生对话,知道了孩子的成长过程,也会为孩子的成长、变化而感动,对孩子的成长多一分关心,也会对学校教育多一分放心与配合。①

1. 语言规范

班主任的语言对学生智力的形成和发展、语言习惯的培养、思维方式的培养、知识基础的掌握都有重要的影响。因此,班主任要注意自己语言的规范性。

(1) 班主任语言的一般要求。

① 准确规范。它包括发音准确规范,即用标准的普通话;语体准确规范,即语言表达尽可能选用通俗的口语词,语调富于感情色彩。

② 文明礼貌。使用文雅、礼貌语言,不强词夺理、恶语伤人,更不能用挖苦、讽刺、奚落的语言批评学生。

③ 语音、语速、语调适宜。善于根据学生的实际和与学生相处的情境调整自己的语音、语速和语调。在语音上,要尽可能清凉、圆润,避免尖声和沙哑;语调上要富于变化,给学生一种清新明快之感。

④ 通俗形象。通俗形象的语言能充分调动学生的感觉器官,化抽象为具体,化深奥为浅显,化枯燥为有趣,帮助学生理解和记忆。

---

① 摘自长沙市天心区蒋碧莲老师的教育故事《家校联系本上心的交流》。

⑤ 言行一致，言而有信。班主任要求学生做到的，自己必须先做到；班主任若有不正之处，要马上改正，要勇于在学生面前纠正自己的错误，为学生做出表率。

（2）班主任语言忌讳。

一忌病——念错字，生造字词，文理不通。

二忌俗——低级趣味，挖苦讥笑，街谈巷议，婆婆妈妈。

三忌蛮——居师自恃，语气咄咄逼人，强词夺理，令人听而生畏。

四忌游——离题万里，漫无边际，令人茫然。

五忌吹——自吹自擂，虚张声势。

六忌玄——故弄玄虚，故作艰涩，满口术语，卖关子。

七忌废——长篇大论，拖泥带水。

八忌套——陈词滥调，老生常谈，标语口号，照本宣科。

（3）班主任的教育语言及要求。

① 表扬语。表扬语是推动学生进步的重要力量。首先，班主任在表扬学生的时候要注意分寸感，必须实事求是，恰如其分。其次，要有个性化，要因人而异地选择一些表扬词。最后，要有情绪波动，如果语气平平静静，则无法在学生心理上掀起太大的感情波澜，饱满的情绪、富有感染力的语言会让学生感受到教师的表扬是真诚的、发自肺腑的。

② 批评语。批评语主要以班主任对学生的规劝和提醒为主，目的是促使学生醒悟和悔过。班主任批评的时候应控制情绪，不可讲"气话""重话"，不能将学生的错误夸大化，甚至全盘否定学生。批评时要保持理性，选择适当的、不伤害学生尊严的方法，或替学生分析错误的利弊，或引导学生自己思考错误所在，让其接受批评。批评语也不可缺少情感，要让学生感受到教师的关爱与良苦用心，这样才能为学生接受。

③ 激励语。激励语是指班主任运用赞美、表扬、激励、鼓励等方式来激发学生奋发向上、积极进取的一种教育言语。恰当的激励语可以将教师和社会的期望变成学生的动力和兴趣。

④ 暗示语。暗示语是指班主任通过含蓄、间接的方法给学生以启示，如以含蓄婉约的聊天、故事、笑话、趣闻、寓言等来表达特定的意思，启迪学生的心灵，提高学生的认识。

⑤ 说服语。班主任在运用说服语时要注意：事先要做好研究调查，做到有的放矢；说服过程中不能用强制、压服等简单粗暴的方法，必须尊重学生、爱护学生；要满腔热情地肯定他们的进步，善意诚恳地批评他们的缺点和错误，使学生感到老师对自己没有成见，感到老师既严格又友善；说服语要通俗易懂、鲜明生动，而且教师要起榜样示范作用，做到言行一致。

2. 行为规范

（1）充当知识传授者角色的行为规范。

① 拥有广博的文化基础知识、精深的专业知识、扎实的现代教育专业科学知识，并对本学科知识有整体把握。

② 能利用教学中的生成性资源（在教学中师生共同产生的知识资源，如思维碰撞、意见分歧、情感交流所产生的创新知识）。

③ 不仅要传授知识，而且要传授解决问题的技能以及情感、态度、价值观。

④ 能对所教知识进行形象生动的语言、非语言的表达传播，而且要懂得传播学的基本知识和技能。

⑤ 能为教学提供良好的氛围,并精心设计,使之循序渐进、有序进行。

⑥ 全面把握教学任务、教材特点等要素。

⑦ 能根据教材提供的资源和建议进行建构性课程资源重组,而不是把教材作为教学唯一依据的"照本宣科"式教学。

⑧ 能根据具体教学目标、任务、进度、学生学习特点、教师特点、现有教学条件进行教学设计,并合理地进行教学资源的分配(包括时间分配、内容安排、学生分组、教学活动展开)。

⑨ 能将新知识与原有知识结合,讲清二者之间的逻辑联系。

⑩ 能从课题和问题出发进行教学设计,而非简单地从教学目的、书本出发;能对学生已有知识储备、结构、学习动机和学习习惯作深入分析。

(2) 充当管理者角色的行为规范。

① 能对教学环节和学生的学习态度、习惯、质量、活动进行调节、控制、改造;能对各种教育教学中偶发的管理问题及事件进行判断、处理,并表现出合乎专业标准的行为规范与程序。

② 通过建立自己的威信,充分发挥情感在管理中的作用,扮演"向导""辅助者""建议者"的角色。

③ 能建立各种教学常规,特别是课堂教学常规,并能预防不当行为的发生。

④ 能营造良好的教室和课堂的心理氛围。

⑤ 能进行自我管理。

(3) 充当学生朋友角色的行为规范。

① 对学生能信任和信赖。

② 尊重学生的人格和意愿。

③ 乐于与学生进行交往,对其给予肯定并充满期望。

④ 能接受学生提出的合理意见和建议(信任);能与学生进行较深入的心理交流、亲切的情感体验。

⑤ 能体现良好的职业道德水准,流露出一种职业性人格感召魅力与精神气质,其人格的行为特质表现为:合作、民主、仁慈、体谅、忍耐、公正、兴趣广泛、和蔼可亲、有幽默感、言行一致、了解学生、给予鼓励、精通教育技术等。

⑥ 应有教师职业乐趣和价值感。

⑦ 帮助学生强化自助、自律,改变不良和不健康的行为。

⑧ 当学生有心理或生理问题时,愿意提供咨询,使学生在心理上有一种安全感和稳定感。

⑨ 帮助学生剖析自我、改变自我并形成积极的自我概念。

⑩ 帮助和鼓励学生从个人挫折困难中悟出人生哲理,总结经验教训,战胜自卑并建立个人自信。

3. 实施奖惩的规范

实施奖惩是班主任教育学生的重要手段,它的主要功能是管理功能和道德教育功能。有效的奖励措施不仅能让学生知道"应该或必须做什么",更能激励学生,充分调动学生的积极性,挖掘学生的潜力;有效的惩罚措施能使学生明白"什么是错误的",减少学生犯类似的错误。而且,有效的奖惩措施不仅能教育某一个人,它的实质是教育他周边的一群人,有重要的社会效应。①

(1) 奖惩有据。

根据事实奖惩,奖惩对事不对人,注意分析所发生行为的是非、功过、好坏,而不是简单地去肯定或否定一个学生。

(2) 及时性。

及时奖励能够促使学生养成良好的习惯,还可以改善师生关系。及时惩罚能够使错误行为与惩罚所带来的不愉快体验之间建立起联结,使学生心服口服。

(3) 表扬为主,批评为辅。

表扬和批评要经常结合运用,但必须坚持表扬为主、批评为辅。

(4) 公正。

学生是一个群体,对一名学生实施奖惩不仅是对其行为的肯定和否定,而且对其他学生也会产生影响。因此,在实施奖惩时,一定要坚持公平的原则,对学生一视同仁,不偏爱,不抱有成见。

(5) 针对性。

班主任在实施奖惩时要针对具体学生的情况选择适当方法,以取得良好的心理效应。

4. 人际交往的规范

班主任工作的实质就是人际交往。班主任在工作中要处理好以下几种关系:一是与学生的关系,这是最重要的人际关系;二是与同事的关系;三是与家长的关系。班主任要将各种关系理顺,形成教育合力,才能事半功倍。

(1) 与学生交往的规范。

① 服务意识。班主任是学生发展的引导者、促进者,而不是领导者、管理者,应处处为学生着想,站在学生的立场上去看问题,确立服务意识。

② 欣赏学生。班主任要和学生建立朋友般的师生关系,很重要的一点就是欣赏学生,发现他们的优点并告诉他们,让他们知道自己的优点。赞美学生优点的同时,班主任也就赢得了学生的友谊。

③ 倾听学生。学生有自己的思想、见解。学会倾听、学会交流,是班主任处理好师生关系的关键。

(2) 与同事交往的规范。

① 尊重。无论是对待老教师还是新教师,无论是对待业务水平高的同事还是业务水平低的同事,尤其是对待能力不如自己的同事,都要把尊重对方放在首位。首先,要尊重对方的人格;其次,要尊重对方的长处,做到谦虚谨慎、戒骄戒躁。

② 教育学生关心老师。班主任要教育学生尊重和关心他们的任课老师,使之感受到自己被尊重、被关心,从而加倍努力工作,不辜负学生的关心。

③ 理解和宽容。班主任要以大局为重,克己谅人,要有容人的雅量,要能包容同事的不足,更要维护任课老师在学生们心目中的形象。

④ 互补。每一名教师都有其自身的优势,亦有自身的不足。教师间的互补是一种思想上的帮助、信息上的交换、情感上的融合和知识上的整合。

---

① 张国栋,田莉,柯一琼.探究奖惩在教育情境中的应用[J].湖北教育学院学报,2006(1):101-102.

(3) 与家长交往的规范。

① 主动。班主任要积极主动地与家长建立联系。

② 尊重。尊重家长,不要伤害家长的感情。在交往过程中,要理解家长对子女的爱护之情,而不能单纯指责家长或向家长"告状"。班主任不仅要自己做到尊重学生家长,还应经常教育学生尊重自己的家长。

③ 及时。学生的成长是一个动态性很强的过程,学生的思想和学习无时无刻不在变化,班主任与家长必须及时沟通,了解和掌握学生的最新情况。

5. 偶发事件处理的规范

(1) 了解情况,把握分寸。

偶发事件出现后,要即刻了解情况,认真分析,并把握处理的分寸。尤其注意不能偏听偏信、主观臆测,或是只从"现象"来认识问题。不急于下结论,不急于判定是非,应先把矛盾暂时"平息",进一步了解详情后,再采取适当的教育方式和方法。

(2) 沉着冷静。

班主任的沉着冷静不仅能使学生情绪稳定,使学生不慌乱,同时也是对学生的一种教育和示范,使他们养成临危不乱的作风。班主任不要过多地指责学生,更不要慌乱无措,表现出无能为力。

(3) 尊重学生。

班主任处理偶发事件时要用诚恳、亲切的态度对待学生,尊重学生的人格和保护学生的隐私。不能翻算"老账",不能孤立学生,更不能贬损挖苦学生。

(4) 教育大多数。

班主任处理偶发事件,不仅要解决某个具体的矛盾,还要通过对偶发事件的处理,使学生总结经验教训,学习如何处理生活上的、思想上的矛盾,使更多的学生受到教育。

(5) 自我调节。

对学生偶发事件的处理,一般先平息事态,然后让当事人冷静反思,尽力做到自我化解矛盾。班主任不要轻易把问题反映到学校或有关部门,对必须上报的偶发事件,班主任也应配合,主动承担教育的责任。尽可能不要告诉家长,即便有些事必须请家长来处理,也只需说明原因即可,不能添油加醋,不能在家长面前责怪孩子的不是。

第二节 教师职业行为

教师是人类灵魂的工程师,是人类文明的传承者。长期以来,广大教师贯彻党的教育方针,教书育人,呕心沥血,默默奉献,为国家发展和民族振兴作出了重大贡献。新时代对广大教师落实立德树人根本任务提出新的更高要求。

2018年11月,教育部发布了《新时代中小学教师职业行为十项准则》,从坚定政治方向、自觉爱国守法、传播优秀文化、潜心教书育人、关心爱护学生、加强安全防范、坚持言行雅正、秉持公平诚信、坚守廉洁自律、规范从教行为等10个方面规范中小学教师的职业行为。

一、坚定政治方向

坚持以习近平新时代中国特色社会主义思想为指导,拥护中国共产党的领导,贯彻党的教育方针;不得在教育教学活动中及其他场合有损害党中央权威、违背党的路线方针政策的言行。

二、自觉爱国守法

忠于祖国,忠于人民,恪守宪法原则,遵守法律法规,依法履行教师职责;不得损害国家利益、社会公共利益,或违背社会公序良俗。

三、传播优秀文化

带头践行社会主义核心价值观,弘扬真善美,传递正能量;不得通过课堂、论坛、讲座、信息网络及其他渠道发表、转发错误观点,或编造散布虚假信息、不良信息。

四、潜心教书育人

落实立德树人根本任务,遵循教育规律和学生成长规律,因材施教,教学相长;不得违反教学纪律,敷衍教学,或擅自从事影响教育教学本职工作的兼职兼薪行为。

五、关心爱护学生

严慈相济,诲人不倦,真心关爱学生,严格要求学生,做学生良师益友;不得歧视、侮辱学生,严禁虐待、伤害学生。

六、加强安全防范

增强安全意识,加强安全教育,保护学生安全,防范事故风险;不得在教育教学活动中遇突发事件、面临危险时,不顾学生安危,擅离职守,自行逃离。

七、坚持言行雅正

为人师表,以身作则,举止文明,作风正派,自重自爱;不得与学生发生任何不正当关系,严禁任何形式的猥亵、性骚扰行为。

八、秉持公平诚信

坚持原则,处事公道,光明磊落,为人正直;不得在招生、考试、推优、保送及绩效考核、岗位聘用、职称评聘、评优评奖等工作中徇私舞弊、弄虚作假。

九、坚守廉洁自律

严于律己,清廉从教;不得索要、收受学生及家长财物或参加由学生及家长付费的宴请、旅游、娱乐休闲等活动,不得向学生推销图书报刊、教辅材料、社会保险或利用家长资源谋取私利。

十、规范从教行为

勤勉敬业,乐于奉献,自觉抵制不良风气;不得组织、参与有偿补课,或为校外培训机构和他人介绍生源、提供相关信息。

本章知识结构

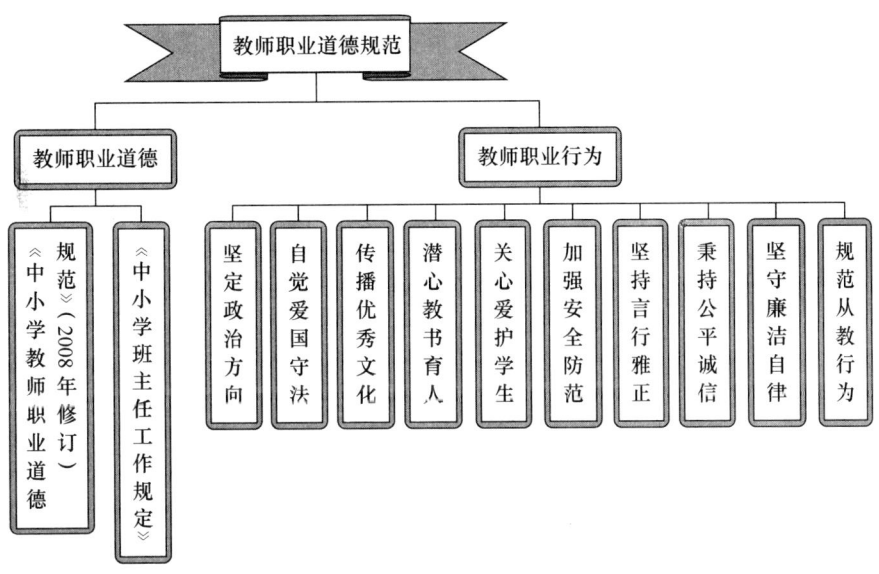

本章小结

(一) 本章主要内容

1. 教师职业道德规范与教师职业行为规范的内涵。

2.《中小学教师职业道德规范(2008 年修订)》和《中小学班主任工作规定》的基本内容。

3. 爱国守法、爱岗敬业、关爱学生、教书育人、为人师表、终身学习的具体内容与基本要求。

(二) 本章的重点、难点

重点是教师职业道德规范与行为的标准与具体要求。特别要牢记爱国守法、爱岗敬业、关爱学生、教书育人、为人师表、终身学习"六大规范"。

难点是如何根据这六大规范分析具体的教育教学活动,并进行科学的评判。

(三) 学习时要注意的问题

1. 熟记《中小学教师职业道德规范(2008 年修订)》与《中小学班主任工作规定》的基本内容。

2. 识记并理解"六大规范",同时理解各自的具体要求。

3. 运用"六大规范"或其中的几个规范对现实教育教学活动进行分析与评价。

4. 学习时一定要注意牢记"六大规范",同时尽可能多地收集身边的案例进行分析,通过案例分析达到理解与记忆。

特别提醒:一定要牢记"六大规范"的内容,并能够在现实的教育教学活动中找到具体的案例,即这些规范在教育现实中是如何体现的,这样才可以做到举一反三。

自测训练

一、选择题

1.（2018下）上课时，程老师发现后排的一名学生在偷偷吃零食。刚开始程老师没有理会，但这名学生吃了很长时间也没停下。程老师忍无可忍，便快速走到这名学生跟前，抢过零食扔出窗外。程老师的做法（　　）。

　　A. 恰当，体现教师的严格要求　　　　　B. 恰当，符合学校的管理规定

　　C. 不恰当，不应简单粗暴处理问题　　　D. 不恰当，不应干预学生个人行为

2.（2018上）夏老师工作很努力，教学能力强，业余时间经常自学教育教学理论和专业知识。但他对教学能力差的同事不屑一顾，致使一些老师不愿意搭理他。夏老师应该（　　）。

　　A. 置之不理，继续提高自己的教学水平　　B. 反思自己，想办法改善与同事的关系

　　C. 团结同事，降低自身专业发展的要求　　D. 减少往来，避免与同事发生正面冲突

3.（2016上）孙老师把没有按时完成作业的学生赶到操场上，让他们在冷风中把作业写完，说要让学生明白学习的艰辛。这说明孙老师没有做到（　　）。

　　A. 关爱学生　　B. 因材施教　　C. 廉洁从教　　D. 严谨治学

4.（2016上）钟老师在班上设立"进步展示台"，分类展示在不同方面有进步的学生。这表明钟老师（　　）。

　　A. 不以分数为评价学生的唯一标准　　　B. 不关心学生的全面发展

　　C. 不注重与学生家庭密切联系　　　　　D. 不主动与教师密切合作

5.（2018上）有三十多年丰富教学经验的段老师，特别重视外出学习，有机会就向其他老师取经，观摩别人的课堂，反思自己的教学方法，努力提高教育教学水平。这说明段老师具有（　　）。

　　A. 模仿其他老师的意识　　　　　　　　B. 关心学生的意识

　　C. 实施素质教育的意识　　　　　　　　D. 追求进步的意识

6.（2017上）晚自习时，高老师发现班上的一位男生在给一位女生递纸条，高老师走上前去对他们说："你们在干嘛？是不是递情书啊？现在可不是谈恋爱的时候啊，考上大学后再谈吧。"高老师的声音不大，但同学们都听到了，这两位同学顿时羞红了脸。关于高老师的做法，下列说法中正确的是（　　）。

　　A. 明察秋毫，及时引导学生　　　　　　B. 有亲和力，巧妙杜绝早恋

　　C. 方法粗暴，侵犯学生隐私　　　　　　D. 工作武断，伤害学生自尊

7.（2017下）王明同学成绩不好，跟夏老师关系很紧张。一天，王明悄悄在黑板上写了"夏某某是个大笨蛋！"夏老师查出后暴跳如雷，多次勒令王明当着全班同学的面向自己做深刻检讨。夏老师的行为（　　）。

　　A. 正确，有利于遏制其他同学的类似行为　　B. 正确，应该维护教师的尊严和威信

　　C. 不正确，不应该对此类学生如此宽容　　　D. 不正确，不利于构建良好的师生关系

8.（2017上）某学校实施了"师徒制"，经验丰富的吴老师对新任职的蒋老师进行帮助时，要做到（　　）。

　　A. 尊重同行，等蒋老师请教时才进行指导

　　B. 主动指导，和蒋老师商讨并确定教学方案

C. 推门听课,发现不妥之处及时在课堂上纠正

D. 充分信任,让蒋老师独自探索并积累教学经验

9. 从做教师的第一天起,赵老师就为自己定下了"干一行、爱一行、精一行"的工作准则。她认真学习优秀教师的成功教学经验,不断提升教学水平,其课堂教学质量非常优秀。这表明赵老师能够做到( )。

A. 诲人不倦　　　B. 关爱学生　　　C. 爱岗敬业　　　D. 治学严谨

10. 王老师与同事之间相互尊重、相互理解、相互学习、相互帮助……在解决学生成绩和纪律问题时,王老师很重视其他任课教师或班主任的意见。这种做法( )。

A. 正确,是一种良好的师师互动关系

B. 正确,有利于处理好师生关系

C. 错误,王老师这样做缺乏主见

D. 错误,教师间缺乏竞争意识,不利于教师专业发展

二、材料题

1. 根据以下材料,回答问题。

材料:(2018 下)

在一节语文公开课上,当我讲到"一千万万颗行星"这句话时,班上最调皮的赵强同学突然阴阳怪气地问道:"老师,'万万'是什么意思?"惹得全班同学哄堂大笑。面对听课老师们关切的目光,我平静地说:"大家都知道'万万'等于'亿',那么,这里为什么不用'亿'而用'万万'呢?"全班同学马上安静下来,开始认真思考,并且发表了自己的看法。大家讨论完后,我进行了分析和总结。最后我又问了一句:"请大家想想,今天这一额外的收获是怎么来的呢?大家要感谢谁呢?请让我们用掌声表达对他的谢意!"大家把目光转向赵强同学,为他鼓起掌来。赵强不好意思地低下了头。

为了进一步了解赵强的情况,我决定进行家访。他知道后,立刻紧张起来,他特意找到我,叫我千万别向他爸妈告状。因为从前的老师经常告他状,事后他总免不了皮肉之苦,所以至今心有余悸。我安慰他:"不用担心,我只是想更多地了解你。"那天,我在他家家访时,他因为害怕,躲在房间不敢出来,但不时探出头来想听我讲些什么。在他爸妈面前,我不但没有告他的状,反而夸奖他的进步。回到学校,他对我说:"老师,你真够朋友,以后瞧我的!"此后,我经常在课后找机会针对他学习中存在的问题进行辅导,还专门针对他的学习情况制订教学计划。赵强很努力,在各方面都有了进步,像变了个人似的。

问题:请结合材料,从教师职业道德的角度,评析"我"的教育行为。

2. 根据以下材料,回答问题。

材料:(2017 下)

刚参加工作,我就担任了高一(2)班的班主任。一个月过去了,我所带的班自习课上基本没有安静的时刻,学生肆意串桌,嬉笑打闹,纸飞机在教室内飞来飞去。我厉声斥责,摔粉笔盒,还抓过几个"捣蛋头"罚站,让他们写检查、打扫卫生……办法想了一个又一个,可见效甚微。隔壁杨老师班上却总是静悄悄的。我几次从他们班门前走过,都发现杨老师只是坐在讲台上看书,学生在安静地学习。

我纳闷,杨老师有什么"魔法"让学生如此安静?我向她询问管理学生的方法,她微笑着说:"我其实有点'不负责任'呢。他们嬉闹的时候,我不说一句话,就在那里看书。慢慢地,他们也就安静了。"她说得风轻云淡,可我知道,事情绝没有这么简单。看到我疑惑的样子,

杨老师换了一种方式跟我解释:"我曾看过两幅画,都叫《安静》。一幅画的是一个湖,湖面平静如镜,湖中倒映着远山和花草;另一幅画的是激流直泻的瀑布,旁边有一棵小树,小枝丫上有一个鸟巢,巢里一只可爱的小鸟正在酣睡。你觉得哪一幅画更好呢?"

我想了一下,回答说:"后者更好,通过直泻瀑布与酣睡小鸟这一动一静的细节对比,凸显内心的静然。"

"对啊。"杨老师笑着说,"他们不是都喜欢闹吗?那我就来个动静对比,一个人安静地看书。看我安安静静的,他们怎么好意思再嬉闹呢?您知道吗?有时候安静要比喧闹更有力量。"

我豁然开朗。

问题:请结合材料,从教师职业道德的角度评析杨老师的教育行为。

第四章 文化素养

考纲内容

1. 了解中外历史上的重大事件。
2. 了解中外科技发展史上的代表人物及其主要成就。
3. 了解一定的科学常识,熟悉常见的科普读物,具有一定的科学素养。
4. 了解重要的中国传统文化知识。
5. 了解中外文学史上重要的作家作品。
6. 了解一定的艺术鉴赏知识。
7. 了解艺术鉴赏的一般规律,并能有效地运用于教育教学活动。

第一节 历史事件

一、国外主要的历史事件

（一）上古时代（早期文明—476年西罗马帝国灭亡）

1. 特洛伊战争

公元前12世纪末,当时的迈锡尼文明远征特洛伊,兵围特洛伊城10年而无法攻占,最后希腊人采用"木马计"成功夺取并毁灭了特洛伊城,结束了10年的战争。

2. 摩西出埃及

犹太民族的祖先希伯来人因服苦役和外族入侵而迁徙埃及。到公元前1300年左右,古埃及国王开始对他们进行残酷打压。希伯来人在公元前1280年由首领摩西带领全族人越过红海,逃出埃及。

3. 大流士改革——波斯帝国的兴盛

波斯帝国（前550—前330）是位于亚洲西部伊朗高原地区以古波斯人为中心形成的奴隶制帝国。从公元前518年开始,大流士对原有的统治机构与军事组织实施一系列改革,史称"大流士改革"。

4. 佛教的兴起与传播——阿育王与佛教

佛教由公元前6世纪—前5世纪古印度的迦毗罗卫国（今尼泊尔境内）王子（后人称他为释迦牟尼）所创。公元前3世纪,阿育王统一印度,建立印度史上第一个大一统的专制帝国,并立佛教为国教。

5. 希腊—波斯战争——世界文明发展形成东西方并立格局

公元前5世纪,古代波斯帝国为了扩张版图而入侵希腊,战争以希腊获胜、波斯战败而告结束。

6. 亚历山大东征

公元前4世纪,马其顿国征服希腊各邦。在公元前334年,马其顿国王亚历山大开始对波斯等国进行侵略战争,最终建起地跨欧、亚、非三洲的亚历山大帝国。

7. 罗马帝国的兴盛——屋大维开创元首制

罗马帝国建立于公元前27年,屋大维正式开启独裁时代,标志罗马帝国的正式建立。

8. 基督教的兴起与传播

基督教发源于1世纪的巴勒斯坦地区。公元135年,基督教从犹太教中分离出来,成为独立宗教。1054年,基督教分裂为天主教与东正教。基督教宗教经典《圣经》由《旧约全书》和《新约全书》两部分组成。

(二) 中古时代(476年西罗马帝国灭亡——文艺复兴时期)

1. 《查士丁尼法典》的颁布——罗马法律大全

《查士丁尼法典》又称《民法大全》或《国法大全》,拜占庭帝国皇帝查士丁尼一世下令编纂的一部汇编式法典,是罗马法的集大成者,在公元529年正式颁布施行。它是欧洲历史上第一部系统的法典。

2. 伊斯兰教的兴起与传播

伊斯兰教于公元7世纪初诞生于阿拉伯半岛,由穆罕默德创立。《古兰经》为伊斯兰教的圣经。

3. 日本大化革新——日本进入封建社会

公元646年,日本孝德天皇颁布《改新之诏》,正式开始改革,史称"大化改新",是日本由奴隶社会向封建社会过渡的标志。

4. 教皇加冕查理大帝——教俗双重统治的建立

公元800年圣诞节,法兰克王国国王查理与罗马教皇合作,接受了罗马教皇的加冕,成为名义上继承罗马帝国的皇帝,成为神圣罗马帝国的奠基人,被后世尊称为"欧洲之父"。

5. 十字军东征——打着圣战旗号的一场侵略运动

十字军东征(1096—1291)是一系列在罗马天主教教皇的准许下,由西欧的封建领主和骑士对穆斯林统治的西亚地区发动了持续近200年的以宗教名义展开的侵略性战争。

6. 大学的创立——中世纪欧洲社会文明的发展

11—17世纪,欧洲各国开始创办大学,其中具有代表性且影响较大的是12世纪产生的巴黎大学,此外,欧洲最古老的大学有意大利的博洛尼亚大学、英国的牛津大学和剑桥大学、西班牙的萨拉曼加大学等。

7. 《大宪章》的创立——宪章之母

1215年6月订立的《大宪章》即《自由大宪章》,是英国封建贵族用来对抗英国国王权力的封建权利保障协议。《大宪章》乃英国宪政之母,《大宪章》奠定了世界宪政的基础。

8. 百年战争——英法王权的巩固

百年战争是指英法两国于1337—1453年间的战争,是世界最长的战争,断断续续进行了长达116年。

9. 马可·波罗的东方之行

13世纪意大利旅行家和商人马可·波罗在中国游历了17年,其旅行过程记录在《马可·波罗行记》（又称《马可·波罗游记》）中，它是欧洲人撰写的第一部详尽描绘中国历史、文化和艺术的游记。

（三）全球一体化的开端（文艺复兴——英国资产阶级革命）

1．文艺复兴

文艺复兴是指14世纪中叶在意大利各城市兴起，以后扩展到西欧各国的一场思想文化运动。

2．宗教改革运动

宗教改革运动是指16世纪欧洲资产阶级以宗教改革为旗号发动的一次大规模反封建的社会政治运动。代表人物是马丁·路德、加尔文，以及其后发展出来的基督教新教教派。

3．新航路的发现——世界地理的大发现

新航路的发现又称地理大发现。西方史学对15—17世纪欧洲航海者开辟新航路和"发现"新大陆的通称。具体包括三个阶段："新航路的发现""新大陆的发现""第一次环球航行"。

4．黑奴贸易——文明的黑暗面

黑奴贸易是指从15世纪中叶开始于19世纪结束的西方殖民主义国家从非洲掳走大批黑人，并把他们远程贩运到美洲等地的血腥贸易活动。葡萄牙是最早进行黑奴贸易的国家，英国是世界上最大的黑奴贸易的国家。

（四）近代时期（1689—1914）

1．英国资产阶级革命——世界近代史的开端

1689年的《权利法案》使英国确立了君主立宪制的资产阶级专政。英国资产阶级革命是世界近代史的开端。

2．法国启蒙运动

17—18世纪法国资产阶级领导和发动的一次波澜壮阔的思想解放运动，过程中涌现了伏尔泰、孟德斯鸠、卢梭等一大批思想解放运动的先导。

3．俄国彼得一世的改革——促进俄国现代化的变革

俄国沙皇彼得一世在位期间（1682—1725）对俄国推行政治、经济和军事等改革。彼得一世改革具有近代化意义，它反映了时代的要求，为俄国资本主义的发展创造了条件。

4．第一次工业革命——开启现代资本主义社会

第一次工业革命又称产业革命，是指18世纪从英国发起的一场从工厂手工业向机器大工业过渡的一次技术革命，历史学家称这个时代为"机器时代"，以珍妮纺纱机、瓦特的蒸汽机发明和应用为主要标志。

5．亚当·斯密的《国富论》——现代经济学的鼻祖

《国富论》是苏格兰经济学家、哲学家亚当·斯密的一本经济学专著，全名为《国民财富的性质和原因的研究》，于1776年第一次出版，被誉为"第一部系统的伟大的经济学著作"。亚当·斯密被称为"现代经济学之父"。

6．纽约股票交易所成立——世界上最大的有价证券交易市场

纽约股票交易所是世界上最大的有价证券交易市场，1792年5月17日成立。

7．法国大革命（法国资产阶级革命）——最彻底的资产阶级革命

法国大革命（1789—1830）即法国爆发的资产阶级革命，于1789年颁布《人权宣言》，宣告了旧封建王权的灭亡和资产阶级政治制度的诞生。

8. 拿破仑帝国的兴亡——统一欧洲的伟大构想

1799年11月,拿破仑发动"雾月政变",自任第一执政官。1804年5月拿破仑称帝。1815年6月18日,拿破仑大军在比利时滑铁卢遭遇战败直接导致拿破仑退位,第一帝国灭亡。

9. 美国独立战争——美利坚合众国的诞生

美国独立战争是指1775—1783年北美13个殖民地为摆脱英国殖民地统治、争取独立建国而进行的战争。1776年7月4日大陆会议通过了由托马斯·杰斐逊执笔起草的《独立宣言》,宣告了美国的诞生。

10. 《共产党宣言》的发表——马克思主义的诞生

1848年2月《共产党宣言》发表,它是第一部较为完整而系统地阐述科学社会主义基本原理的伟大著作,标志着马克思主义的诞生。

11. 第一国际

第一国际亦称"国际工人协会",是1864年建立的国际工人联合组织,创始人之一是马克思。

12. 巴黎公社——第一个无产阶级政权

巴黎公社是一个在1871年3月18日—5月28日期间短暂统治巴黎的法国无产阶级建立的工人革命政府。它是世界上第一个无产阶级专政的政权。

13. 美国南北战争——促进美国国家统一

美国南北战争是指1861—1865年美国北部资本雇佣劳动制各州同南部奴隶制各州之间的战争,是资本主义北部同奴隶制南部之间对抗性矛盾激化的结果,战争最终以南北和谈结束。

14. 明治维新——日本近代化的曙光

19世纪60年代日本在受到西方资本主义工业文明冲击的背景下所进行的由上而下、具有资本主义性质的全面西化与现代化改革运动。

15. 俄国1861年农奴制改革——促使俄国走上资本主义道路

1861年俄国沙皇亚历山大二世推行改革。这次改革废除了农奴制,农奴成为自由人,为资本主义的发展提供了大量的自由劳动力,俄国从此走上资本主义发展的道路。

16. 第二次工业革命

第二次工业革命也称第二次科技革命(1870—1914)。第二次工业革命以电力的大规模应用为代表,电灯的发明为标志。

17. 国际劳动节的诞生——五一劳动节起源

1886年5月1日,芝加哥的216000余名工人为争取实行8小时工作制而举行大罢工,最终获得胜利。为纪念这次伟大的工人运动,1889年7月,由恩格斯领导的第二国际在巴黎举行会议,会议通过决议,把5月1日定为国际劳动节。

(五) 现代全球重组(1914年至今)

1. 第一次世界大战——萨拉热窝导火索

第一次世界大战(1914年7月—1918年11月)是新老殖民主义矛盾激化、各帝国主义经济发展不平衡的背景下,为重新瓜分世界爆发的一场帝国主义战争。战争的导火线是1914年6月的萨拉热窝事件。

2. 俄国十月社会主义革命——第一个社会主义国家的诞生

俄国十月社会主义革命又称俄国十月革命,是指俄国无产阶级在以列宁为首的布尔什维克党的领导下,联合贫苦农民所进行的社会主义革命。1917年11月6日,俄国首都彼得格勒(现圣彼得堡)的工人和士兵首先举行武装起义,并于次日深夜攻占临时政府所在地冬宫,建立了人类历史上第二个无产阶级政权——苏维埃政权和由马克思主义政党领导的第一个社会主义国家。

3. 巴黎和会的召开——帝国主义的分赃

1919 年,胜利的协约国集团为解决战争所造成的问题以及奠定战后的和平而在巴黎召开的国际会议。和会上签订了《凡尔赛和约》,同时还分别同奥地利、匈牙利、土耳其等国签订了一系列和约。这些合约构成了凡尔赛体系。

4. 国际联盟的建立——"第一次世界大战后"的国际组织

国际联盟简称国联,是第一次世界大战后成立的国际组织,宗旨是减少武器数目及平息国际纠纷。1920 年 1 月 10 日,《凡尔赛和约》正式生效的这一天,在威尔逊主持下国际联盟宣告正式成立,解散于 1946 年 4 月。

5. 非暴力不合作运动

非暴力不合作运动(1920—1922)是由甘地领导的印度人民以和平方式开展的反对英国殖民统治的斗争,其特点就是非暴力和不合作。

6. 20 世纪 30 年代世界经济大危机——资本主义世界最持久、最深刻的经济危机

世界经济大危机又称"30 年代大危机",是指 1929—1933 年间发生的资本主义经济危机史上最持久、最深刻、最严重的周期性世界经济危机。这场经济危机首先爆发于美国。

7. 罗斯福新政——对世界资本主义的挽救

罗斯福新政是指 1933 年富兰克林·罗斯福就任美国总统后所实行的一系列经济政策,这些政策的关键词是"救济、复兴和改革"。

8. 德国入侵波兰——第二次世界大战的爆发

1939 年 9 月 1 日—1945 年 8 月 15 日,以德国、意大利、日本法西斯等轴心国为一方,以中国、美国、英国、苏联等反法西斯同盟和全世界反法西斯力量为另一方进行的第二次全球规模的战争。最后以美、苏、中、英、法等反法西斯国家赢得胜利而告终。

9. 纽伦堡与东京审判——对法西斯国家的审判

纽伦堡审判指的是欧洲国际军事法庭在 1945 年 11 月 20 日—1946 年 10 月 1 日间,由第二次世界大战战胜国对欧洲轴心国的军事、政治和经济领袖进行数十次的军事审判。由于审判主要在德国纽伦堡进行,故总称为纽伦堡审判。

东京审判是指 1946 年 1 月 19 日—1948 年 11 月 12 日远东国际军事法庭在日本东京对第二次世界大战中日本首要战犯的国际审判。

10. 联合国

联合国是于 1945 年成立的,一个由主权国家组成的国际组织。1945 年 10 月 24 日,在美国旧金山签订生效的《联合国宪章》,标志着联合国正式成立。联合国现在共有 193 个会员国,总部设立在美国纽约,其分支机构设在瑞士日内瓦、奥地利维也纳、肯尼亚内罗毕等地。

11. 美苏争霸——战后两大霸权国家的冷战

美苏争霸即冷战,指的是从 1947—1991 年之间,以美国和北约为首的西方集团,与以苏联和华约为首的东方集团两者之间为争夺主导世界的霸权而展开的数十年的对立冲突。

12. 越南战争

越南战争是越南人民抗击法国、美国侵略的民族解放战争。第二次世界大战后,胡志明领导的越南独立联盟(越南共产党)在越南北部建立越南共和国。法国殖民者卷土重来,在

越南南部扶持傀儡政权。在中国援助下,越南人民取得了抗法战争的胜利。但由于美国的阻挠,越南未能实现统一。越共展开了反对南越政权的游击战。美国为反对所谓"共产主义的入侵",先是从金钱和军事上扶持南越政权,后来直接派地面部队作战,并对越南北部展开轰炸。在苏联、中国等国的大力援助下,越南军民击败了美国的侵略,美国国内也掀起了大规模的反战运动。1973年,巴黎停战协定签署,美国停止侵越战争。1975年,越南南方解放,实现了全国统一。越南人民的抗美战争取得胜利。

13. 人类登月飞行——人类外太空探索之路

1957年10月4日苏联发射第一颗人造地球卫星,1961年4月12日第一位航天员加加林进入太空。1969年7月美国的阿波罗号成功登陆月球,航天员尼尔·阿姆斯特朗和巴兹·奥尔德林成为历史上最早登陆月球的人类。

14. 石油输出国组织

石油输出国组织(Organization of Petroleum Exporting Countries,OPEC)简称欧佩克,是指发展中国家一些石油生产国为反对国际石油垄断资本的控制,协调成员国的石油政策,维护自身经济权益而组成的国际性组织。它成立于1960年9月。

15. 欧盟

欧盟全称欧洲联盟,是由欧洲共同体基础上发展而成的政治经济组织,创始成员国有6个,该联盟现拥有27个会员国。1991年12月,欧洲共同体通过《欧洲联盟条约》,通称《马斯特里赫特条约》(简称《马约》)。1993年11月1日,《马约》正式生效,欧盟正式诞生,总部位于比利时首都布鲁塞尔。

16. 东欧剧变、苏联解体

东欧剧变,从20世纪80年代末到90年代初,最先在波兰出现,后来扩展到东德、捷克斯洛伐克、匈牙利、保加利亚、罗马尼亚等前华沙条约组织国家,这个事件以苏联解体告终。

17. 海湾战争

海湾战争(1991年1月17日—2月28日)是指以美国为首的多国联盟为恢复科威特主权,对伊拉克的战争。

18. "9·11"事件

"9·11"事件是指美国东部时间2001年9月11日上午恐怖分子劫持的4架民航客机撞击美国纽约世界贸易中心(双子塔)和华盛顿五角大楼的事件。

19. 伊拉克战争——美国的霸权主义

伊拉克战争,是指以英美军队为主的联合部队在2003年3月20日对伊拉克发动的军事行动,到2010年8月美国战斗部队撤出伊拉克为止,战争历时7年多。2011年12月18日,美军全部撤出。

二、国内主要的历史事件

(一)古代奴隶社会时期(夏朝—西周)

1. 夏朝建立

约公元前21世纪,禹的儿子启继承王位,以王位世袭制代替了禅让制,建立了我国历史上第一个奴隶制国家夏朝。

2. 甲骨文出现

我国有文字可考的历史是从商代开始的。商代的文字主要是刻在甲骨、铜器及其他器物上,其中以刻在甲骨上最多,因此称为"甲骨文"。

3. 西周封邦建国——分封制产生

西周周武王开始大规模地分封诸侯,通过分封制,西周将政权和族权合一,建立起严格的等级从属关系。

(二) 古代封建社会时期(战国——鸦片战争)

1. 春秋五霸、战国七雄——春秋战国时期的诸侯国战争

春秋时期先后称霸的五个诸侯——齐桓公、宋襄公、晋文公、秦穆公和楚庄王,称为"春秋五霸"。到战国初年,产生了齐、楚、燕、赵、韩、魏、秦七国,称为"战国七雄"。

2. 百家争鸣——中国文化的"轴心时代"

百家争鸣是指春秋(前770—前476)战国(前475—前221)时期知识分子中不同学派的涌现及各流派争芳斗艳的局面,其中以儒、墨、道、法四家最盛。

3. 商鞅变法——为秦开帝业

秦孝公时,由商鞅主持了一系列变法运动。经过商鞅变法,秦国成为战国后期最富强的封建国家。

4. 秦始皇统一中国——大一统的开创

秦王嬴政于公元前221年灭六国,实现统一,建立秦朝,定都咸阳,建立了中国历史上第一个中央集权的封建国家。

5. 焚书坑儒——中国思想文化的浩劫

焚书坑儒是秦始皇从公元前213年开始的焚毁五经、活埋儒士的事件。

6. 大泽乡起义——中国历史上第一次农民起义

大泽乡起义又称"陈胜吴广"起义,是秦末农民战争的一部分,它从根本上动摇了秦王朝统治。

7. 楚汉之争——改朝换代的战争

楚汉之争(前206—前202)是指西楚霸王项羽、汉王刘邦两大集团为争夺政权而进行的一场大规模战争。楚汉之争以项羽败亡,刘邦建立西汉王朝而告终。

8. 文景之治

文景之治是指西汉汉文帝和汉景帝所统治的时期,它是中国历史上第一个出现的治世。

9. 罢黜百家,独尊儒术——儒家统治地位的确立

汉武帝统治时期,为加强中央集权,接受了董仲舒的"罢黜百家,独尊儒术"的主张,实现了思想统一。

10. 张骞出使西域——丝绸之路的开辟

汉武帝于公元前138年和前119年派张骞两次出使西域,开辟了从长安经河西走廊、新疆地区,通往中亚、西亚,到欧洲的"丝绸之路"。

11. 佛教在中国的传播

有确切史料证实的佛教最早进入中国的事件是西汉哀帝元寿元年(前2),大月氏王使臣伊存向中国博士弟子景卢口授《浮屠经》,佛教开始传入中国。

12. 王莽改制——一场变革闹剧

初始元年(8),新朝皇帝王莽为缓和西汉末年日益加剧的社会矛盾而采取的一系列新的措施的"托古改制"。

13. 黄巾起义——敲响东汉王朝的丧钟

黄巾起义是中国东汉汉灵帝光和七年(184)四月爆发的一次由张角、张宝、张梁等人领导的大规模民变,也是中国历史上规模最大的一次以宗教形式(太平道)组织的农民起义。

14. 赤壁之战——三国鼎立的形成

赤壁之战是指建安十三年(208)孙权、刘备联军在长江赤壁一带大破曹操大军,奠定三国鼎立基础的以少胜多、以弱胜强的著名战役。

15. 八王之乱

八王之乱从元康元年(291)开始到光熙元年(306),共持续16年。这场动乱从宫廷内权力斗争开始,而后引发战争,祸及社会,成为西晋迅速灭亡的重要因素。

16. 淝水之战

淝水之战,发生于公元383年,是东晋时期北方的统一政权前秦向南方东晋发起的侵略、吞并等一系列战役中的决定性战役。成语"风声鹤唳、草木皆兵"皆来自这场战争。

17. 北魏孝文帝改革——北魏的汉化运动

北魏孝文帝改革是指孝文帝(467—499)所施行的一系列改革,包括建立均田制,重新建立以农业为主体的大帝国。

18. 科举制度

科举制度从隋代(606)开始实行,到清光绪三十一年(1905)举行最后一科进士考试为止,经历了1298年。1905年9月2日,清政府废除科举制度。

19. 京杭大运河贯通——沟通南北交通大动脉

京杭大运河与长城、坎儿井并称为中国古代的三项伟大工程。开凿于春秋时期,完成于隋朝,繁荣于唐宋,取直于元代,疏通于明清。在隋炀帝统治时期完成大运河的开凿,北起北京,南到杭州,扬州为枢纽,整个大运河分为永济渠、通济渠、邗沟、江南河四段。

20. 贞观之治

贞观是唐太宗李世民的年号,贞观之治是指唐朝初期出现的太平盛世。当时年号为"贞观"(627—649),史称"贞观之治"。

21. 文成公主入藏

文成公主入藏是唐王朝为增进与吐蕃之间的友谊而将唐朝文成公主(约623—680)嫁给藏王松赞干布,汉藏联姻促进了民族团结。

22. 武则天当政——中国历史上唯一的女皇帝

武则天是中国历史上唯一一位正统女皇帝,在690年开始自立为皇帝,废唐,改国号为周,定洛阳为都,改称神都,建立武周王朝。其统治期间称为武周之治(上承贞观之治,下启开元盛世)。

23. 开元盛世——唐代繁荣的顶峰

开元盛世是唐玄宗(李隆基)统治前期所出现的盛世。

24. 安史之乱——唐朝由繁荣走向衰亡

安史之乱是由安禄山与史思明发动的一场叛乱,是唐朝由盛而衰的转折点。安史之乱从公元755年12月16日爆发,至公元763年2月17日平息。

25. 五代十国

五代十国是对五代(907—960)与十国(891—979)的合称,也指唐朝灭亡到宋朝建立之间的历史时期。五代指后梁、后唐、后晋、后汉与后周。十国指前蜀、后蜀、吴、南唐、吴越、闽、楚、南汉、南平(荆南)、北汉十个割据政权。960年,赵匡胤篡后周建立北宋,五代结束。

26. 郑和下西洋——世界航海史壮举

郑和下西洋是指自永乐三年(1405)至宣德八年(1433),郑和率领船队七次远航的历史。郑和访问了30多个在西太平洋和印度洋的国家和地区。

27. 戚继光抗倭——抗击日本侵略

嘉靖三十二年(1553),戚继光得到张居正推荐,进署都指挥佥事,受命到山东备倭,期间倭寇见戚继光防备严密,不敢进犯山东。嘉靖三十四年(1555),戚继光被调往浙江,任参将,积极抗御倭寇。嘉靖四十年(1561),倭寇焚掠浙东,他率军在龙山大败倭寇。继之在台州地,扫平浙东。嘉靖四十四年(1565)与俞大猷会师,歼灭广东的倭寇。东南沿海倭患完全解除。

28. 郑成功收复台湾

1624年,荷兰侵占中国台湾。1661年郑成功亲率25 000名将士,从金门出发收复台湾。1662年年初,侵略军头目揆一在投降书上签了字。郑成功收复了沦陷38年的中国领土台湾。

29. 康乾盛世——封建王朝最后的辉煌

"康乾盛世",又称"康雍乾盛世",是中国古代封建王朝的最后一个盛世。起于康熙二十年(1681)平三藩之乱,止于嘉庆元年(1796)川陕楚白莲教起义爆发,持续时间长达115年。

30. 文字狱

文字狱是指封建社会统治者迫害知识分子的一种冤狱。文字狱历朝皆有,但以清朝最多,乾隆帝时达到极盛。

31. 虎门销烟——近代中国反抗外国侵略的开端

虎门销烟(1839年6月)是指中国清朝政府委任钦差大臣林则徐在广东虎门集中销毁鸦片的历史事件,此事后来成为第一次鸦片战争的导火线。

(三) 近代社会 (鸦片战争——中华人民共和国成立)

1. 第一次鸦片战争——近代史开端

第一次鸦片战争简称"鸦片战争",是指英国在1840年6月—1842年8月展开的对华侵略战争。战争以中国失败并赔款割地告终,中英双方签订了中国历史上第一个不平等条约——《南京条约》。

2. 太平天国运动——规模最大的农民起义

太平天国运动是指清朝咸丰元年到同治三年(1851—1864)期间,由洪秀全等领导的从广西金田村率先发起的反对清朝封建统治和外国资本主义侵略的农民起义战争。

3. 第二次鸦片战争——圆明园毁灭

第二次鸦片战争是1856年至1860年英、法在俄、美支持下联合发动的侵华战争。第二次鸦片战争迫使清政府先后签订《天津条约》《北京条约》和《瑷珲条约》等。

4. 洋务运动——地主阶级的富强之梦

洋务运动是19世纪60年代到90年代,清朝封建统治阶级中的洋务派为了维护清朝的封建统治而实行的一场自救改革运动。

5. 甲午中日战争

甲午中日战争是指19世纪末日本侵略中国和朝鲜的战争。它以1894年7月丰岛海战的爆发为开端,至1895年4月结束。这场战争中国战败,签订了丧权辱国的不平等条约——《马关条约》。

6. 维新变法——资产阶级改良派的挽救

维新变法又称戊戌变法或百日维新运动,是1898年6月11日—9月21日由康有为和梁启超等领导的短暂政治改革运动,是中国近代具有重大意义的一次资产阶级发起的改良运动。

7. 义和团运动——农民阶级反帝爱国运动

义和团运动是指1900年以农民和破产失业的城乡居民为主体的中国人民反帝爱国运动。

8.《辛丑条约》——中国彻底沦为半殖民地半封建社会

《辛丑条约》(1901年)是中国清朝政府与英国、美国、日本等八国联军对抗失败后签订的一个不平等条约。《辛丑条约》是中国近代史上赔款数目庞大、主权丧失最严重的不平等条约。

9. 中国同盟会成立

中国同盟会(简称同盟会),亦称为中国革命同盟会,于1905年在日本成立。中国同盟会是由孙中山领导和组织的一个统一的全国性资产阶级革命政党。

10. 辛亥革命——封建帝国结束

辛亥革命是指1911年在中国爆发的资产阶级民主革命。这次革命结束了中国长达两千年之久的君主专制制度,是一次伟大的革命运动。

11. 五四运动——新民主主义革命的开端

五四运动是1919年5月4日发生在北京以青年学生为主的一场学生运动,广大群众、市民、工商人士等阶层共同参与的一次示威游行、请愿、罢工、暴力对抗政府等多形式的爱国运动。

12. 中国共产党成立——中国革命进入新阶段

1921年7月23—31日,在上海召开了中国共产党的第一次全国代表大会。大会通过了中国共产党的第一个纲领和决议。一大的召开标志着中国共产党的成立。

13. 第一次国内革命战争——国共第一次合作的成功

第一次国内革命战争,又称"大革命",是1924—1927年中国人民在中国共产党和中国国民党合作领导下进行的反帝反封建的革命斗争。1927年蒋介石发动"四·一二"反革命政变,汪精卫发动"七·一五"反革命政变,标志着国共第一次合作的失败。

14. 八一南昌起义——武装反抗国民党反动派的第一枪

1927年8月1日,中国共产党军队在南昌针对中国国民党的"分共"政策而发起的武装反抗事件。由周恩来、谭平山、叶挺、朱德、刘伯承、贺龙领导。

15. 井冈山会师——革命根据地的建立

井冈山会师是指1928年4月28日,毛泽东率领的秋收起义部队与朱德、陈毅领导的湘南起义和贺龙领导的南昌起义部分部队在井冈山的胜利会师。

16. 红军长征——中国革命的生死转折

红军长征(1934年10月—1936年10月)是指共产党领导的红一方面军、红二方面军、红四方面军和红二十五方面军分别从各苏区向陕甘苏区的战略撤退和转移。

17. 西安事变——统一战线的形成

1936年12月,蒋介石亲赴西安逼迫张学良、杨虎城全力"剿共"。张学良和杨虎城在反复劝说蒋介石应以国家和民族大义为重、容纳抗日主张的努力失败后,发动"兵谏",于12月12日晨,扣留蒋介石,以武力逼蒋抗日,这就是"西安事变"。

18. 抗日战争

抗日战争,是指1931—1945年,中国人民抗击日本帝国主义侵略的民族解放战争,从1931年9月18日"九·一八"事变开始,到1945年8月日本投降为结束。

19. 三大战役——战略大决战

三大战役是指1948年9月—1949年1月的辽沈、淮海、平津三大战役,是国共两党的战略决战,共歼灭和改编国民党军队154万余人,基本摧毁了国民党的主要军事力量,为中国革命在全国的胜利奠定了基础。

(四) 现代社会(中华人民共和国成立——至今)

1. 中华人民共和国成立——揭开新的篇章

1949年10月1日,在北京天安门广场召开开国大典,标志着中华人民共和国的成立。

2. 抗美援朝——对美帝国主义有力打击

1950年10月25日,中国人民志愿军为援助朝鲜人民抵抗美国侵略、保卫中国安全而进行的战争。1953年7月27日战争双方签署《朝鲜停战协定》,战争结束。

3. 尼克松访华——中美关系的复苏

1972年2月21日,美国总统尼克松抵达北京。2月28日,《中华人民共和国和美利坚合众国联合公报》的发表,宣布中美两国关系走向正常化。

4. "文化大革命"

20世纪60年代中期,毛泽东认为党和国家面临着资本主义复辟的现实危险。为此,他强调"以阶级斗争为纲",想通过发动"文化大革命"来防止资本主义复辟。"文化大革命"在1966年春夏全面发动起来后,陈伯达、江青、康生、张春桥等组成的中央文革小组趁机煽动"打倒一切"和"踢开党委闹革命"。1967年初,"全面夺权"的"一月风暴"发生。1969年4月,中共九大召开。1971年9月,林彪反革命集团策动武装政变,阴谋夺取最高权力。毛泽东、周恩来粉碎了这次政变。1972年,周恩来在毛泽东的支持下主持中央日常工作,批判极左思潮,使各项工作出现转机,但遭到江青等人的反对。1975年,周恩来病重,邓小平主持中央日常工作,领导进行了各方面的整顿,经济形势有了明显好转。这些整顿实际上是后来拨乱反正的预演。江青等人极力反对邓小平领导的整顿,使国民经济再度恶化。人民群众对"四人帮"的抵制、抗争进一步发展。1976年9月,毛泽东逝世,江青反革命集团加紧夺取党和国家最高领导权的阴谋活动。同年10月,中央政治局执行党和人民的意志,毅然粉碎了江青反革命集团,结束了"文化大革命"这场灾难。"文化大革命"不是任何意义上的革命或社会进步,而是一场由领导者错误发动,被反革命集团利用,给党、国家和各族人民带来严重灾难的内乱。

5. 改革开放

改革开放是指1978年12月十一届三中全会起中国开始实行的对内改革、对外开放的政策。

6. 港澳回归

香港回归是指中华人民共和国政府决定在1997年7月1日对香港恢复行使主权,大不列颠及北爱尔兰联合王国政府于1997年7月1日将香港交还给中华人民共和国的历史事件。

澳门回归是指1999年12月20日中华人民共和国政府恢复对澳门行使主权,中华人民共和国澳门特别行政区成立,葡萄牙共和国结束统治澳门的历史事件。

7. 中国加入WTO

2001年11月10日,世界贸易组织多哈会议批准我国为正式成员。2001年12月11日,中国正式成为世贸组织成员,成为该组织第143个成员国。

8. 2008年北京奥运会

2008年北京奥运会,也就是第29届夏季奥林匹克运动会,于2008年8月8日20:00在中华人民共和国首都北京国家体育场鸟巢开幕,并于2008年8月24日闭幕。

9. 中国2010年上海世界博览会

中国2010年上海世界博览会即第41届世界博览会,于2010年5月1日—10月31日期间,在中国上海市举行。

第二节 科技发明

一、国内的科技成就

(一) 自然科学

1. 地球与空间科学

(1) 春秋战国时期:《春秋》中记载了鲁文公十四年,即公元前613年哈雷彗星的出现,比欧洲早670多年。战国时,出现了世界最早的天文学著作《甘石星经》。春秋时我国历法已形成固定的系统,基本确立十九年七闰的原则,比西方早160年。

(2) 秦汉:汉武帝时,制定出中国第一部较完整的历书《太初历》。西汉《汉书·五行表》中关于太阳黑子的记录,被世界公认是有关太阳黑子的最早记录。公元2世纪初,张衡发明地动仪并改良了浑天仪。

(3) 隋唐:僧一行制定的《大衍历》,较准确地反映了太阳运行的规律,他还是世界上用科学方法实测地球子午线的第一人。

(4) 元朝:郭守敬创制了简仪和高表等仪器。他主持编定的《授时历》与现行公历基本相同,但问世比现行公历早300年。

(5) 1964年10月16日,中国第一颗原子弹试爆成功。

(6) 1970年4月24日,"长征一号"航天运载火箭顺利地将"东方红一号"人造卫星送入太空轨道。

(7) 2003年10月15日,"神舟五号"飞船载着中国第一位宇航员杨利伟升上太空。

(8) 2005年10月12日,中国航天员费俊龙、聂海胜乘坐中国"神舟六号"载人飞船成功进入太空。

(9) 2008年9月25日,我国第三艘载人飞船"神舟七号"成功发射,三名航天员翟志刚、刘伯明、景海鹏顺利升空。翟志刚身着我国研制的"飞天"舱外航天服进行了19分35秒的出舱活动,实现了中国历史上宇航员的第一次太空漫步。中国随之成为世界上第三个掌握空间出舱活动技术的国家。

(10) 2012年6月16日,我国第四艘载人飞船"神舟九号"成功发射,三名航天员景海鹏、刘洋、刘旺顺利升空,展开对接"天宫一号"的工作,这是我国首次载人空间交会对接。刘洋是我国第一位进入太空的女航天员。

(11) 2013年1月26日,中国自主研发的运-20大型运输机首次试飞取得圆满成功。

(12) 2013年6月11日,"神舟十号"载人飞船进入太空,航天员王亚平实现太空授课。

(13) 2016年10月17日,"神舟十一号"载人飞船成功发射,并与"天宫二号"自然交会对接成功。

(14) 2020年7月31日,北斗三号全球卫星导航系统正式开通。北斗卫星导航系统是我国自行研制的全球卫星导航系统,也是继美国全球定位系统(GPS)、俄罗斯格罗纳斯(GLONASS)卫星导航系统、欧盟伽利略(GALILEO)卫星导航系统之后的第四个成熟的卫星导航系统。

(15) 2021年5月15日,"天河一号"火星探测器成功着陆火星,标志着中国首次火星探测任务取得了圆满成功。

(16) 2021年6月17日,搭载"神舟十二号"载人飞船的"长征二号"F遥十二运载火箭,顺利将聂海胜、刘伯明、汤洪波3名航天员送入太空,飞行乘组状态良好,发射取得圆满成功。

2. 生命科学

(1) 生物科学。

1965年,人工合成结晶牛胰岛素在中国首次实现。1984年3月9日,我国青年学者旭日干与日本学者合作,培育出世界上第一胎"试管山羊"。1989年,"试管绵羊"被成功培育。1998年4月15日,中科院上海生化所成功地运用基因方法重组人胰岛素。

1988年,我国研制成功乙型肝炎基因工程疫苗;1992年又研制成功治疗甲肝和丙肝有特殊疗效的合成人工干扰素等一批基因工程药物。

屠呦呦是第一位获得诺贝尔科学类奖项的中国本土科学家,是第一位获得诺贝尔生理学或医学奖的华人科学家。她发现的青蒿素可以有效降低疟疾患者的死亡率。

(2) 农业技术。

1956年,广东省的农民育种专家培育出中国第一个大面积推广的矮秆籼良种。"杂交水稻之父"的袁隆平于1973年在世界上首次育成籼型杂交水稻。1995年11月,中国农科院植保所国家重点实验室和山东大学生物系联合培育成功世界上第一株抗大麦黄矮病毒的转基因小麦品种。1997年10月,中国农科院生物技术中心郭三堆研制成功我国第一个双价抗虫棉。1998年9月,浙江农业大学核农所教授高明尉等带领课题组利用农杆菌介导法,在世界上首次培育成功转基因抗螟虫品系克螟稻。2017年,袁隆平的耐盐碱水稻测产成功。

(二) 地理与数学

1. 地理科学

(1) 西晋时期裴秀撰写《禹贡地域图》,提出绘制地图的原则。

(2) 北魏郦道元的《水经注》,介绍河道流经地区的自然地理和经济地理。

(3) 明代徐霞客的《徐霞客游记》,是世界最早介绍喀斯特地貌的著作。

2. 数学

(1) 祖冲之,南北朝时期杰出的数学家、天文学家,计算出圆周率在3.1415926~3.1415927之间。这是当时世界上最精确的值,直到1100多年后才被阿拉伯和法国的数学家超越。

(2) 秦九韶,南宋数学家,代表作为《数学九章》,其中的大衍求一术、止负开方术是具有重要意义的世界贡献。

(3) 刘徽,魏晋数学家,中国古代数学理论的奠基人,著有《九章算术》,其割圆术为计算圆周率提供了科学的方法。

(4) 华罗庚,著名数学家,中国解析数论、矩阵几何学、典型群、自安函数论等研究的创始人和开拓者。

(三)应用科学

1. 四大发明

(1)造纸术:西汉前期已经有了纸,东汉蔡伦改进了造纸术,造出便于书写的纸。

(2)印刷术:隋唐时期已经有了雕版印刷的佛经《金刚经》。北宋毕昇发明活字印刷术。

(3)火药:唐朝中期的书籍里,已有了制成火药的配方。唐朝末年,火药始用于军事,火箭是最早使用火药的武器。火药和火药武器在12—13世纪传入阿拉伯,后来又由阿拉伯传入欧洲。

(4)指南针:两宋时期指南针大量运用于航海,13世纪西传到欧洲。

2. 计算机科学

(1)大型计算机。

1983年12月,国防科技大学计算机研究所研制的中国第一台运算速度每秒亿次的巨型计算机——"银河"诞生。

1997年,每秒运算130亿次的"银河-Ⅲ"型巨型计算机研制成功。

1993年10月,"曙光一号"大型并行计算机研制成功。

2010年上半年研制成功的"星云"高性能计算系统,是中国第一台、世界第三台实测性能超千万亿次的超级计算机,综合计算速度排名世界第二,峰值计算能力名列全球第一。

2011年11月15日,第36届全球超级计算机500强排行榜,中国"天河一号"摘得头名,这也是中国历史上第一次在这项排行上占据头把交椅。

2014年11月17日公布的全球超级计算机500强榜单中,中国"天河二号"以比第二名美国"泰坦"快近一倍的速度获得冠军。

2016年6月20日,在法兰克福世界超算大会上,国际TOP300组织发布的榜单显示,"神威·太湖之光"以每秒9.3亿亿次的浮点运算速度夺冠,速度是曾六连冠的原超算冠军中国"天河二号"的近3倍。

(2)微电子技术。

我国自1965年研究开发成功第一块单片集成电路以来,建立了几个集成电路重点科研和生产基地。2001年到2010年这10年间,我国集成电路产量的年均增长率超过25%,集成电路销售额的年均增长率则达到23%。2010年国内集成电路产量达到640亿块,销售额超过1430亿元,分别是2001年的10倍和8倍。中国集成电路产业规模已经由2001年不足世界集成电路产业总规模的2%提高到2010年的近9%。中国成为这10年世界集成电路产业发展最快的地区之一。

(3)机器人技术。

1980年,沈阳自动化研究所研制出中国第一台工业机器人样机。1985年,中国第一台水下机器人"海人一号"首航成功。1986年,中国第一台水下机器人深海实验成功。1988年,中国第一台中型水下机器人"瑞康4号"投入使用。1989年,水下机器人首次出口美国。1990年,中国第一台工业机器人通用控制器研制成功。1993年,中国唯一的机器人技术国家工程研究中心成立。1994年,中国第一台五自由度高压水切割机器人投入使用。1994年,中国第一台1000米水下机器人"探索者"海试成功。1995年,中国第一台6000米水下机器人"CR-01"海试成功;首台四自由度点焊机器人开发成功。1997年,具有自主知识产权的高性能机器人控制器小批量生产;自主开发的国内第一条机器人冲压自动化线用于一汽大众生产线。1998年,国内首台激光加工机器人开发成功。2007年,我国首次在南极科考中应用极地冰雪面移动机器人和低空飞行机器人,完成了测量、科考等任务。2020年11月10

日,"奋斗者"号顺利下潜至地球海洋最深处,在太平洋马里亚纳海沟成功坐底,坐底深度10 909米,创造了中国载人深潜的新纪录。

3. 工程学

1956年7月,沈阳飞机厂试制成功我国第一架喷气式歼击机。1957年7月,昆明机床厂试制成功我国第一台高精度电应坐标镗床。1957年10月,鞍钢第二初轧厂试制成功我国第一台1150毫米初轧机。1958年6月,长春第一汽车制造厂试制成功中国第一辆国产高级轿车。1961年12月,上海江南造船厂制造成功中国第一台万吨水压机。20世纪80年代,我国陆续建设了三大高能物理研究装置——北京正负电子对撞机、兰州重离子加速器和合肥同步辐射装置。

4. 能源

(1) 核能。

1958年6月,我国建成第一座实验性原子反应堆。1966年10月,中国首次成功地进行了导弹核武器试验。1970年12月,中国自己制造的第一艘核潜艇下水。位于浙江省的秦山核电站是我国自行设计建造的第一座核电站。

(2) 我国自20世纪60年代开始研究其他新能源磁流体发电,80年代已经建立了3个具有一定规模的研究基地。

我国于1958年开始研究太阳能发电,截止到2009年,我国太阳能电池的生产规模增长到4GW,排名世界第一位。

风力发电在"三北"北部地区和东南沿海及岛屿发展迅速。1986年山东荣成市引进3台发电机组,组成我国第一个风力电站。

生物质能源是近年来我国政府采取"因地制宜,多能互补,合理利用,讲求效益"政策,大力发展的农村能源,目前已取得明显的效果。

地热能方面,我国西藏地区已建成利用地热发电的羊八井地热电站,它是我国最大的地热电站。我国在东南沿海地区建有数座实验性潮汐能电站,装机容量为40~640千瓦。

5. 交通

(1) 2006年7月1日,青藏铁路全线开通试运营。青藏铁路是世界海拔最高、线路最长的高原铁路。

(2) 2008年8月1日,中国第一条具有完全自主知识产权、世界一流水平的高速铁路京津城际铁路通车运营,最高运行时速350公里。

(3) 2010年2月6日,世界首条修建在湿陷性黄土地区,时速350公里的郑西高速铁路开通运营,标志着我国能够在国外未曾预见到的特殊复杂地质条件下建设世界一流高速铁路。

(4) 2010年7月1日,沪宁城际高速铁路的开通运营,是在深厚软土地区建设运行速度最快的高速铁路。

(5) 2011年6月30日,京沪高速铁路正式通车运营。京沪高速铁路全长1318公里,是世界上一次建成线路最长、标准最高的高速铁路(设计时速380公里)。

(6) 2012年6月30日,中国"蛟龙"号载人潜水器结束7000米级海试最后一次下潜试验返回母船。

6. 医学

(1) 战国。

扁鹊,战国时期医学家,被举为"脉学之宗",采用望、闻、问、切是其主要成就。

(2) 两汉。

西汉时期的《黄帝内经》是现存最早的中医理论经典著作;东汉的《神农本草经》是我国第一部完整的药物学著作;华佗被后人称为"外科圣手",擅长外科手术,发明麻沸散,比西方早1600多年;张仲景被称为"医圣",他编写的《伤寒杂病论》是论述伤寒热病为主的中医临床著作。

(3) 唐朝。

唐朝时期孙思邈编写的《千金翼方》,全面总结历代和当时的医学成果,是古代综合性临床医学著作;吐蕃名医云登贡布编著的《四部医典》,在当时的国内外有重要影响;唐高宗时修定的《唐本草》是世界上最早的、由国家发行的药典。

(4) 明朝。

李时珍编写的《本草纲目》,全面地总结了16世纪以前的中国医药学,是我国古代药学史上部头最大、内容最丰富的药学巨著,被誉为"东方医药巨典"。

二、国外的科技成就

世界近代自然科学的发展,大体经历了三个阶段。

(一) 第一阶段:近代自然科学的兴起

(1) 1543年,波兰科学家哥白尼发表《天体运行论》,开创性地提出了"日心说",批判了天主教会的"地球中心说",标志着近代自然科学的兴起。

(2) 17世纪初,德国天文学家开普勒发现行星绕太阳运行的轨迹是椭圆形的,进一步证实了哥白尼学说的正确,并归纳出行星运动三大规律。

(3) 17世纪初,意大利天文学家和物理学家伽利略用自制的天文望远镜观察天体,发现月球表面凹凸不平,证明并进一步发展了哥白尼的学说,并且在物理学上取得了重大成就。

(二) 第二阶段:近代自然科学的飞速发展(19世纪末)

1. 数学

17世纪,笛卡儿构建了解析几何学;牛顿和莱布尼茨提出了微积分学,完成了常量数学向变量数学的转变。

2. 物理学

17世纪牛顿建立了牛顿力学体系,标志着近代科学的形成。

19世纪奥斯特发现电流磁效应,法拉第证明电磁感应现象,麦克斯韦提出了系统的电磁学理论,赫兹发现电磁波,开辟了人类生活的新时代——电的时代。

19世纪伦琴发现X射线,居里夫妇发现放射性元素镭和钋,为以量子理论为基础的现代物理学开辟了道路。

3. 化学

17世纪波义耳把化学确立为科学,成为近代化学创始人。

18世纪拉瓦锡推翻"燃素论",19世纪阿伏伽德罗提出分子的概念,门捷列夫发现元素周期律。

4. 生物学

17世纪,哈维建立血液循环学说,奠定现代生理学和医学的基础。

18世纪,林奈创立了动植物命名的双名法,对动植物分类研究的进展有很大的影响。

19世纪,施莱登、施旺建立了细胞学说,推动了现代生物学和医学的发展。

19世纪，达尔文提出生物进化论，这是对生物学的一次伟大综合。

（三）第三阶段：飞跃阶段（20世纪初）

第三次科技革命兴起于20世纪初。这次科技革命以原子能技术、航天技术、电子计算机的应用为典型代表。

1. 狭义相对论和广义相对论

1905年，20世纪最伟大的科学天才爱因斯坦在他26岁时创立了狭义相对论，提出了不同于经典物理学的崭新的时空观和质(m)能(E)关系式：$E=mc^2$（此处光速$c=3\times10^8$米/秒），在理论上为原子能的应用开辟了道路。

1915年，爱因斯坦又创立了广义相对论，深刻揭示了时间、空间和物质、运动之间的内在联系——空间和时间是随着物质分布和运动速度的变化而变化的。它成为现代物理学的基础理论之一。

2. 量子力学

1900年，普朗克创立了量子论，提出能量并非无限可分、物体辐射的能量状态是不连续的新观念。1905年，爱因斯坦提出了光量子论，揭示了光的波粒二象性。1913年，玻尔把量子化概念引进原子结构理论。1924年，德布罗意提出"物质波"概念。1925年，海森堡创立矩阵力学。1926年，薛定谔建立波动力学。1928年，26岁的狄拉克提出电磁场中相对论性电子运动方程和最初形式的量子场论，使包括矩阵力学和波动力学在内的量子力学取得了重大的进展。

3. 20世纪五大科学成就

（1）物质的基本结构。

直到19世纪末，人们都认为物质共同的基元就是原子。1911年，卢瑟福发现原子是由原子核和电子结合而成的，数量不等、带有负电荷的电子围绕带有正电荷的原子核旋转。1913年，玻尔提出了原子核的液滴模型。1932年，查德威克发现了中子。从此，人们认识到各种原子都是由电子、质子和中子组成的，于是把这三种粒子和光子称为基本粒子。20世纪60年代以来，出现了基本粒子结构的"夸克模型""层子模型"等，诞生了一门新的独立学科——粒子物理学（又称高能物理学），至今方兴未艾，成果累累。

（2）宇宙大爆炸理论。

1922年，弗里德曼提出了非静态宇宙模型，认为宇宙是可能膨胀振荡的。1929年，哈勃确定了星系红移（即退行速度）和距离之间的线性关系，证实了宇宙膨胀理论。1948年，伽莫夫把核物理学的知识同宇宙膨胀理论结合起来，提出了热大爆炸宇宙模型。

（3）DNA分子双螺旋模型。

1909—1928年间，摩尔根通过果蝇实验，证明了坐落在细胞核内染色体上的基因决定着生物性状，从而创立了基因理论。1944年，埃弗里等人通过实验证明了遗传载体不是蛋白质，而是DNA。1953年，英国科学家沃森和克里克合作研究出DNA双螺旋结构的分子模型，这一成就后来被誉为20世纪生物学方面最伟大的发现，也被认为是分子生物学诞生的标志。

20世纪60年代，尼伦柏格等人破译了遗传密码，提出DNA是生命的后台指挥者，生命的一切性状通过受DNA决定的蛋白质来表现。

（4）大地板块构造学说。

1912年，魏格纳提出大陆漂移说。1928年，霍姆斯提出地幔对流说。1961年，迪茨首次提出海底扩张说。1968年，勒皮雄等人提出了全球大地板块构造学说。

(5)信息论、控制论、系统论。

1948年,香农《通讯的数学原理》和《信息论》、维纳《控制论》、贝塔朗菲《一般系统论》的出版,标志着交叉科学信息论、控制论、一般系统论的诞生。

1957年,古德和麦克霍尔合著的《系统工程学》的出版为系统工程论奠定了基础。20世纪60年代以来,又出现了新的交叉科学——突变论、协同论和耗散结构理论。

4. 20世纪的五大尖端技术成果

(1)核能与核技术。

1938年,科学家哈恩和斯特拉斯曼用中子轰击铀原子时发现铀原子核分裂的现象,这种现象被称为核裂变。1942年,美国建成了世界上第一座原子反应堆,首次实现了铀原子核可控链式核裂变反应。

1945年,第一颗原子弹爆炸成功。1952年,第一颗氢核聚变的氢弹爆炸成功。1954年,苏联建成世界上第一座原子能发电站。

(2)航天和空间技术。

1903年,莱特兄弟在美国基蒂霍克成功试飞"飞行者1号",这是公认的最早的空中持续动力飞行。1919年,戈达德提出火箭飞行的数学原理,并于1926年成功地发射了世界上第一枚液体燃料的火箭。1937年,英国无线电工程师雷伯建成世界上第一架射电天文望远镜。1957年,苏联用洲际导弹的火箭装置发射了世界上第一颗人造地球卫星,空间时代从此开始。

1961年,苏联宇航员加加林搭载"东方1号"宇宙飞船,实现了人类第一次载人宇宙飞行。

1969年,美国"阿波罗11号"飞船登月,人类在月球上留下了第一个脚印。1971年,苏联建造人类第一个空间站,人类首次在太空中有了活动基地。1981年,美国成功发射航天飞机,从此人类可以自由进出太空。1998年,美国的"火星探路者"登上火星。

(3)信息技术。

1906年,三极电子管的发明使电信号放大,从而使远程无线电通信成为可能。1946年世界上第一台电子计算机问世。1998年,作为电子工业基础的微芯片已应用于DNA测序和诊断等生物医学领域。

(4)激光技术。

1958年肖洛和汤斯提出"激光原理"。1960年美国制成了世界上第一台红宝石激光器。继红宝石激光器之后,半导体激光器(1962年)、气体激光器(1964年)、自由电子激光器(1977年)乃至原子激光器(1977年)等相继问世。

(5)生物技术。

1928年,英国人弗莱明从青霉菌中发现了第一种抗生素盘尼西林(青霉素),用于治疗传染性疾病。1967年,南非进行了第一例人体心脏移植手术,患者在移植手术后存活了18天。20世纪60年代末至70年代初,阿尔伯和史密斯发现细胞中有两种"工具酶",能对DNA进行"剪切"和"连接";内森斯则使用工具酶首次实现了DNA切割和组合。1973年,科恩、博耶登建立基因重组技术,标志着遗传工程的开始。1978年,世界上第一个试管婴儿在英国降生。1997年,英国科学家维尔穆特用成年母羊的乳腺细胞克隆出了"多莉"羊。2000年,英国PPL治疗剂公司用成年猪细胞运用细胞核移植技术成功克隆五只小猪。2008年,美国生物学家通过给"脱细胞化"处理的动物尸体心脏注入活细胞,成功使死心脏恢复跳动。同年,成功制造出世界最大人工合成DNA组织。

第三节 科 学 常 识

一、常见的科普读物

1.《万物简史》(接力出版社 2017 年版)

《万物简史》是一部有关现代科学发展史的既通俗易懂又引人入胜的书。全书从科学发展史的角度对"我们从哪里来？我们是谁？我们到哪里去？"这一千古命题作了极为精当的阐释。

2.《生命的多样性》(湖南科技出版社 2004 年版)

威尔逊教授以大量的事例论证了生物多样性在人类追求短期利益的驱动下频频告急。人性复杂难言,如果说"急功近利"的人性有可能使人类遭遇灭顶之灾,那么"亲生命性"的人性则可能使人类免于堕落万劫不复的深渊。

3.《十万个为什么》(少年儿童出版社 2013 年版)

《十万个为什么》内容涵盖地球大观、神秘宇宙、人与环境、动物王国、植物园地、建筑奇观、科学知识、军事航天、交通博览、历史回眸、旅游观光、艺术文化、体育聚焦、人体奥秘、生活百味、未解之谜等诸多方面。

4.《中国少年儿童百科全书》(浙江教育出版社 2017 年版)

《中国少年儿童百科全书》包括"自然环境""人类社会""科学技术"和"文化艺术"。体例新颖,内容丰富,既收纳了基本的知识点,又融入世界近期各学科的新发现和新成果。

5.《小牛顿科学馆》(接力出版社 2017 年版)

这本书每辑都有六个内容丰富的主题,并包含一个中长篇特辑,深入介绍各类知识,如飞机的发展史、神秘的撒哈拉沙漠等。该书取材广泛,上至天文下至地理,无奇不有,无所不包。全套小牛顿科学馆涉猎 13 个不同领域的知识范畴,包括 1000 多个精彩主题。

6.《DK 儿童百科全书》(中国大百科全书出版社 2010 年版)

英国 DK 公司最新推出的一本儿童知识探索类的综合百科全书。主题主要有天文、地理、物理、生物、化学、历史、政治、数学、科学和技术等。

7.《可怕的科学》(北京少年儿童出版社 2016 年版)

《可怕的科学》包括《植物的咒语》《臭屁的大脑——可怕的科学》《可怕的闪电战》《可怕的科学》《另类历史》《受苦受难的科学家》《肚子里的恶心事儿——可怕的科学》等。

8.《昆虫记》(人民文学出版社 2014 年版)

该书用简洁的语言、可爱的彩图、活泼的故事情节描绘了法布尔原著中具有代表性的昆虫,讲述它们的生活,展现它们的个性,处处流露出对它们的喜爱。

9."国家地理科学探索丛书"(外语教学与研究出版社 2004 年版)

"国家地理科学探索丛书"分为 9 个系列,内容涉及自然科学和社会研究,秉承《国家地理》杂志图文并茂的特点,书中配有大量精彩的图片,文字通俗易懂、深入浅出,将科学性和趣味性完美结合,称得上是一套精致的小百科。这套丛书以英文注释形式出版,注释由国内重点中学教学经验丰富的英语教师完成。该套丛书在提高青少年读者英语阅读能力的同时,还注重培养他们的科学探索精神、动手能力、逻辑思维能力和沟通能力。

二、科学常识

（一）天文地理

1. 河外星系

河外星系简称为星系，是位于银河系之外、由几十亿至几千亿颗恒星、星云和星际物质组成的天体系统。

2. 银河系

银河系是由包括太阳在内的恒星和星系物质组成的巨大的、盘状系统。银河系中的众多繁星的光形成了银河，成为环绕夜空的外形不规则的发光带，银河系的主体称为银盘。

3. 星座

为了研究的方便，人们把星系分成若干区域，这些区域称为"星座"。1928年，国际天文学联合会把天空分为88个正式的星座，每颗星各由一个希腊字母代表。当所有24个希腊字母用完后，接着再用阿拉伯数字表示。

4. 太阳系

广义上，太阳系的领域包括太阳、4颗像地球的内行星、由许多小岩石组成的小行星带、4颗充满气体的巨大外行星和充满冰冻小岩石被称为柯伊伯带的第二个小天体区。目前太阳系有八大行星，分别为水星、金星、地球、火星、木星、土星、天王星、海王星。

5. 太阳

太阳是太阳系中唯一的恒星和会发光的天体，是太阳系的中心天体，太阳系质量的都集中在太阳上。太阳系中的八大行星、小行星、流星、彗星、外海王星天体以及星际尘埃等，都围绕着太阳运行（公转），而太阳则围绕着银河系的中心运行。

6. 行星

行星是指必须围绕恒星运转的天体，其质量足够大，能依靠自身引力使天体呈圆球状。此外，其公转轨道内没有比自身大的天体。

7. 流星

流星是指运行在星际空间的流星体（通常包括宇宙尘粒和固体块等空间物质）在接近地球时由于受到地球引力的摄动而被地球吸引，从而进入地球大气层，并与大气摩擦燃烧所产生的光迹。流星有单个流星、火流星、流星雨几种类型。

8. 彗星

彗星，俗称"扫帚星"，是太阳系中的一类小天体，由冰冻物质和尘埃组成。当它靠近太阳时即为可见，彗尾总是指向背离太阳的方向。

9. 地球

地球是太阳系八大行星之一，地球上71%为海洋，29%为陆地。地球内部有核、幔、壳结构，地球外部有水圈、大气圈，还有磁层，形成了围绕固态地球的外套。地球自西向东自转，同时围绕太阳公转。地球自转产生了太阳等星球东升西落和昼夜交替的现象。地球的公转产生了四季变换、昼夜长短变化和南北两极的极昼、极夜现象。

10. 月球

月球，俗称月亮，古称太阴，是环绕地球运行的一颗卫星。它是地球的一颗固态卫星，也是离地球最近的天体。月球的年龄大约有46亿年。月球与地球一样有壳、幔、核等分层结构。

11. 日食和月食

当月球在地球和太阳之间,且三者正好或接近排成一条直线时,月球挡住了太阳光的中间部分而形成日食。日食发生的时间为农历初一。日食的类型有日全食、日偏食、日环食。

当太阳、地球、月球位于同一直线,月球位于太阳和地球一侧,月球进入地球的阴影区而发生月食。月食发生的时间为农历十五、十六。月食的类型有月偏食、月全食。

12. 经线和纬线

在地球仪上,连接南北两极并同纬线垂直相交的线是经线。在地球仪上,沿着东西方向,环绕地球仪一周的圆圈是纬线。

13. 东西半球和南北半球的划分

以西经 20°、东经 160°为界,地球分为东西半球。自西往东(即越往右),经度数升高的为东经;自南往北(即越往左),经度数升高的是西经。

赤道为南北纬线的起点,赤道向南为南纬,到南极点为南纬 90°;向北为北纬,到北极点为北纬 90°。

14. 大气层

地球被很厚的大气层包围着。大气层的成分主要有氮气(占 78.1%)、氧气(占 20.9%)、氩气(占 0.93%),还有少量的二氧化碳、稀有气体(氦气、氖气、氩气、氪气、氙气、氡气)和水蒸气。

(二) 化学

1. 人体中的化学元素

人体中共有 60 多种化学元素,其中 20 多种是生命必需元素(包括钙、钠、钾、镁、碳、氢、氧、硫、氮、磷、氯等 11 种必需的常量元素,还有目前多数人公认的必需微量元素:铁(Fe)、铜(Cu)、锌(Zn)、钴(Co)、钼(Mo)、锰(Mn)、钒(V)、锡(Sn)、硅(Si)、硒(Se)、碘(I)、氟(F)、镍(Ni)等 13 种。

2. 阿司匹林

阿司匹林也叫乙酰水杨酸,是一种历史悠久的解热镇痛药。1829 年,法国人从柳树中提取出可以治病的物质——水杨酸。1897 年,德国化学家菲利克斯·霍夫曼将水杨酸与醋酸酐反应,得到酸性较弱的乙酰水杨酸,在镇痛和治疗风湿病方面有独特效果。1899 年,德国拜尔公司将其正式命名为阿司匹林。

3. 青霉素

青霉素是一种高效、低毒、临床应用广泛的重要抗生素,使用该品必须先做皮肤试验。

4. 食品添加剂

食品添加剂是为改善食品色、香、味等品质,以及为防腐和加工工艺的需要而加入食品中的化学合成物质或者天然物质。目前我国食品添加剂有 23 个类别,2000 多个品种。在 AA 级绿色食品中只允许使用天然的食品添加剂,不允许使用人工化学合成的食品添加剂,在 A 级绿色食品中可以使用人工化学合成的食品添加剂。

5. 苏丹红

"苏丹红"是一种化学染色剂,并非食品添加剂。它的化学成分中含有一种叫萘的化合物,该物质具有偶氮结构,这种化学结构的性质决定了它具有致癌性,对人体的肝肾器官具有明显的毒性作用。

6. 三大合成材料

三大合成材料是指塑料、合成橡胶和合成纤维。它们是用人工方法,由低分子化合物合成的高分子化合物,又叫高聚物,相对分子量可在 10 000 以上。

7. 酶

酶是指具有生物催化功能的高分子物质。几乎所有的细胞活动进程都需要酶的参与,以提高效率。没有酶的参与,新陈代谢几乎不能完成,生命活动就无法维持。

8. 干冰

干冰是固态的二氧化碳,干冰可用于人工降雨。

9. 分子和原子

分子是保持物质化学性质的最小粒子。原子是化学变化中的最小粒子。

10. 硬水

硬水是指含有较多可溶性钙镁化合物的水。水中钙、镁的总量称为水的硬度,平时家里的毛巾老化、热水器结垢都是硬水惹的祸。太硬或太软的水都不利于身体健康。

11. PM2.5

PM2.5 就是指直径小于或等于 $2.5\ \mu m$ 的尘埃或飘尘在环境空气中的浓度。

12. 不锈钢

不锈钢是不锈耐酸钢的简称,是耐空气、蒸汽、水等弱腐蚀介质和酸、碱、盐等化学浸性介质腐蚀的钢。

(三) 生物

1. 原始生命

原始生命的诞生在距今约 38 亿年前,最原始的生命体在海洋中诞生。

2. 生物进化的顺序

动物:无脊椎动物→脊椎动物。脊椎动物中:鱼类→两栖类→爬行类→鸟类→哺乳类。植物:藻类→苔藓类→蕨类→裸子植物→被子植物。人:南方古猿→直立人→智人→现代人。生物进化的有力证据:动植物化石。

3. 遗传与变异

遗传是指生物体通过生殖产生子代,子代和亲代、子代和子代之间的性状都很相似,这种现象称为遗传,如"种瓜得瓜,种豆得豆""龙生龙、凤生凤、老鼠生儿打地洞"这些俗语指的就是遗传现象。

变异是指子代与亲代及子代不同个体间的性状差异,如"一母生九子,连母十个样"。

4. 染色体、DNA、基因

染色体是遗传物质的主要载体。染色体是指位于细胞核内的物质,是由 DNA(脱氧核糖核酸)和蛋白质组成的。DNA 分子具有双螺旋结构。DNA 是主要的遗传物质,起遗传作用的 DNA 片断就是基因。

5. 新陈代谢

生物体与外界环境之间的物质和能量交换以及生物体内物质和能量的转变过程叫作新陈代谢。新陈代谢包括物质代谢和能量代谢两个方面。

6. 生态系统

生态系统简称 ECO,是 ecosystem 的缩写,指生物群落及其物理环境相互作用的自然系统。在这个系统中,生物群落与生存环境之间以及生物群落内不同种群之间相互影响、相互制约,不断演变,并在一定时期内处于相对稳定的动态平衡状态。

7. 生物圈

生物圈是指地球上凡是出现并感受到生命活动影响的地区,是地表有机体包括微生物及其自下而上环境的总称,是行星地球特有的圈层。

8. 微生物

微生物是个体难以用肉眼观察的一切微小生物的统称。微生物包括细菌、病毒、真菌、和少数藻类等。

（四）物理

1. 月晕而风,础润而雨

大风来临时,高空中气温迅速下降,水蒸气凝结成小水滴,这些小水滴相当于许多三棱镜,月光通过这些三棱镜发生色散,形成彩色的月晕,故有"月晕而风"之说。"础润"即地面反潮,大雨来临之前,空气湿度较大,地面温度较低,靠近地面的水汽遇冷凝聚为小水珠,另外,地面含有的盐分容易吸附潮湿的水汽,故地面反潮预示大雨将至。

2. 长啸一声,山鸣谷应

人在崇山峻岭中长啸一声,声音通过多次反射,可以形成洪亮的回音,经久不息,似乎山在狂呼,谷在回音。

3. 但闻其声,不见其人

波在传播的过程中,当障碍物的尺寸小于波长时,可以发生明显的衍射。一般围墙的高度为几米,声波的波长比围墙的高度要大,所以,它能使墙外的人听到;而光波的波长较短,远小于高墙尺寸,所以人身上发出的光线不能衍射到墙外,墙外的人无法看到墙内的人。

4. 开水不响,响水不开

水沸腾之前,由于对流,水内气泡一边上升,一边上下振动,大部分气泡在水内压力下破裂,其破裂声和振动声又与容器产生共鸣,所以声音很大。水沸腾后,上下等温,气泡体积增大,在浮力作用下一直升到水面才破裂开来,因而响声比较小。

5. 水火不相容

物质燃烧,必须达到着火点,由于水的比热大,水与火接触可大量吸收热量,致使着火物温度降低;同时汽化后的水蒸气包围在燃烧的物体外面,使得物体不能和空气接触,而没有了空气,燃烧就不能进行。

6. 坐地日行八万里

由于地球的半径为6371千米,地球每转一圈,其表面上的物体"走"的路程约为40003.6千米,约8万里。这句是毛泽东的诗词,它还科学地揭示了运动和静止的关系：运动是绝对的,静止总是相对参照物而言的。

7. 霜前冷,雪后寒

在深秋的夜晚,地面附近的空气温度骤然变冷（温度低于0℃）,空气中的水蒸气凝华成小冰晶,附着在地面上形成霜,所以我们有"霜前冷"的感觉。雪融化时要吸收热量,使空气的温度降低,所以我们有"雪后寒"的感觉。

8. 冰冻三尺,非一日之寒

水的温度在 $0 \sim 4℃$ 之间是热缩冷胀,$4℃$ 时水的密度最大。当整个水温都降到 $4℃$ 时,水的对流停止。气温继续下降时,上层水温降到 $4℃$ 以下,密度减小不再下沉,底层水温仍保持 $4℃$,上层水温降到 $0℃$ 并继续放热时,水面开始结冰。由于水和冰是热的不良导体,光滑明亮的冰面又能防止辐射,因此冰下的水放热极为缓慢,结成厚厚的冰,当然需要很长时间的天寒。

9. 早虹雨滴滴，晚虹晒脸皮

我国的降雨云大都是由西向东移动的，早晨看到的虹，是东方射来的太阳光照在西方的天空降雨层的水滴上形成的西虹，显然，西虹是本地天气将要降雨的预示。相反，傍晚看到的虹是西方射来的阳光照在东方天空降雨层的水滴上而形成的东虹，它预示着西方天空已没有降雨云了，天气必然是晴朗的。

10. 万有引力定律

牛顿在前人研究的基础上，在1687年于《自然哲学的数学原理》上发表了万有引力定律，内容如下：任意两个质点通过连心线方向上的力相互吸引。该引力的大小与它们的质量乘积成正比，与它们距离的平方成反比，与两物体的化学本质或物理状态以及中介物质无关。

11. 牛顿三大定律

牛顿三大定律即牛顿运动定律。第一定律：任何一个物体在不受外力或受平衡力的作用时，总是保持静止状态或匀速直线运动状态，直到有作用在它上面的外力迫使它改变这种状态为止，又称为"惯性定律"。第二定律：物体的加速度的大小跟物体所受的合外力成正比，跟物体的质量成反比，加速度的方向跟合外力的方向相同。第三定律：两个物体之间的作用力和反作用力，在同一直线上，大小相等，方向相反。

12. 电磁感应现象

电磁感应现象是指放在变化磁通量中的导体，会产生电动势。迈克尔·法拉第于1831年发现了电磁感应。

13. 热力学三大定律

热力学三大定律即能量守恒定律，热能的传递具有不可逆性，所有纯物质的完美晶体的熵值在绝对零度时为零。

14. 量子力学

量子力学是研究微观粒子的运动规律的物理学分支学科，它主要研究原子、分子、凝聚态物质，以及原子核和基本粒子的结构、性质的基础理论，与相对论一起构成了现代物理学的理论基础。

15. 相对论

相对论是关于物质运动与时间空间关系的理论，由爱因斯坦创立，分为狭义相对论和广义相对论。

（五）医学

1. 血常规

血常规是指通过观察血细胞的数量变化及形态分布从而判断血液状况及疾病的检查，随着检验现代化、自动化的发展，现在的血常规检验是由机器检测完成的。血常规检查包括有红细胞计数、血红蛋白、白细胞、白细胞分类计数及血小板等，通常可分为三大系统，即红细胞系统、白细胞系统和血小板系统。

2. 红细胞

红细胞，也称红血球，是血细胞的一种。人和多数哺乳动物的红细胞呈双凹面圆盘状，无细胞核。细胞内的主要成分为血红蛋白，故有运输氧和二氧化碳的功能。

3. 白细胞

白细胞又称白血球，是血细胞的一种。白细胞主要有防御功能。在机体发生炎症或其他疾病时，血液内白细胞总数或细胞分类百分率可发生变化，故被用为疾病诊断分析的常规检查方法之一。

4. 淋巴细胞

淋巴细胞是白细胞的一种,由淋巴器官产生,是构成机体免疫系统的主要细胞成分。

5. 血小板

血小板是血细胞的一种,在凝血和止血过程中起重要作用。若血小板生成障碍、数量减少,机体易发生出血倾向。

6. 血型

通常所说的血型是指红细胞膜上特异性抗原类型。与临床关系最密切,人们所熟知的是 ABO 血型系统及 Rh 血型系统。其中,ABO 血型系统将血液分为 A、B、AB、O 四种类型。

7. 寿命

所谓寿命,是指从出生经过发育、成长、成熟、衰老以至死亡前实际生存的时间。通常以年龄作为衡量寿命长短的尺度。

8. 指纹

人的皮肤由表皮、真皮和皮下组织三个部分组成。指纹是指手指末节内侧表面的皮肤乳突排列而成的花纹结构。虽然指纹人人皆有,但每个人的指纹是独一无二的。

9. 梦与睡眠

人入睡后,一小部分脑细胞仍在活动,这就是梦的基础。睡眠有深浅的程度之差,且有本质上不同的两种时相,即脑电图表现高幅度同步慢波的睡眠相和脑电图呈低幅度不同步快波,并伴有快速眼球运动的睡眠相。在一夜的睡眠中,两相交替出现,但前一相总是先出现;做梦多发生于后一相出现时。

(六) 科技

1. 中国五大科学技术奖

国家最高科学技术奖、国家自然科学奖、国家技术发明奖、国家科学技术进步奖、中华人民共和国国际科学技术合作奖。

2. 863 计划

1986 年 3 月,在四位著名老科学家王大珩、王淦昌、杨嘉墀、陈芳允的积极倡议下,我国制订了《国家高技术研究发展计划(863 计划)纲要》,简称"863 计划"。

3. 仿生学

仿生学是一门属于生物科学与技术科学之间的交叉学科。仿生学把各种生物系统所具有的功能原理和作用机制作为生物模型进行研究,希望在技术发展中能够利用这些原理和机制,最终目的是要实现新的技术设计并制造出更好的新型仪器、机械等。

4. 电话

电话是一种可以传送与接收声音的远程通信设备,发明者为亚历山大·贝尔。

5. 手机

手机是移动电话机的俗称。1938 年,美国贝尔实验室为美国军方制成了世界上第一部手机。1973 年,美国摩托罗拉公司工程技术员马丁·库帕发明了世界上第一部推向民用的手机。

6. 彩色电视

1928 年,英国工程师贝德做成彩色电视显像管。1957 年 5 月 17 日,美国公开播放彩色电视,效果良好。

7. 人造卫星

1957年10月4日,由苏联研制并成功发射第一颗人造卫星。

8. 机器人

1959年,美国的恩格尔伯格和德沃尔制造出世界上第一台工业机器人。

9. 信用卡

1950年,35岁的美国曼哈顿信贷专家麦克纳马拉发明了信用卡。

10. 激光

1960年,贝尔实验室的查尔斯·托尼斯和同事们一起,成功地在25英里的距离内发射出具有巨大能量、极其狭窄的光束,它的亮度要比太阳光高出100倍,这就是激光。

11. 计算机网络

计算机网络是指地理上分散布置的多台独立计算机通过通信线路互联构成的系统。计算机网络可以分成局域网和远程网。

12. 信息技术

信息技术是指实现信息采集、传递、处理和使用的技术。

13. 信息高速公路

信息高速公路是指21世纪以来遍布全球并快速发展的以光纤通信网络为骨干的高速度、大容量的多媒体信息传播网络。

14. 克隆技术

"克隆"(Clone)本意是无性繁殖。克隆技术是指运用生物学技术进行无性繁殖、产生同基因型的生物群的技术。1997年,英国克隆出第一只基因结构与供体完全相同的小羊"多莉"。

15. 纳米技术

就像毫米、微米一样,纳米是一个尺度概念,是一米的十亿分之一,并没有物理内涵。纳米技术是指在纳米尺度上研究物质结构、性质和相互作用,设计和制作具有特定功能的产品的技术。

第四节 传 统 文 化

一、中国传统文化

(一) 诸子百家

1. 儒家

代表人物:孔子、孟子、荀子。思想:仁、义、礼、智、信。四书:《中庸》《大学》《孟子》《论语》。

2. 道家

代表人物:老子、庄子、列子。思想:道法自然、天人合一、无为、逍遥。代表作:《庄子》《道德经》。

3. 墨家

代表人物:墨子。思想:兼爱、非攻、尚贤、节葬。代表作:《墨子》。

4. 法家

代表人物:韩非、李斯。思想:君主集权,以法治国。代表作:《韩非子》。

5. 名家

代表人物:邓析、惠施、公孙龙。代表作:《公孙龙子》。

6. 阴阳家

代表人物：邹衍。思想：五行、金木水火土。

7. 纵横家

代表人物：鬼谷子、苏秦、张仪。代表作：《战国策》。

8. 杂家

代表人物：吕不韦。代表作：《吕氏春秋》。

9. 小说家

代表人物：虞初。代表作：《虞初周说》。

10. 兵家

代表人物：孙武、吴起、孙膑、尉缭、魏无忌、白起。代表作：《孙子兵法》《孙膑兵法》。

11. 医家

代表人物：扁鹊、淳于意、华佗、张仲景、孙思邈、王冰、张从正、朱震亨、李时珍、张景岳。

（二）天文历法

1. 四象

古代人把东、西、南、北每一方的七宿想象为四种形象动物，分别为东宫苍龙、北宫玄武、西宫白虎、南宫朱雀。后人也通俗地称四象为左青龙、右白虎、南朱雀、北玄武。

2. 五更

五更又称五鼓、五夜。一更在戌时，称黄昏，又名日夕、日暮、日晚等，19:00—21:00。二更在亥时，名人定，又名定昏等，21:00—23:00。三更在子时，名夜半，又名子夜、中夜等，23:00—01:00。四更在丑时，名鸡鸣，又名荒鸡，十二时辰的第二个时辰，01:00—03:00。五更在寅时，称平旦，又称黎明、早晨、日旦等，03:00—05:00，是夜与日的交替之际。

3. 二十四节气

立春、雨水、惊蛰、春分、清明、谷雨；立夏、小满、芒种、夏至、小暑、大暑；立秋、处暑、白露、秋分、寒露、霜降；立冬、小雪、大雪、冬至、小寒、大寒。

4. 四时

天有四时，春秋冬夏。农历以正月、二月、三月为春季，分别称为孟春、仲春、季春；以四月、五月、六月为夏季，分别称为孟夏、仲夏、季夏；秋、冬季依次类推。

5. 干支

天干地支，简称干支。在中国古代的历法中，甲、乙、丙、丁、戊、己、庚、辛、壬、癸被称为"十天干"，子、丑、寅、卯、辰、巳、午、未、申、酉、戌、亥叫作"十二地支"。十天干和十二地支依次相配，组成六十个基本单位，两者按固定的顺序互相配合，组成了干支纪年法。

6. 纪年法

我国古代纪年法主要有四种。① 王公即位年次纪年法。以王公在位年数来纪年，如鲁僖公三十三年。② 年号纪年法。汉武帝起开始有年号。此后每个皇帝即位都要改元，并以年号纪年，如德祐二年。③ 干支纪年法。以甲、乙、丙、丁、戊、己、庚、辛、壬、癸十天干和子、丑、寅、卯、辰、巳、午、未、申、酉、戌、亥十二地支按顺序组合起来。④ 年号干支兼用法，纪年时皇帝年号置前，干支列后，如淳熙丙申。

(三) 传统节日

1. 春节

春节一般指农历正月初一,亦称元日,有祭神贴桃符的习俗。相传东海度朔山大桃树下有神荼、郁垒二神,能食百鬼。古人用桃木画二神像,悬挂在门口来驱鬼。五代开始在符上写联语,后来演变成春联。王安石有《元日》诗:"千门万户曈曈日,总把新桃换旧符。"

2. 上元节

上元节是指农历正月十五,亦称元宵、元夕、元夜。古代习俗在上元夜张灯为戏,所以又称灯节。宋朝欧阳修(一说朱淑真)有词《生查子·元夕》:"去年元夜时,花市灯如昼。"

3. 社日节

农家祭土地神的日子,汉以前只有春社,汉以后开始有秋社。春社在春分前后,秋社在秋分前后。社日这一天,乡邻们在土地庙集会,准备酒肉祭神,然后宴饮。王驾《社日诗》:"桑柘影斜春社散,家家扶得醉人归。"

4. 寒食节

清明前一二日,即冬至后105天,有时是106天。相传起源于晋文公悼念介之推。介之推在绵上之山隐居,晋文公为逼他下山而放火,他抱树而死。晋文公便下令这一天禁火寒食,以后演变为寒食节。元稹《连昌宫词》:"初过寒食一百六,店舍无烟宫树绿。"

5. 清明节

清明节的习俗主要是踏青和扫墓。杜牧有《清明》诗:"清明时节雨纷纷,路上行人欲断魂。"

6. 上巳节

原定于农历三月上旬的一个巳日,所以叫上巳。曹魏以后,这个节日固定在农历三月三日。早先,人们到水边去游玩采兰,以驱除邪气。后来,演变成水边宴饮,郊外春游的节日。杜甫有《丽人行》诗:"三月三日天气新,长安水边多丽人。"

7. 端午节

端午节是农历五月初五,又称"端阳节""重五节","端"是"初"的意思。据说屈原在五月初五投江,人们争渡去救屈原,后来演变成划龙舟的传统。人们还投粽子到江里,以保护屈原的遗体,就有了吃粽子的传统。唐以后端午成为大节日,朝廷有赏赐。杜甫的《端午日赐衣》中有"端午被恩荣。"

8. 七夕节

七夕节是农历七月七日,又名"乞巧节""七巧节"。民间传说此日夜间牛郎织女鹊桥相会,妇女们结彩楼,陈酒脯瓜果于庭中,以乞巧。和凝《宫词》中有"阑珊星斗缀珠光,七夕宫嫔乞巧忙"。

9. 中秋节

中秋节是农历八月十五日。八月十五在秋季的正中,所以叫中秋。此时秋高气爽,月光最美,为赏月佳节。苏轼《水调歌头》道:"明月几时有,把酒问青天。"韦庄《送秀才归荆溪》道:"八月中秋月正圆,送君吟上木兰船。"

10. 重阳节

重阳节是农历九月初九,又称"重九"。古人认为九是阳数,日月都逢九,称为重阳。古人认为此日佩茱萸囊登山、饮菊花酒可以免祸,于是便有了这一天登高饮酒的习惯。王维《九月九日忆山东兄弟》道:"遥知兄弟登高处,遍插茱萸少一人。"

11. 冬至

冬至俗称"冬节""长至节""亚岁"等,时间在每年的阳历 12 月 21 日至 23 日之间。中国大部分地区在这一天还有北方吃饺子、南方吃汤圆和南瓜等的习俗。

12. 除夕

除夕是一年最后一天的晚上。一年的最后一天叫"岁除",那天晚上叫"除夕"。除夕人们往往通宵不眠,叫"守岁"。苏轼《守岁》道:"儿童强不睡,相守夜欢哗。"

（四）传统艺术

1. 岁寒三友

松、竹、梅。

2. 花中四君子

梅、兰、竹、菊。

3. 文人四友

琴、棋、书、画。

4. 文房四宝

笔、墨、纸、砚。

5. 五声

五声也称"五音",即我国古代五声音阶中的宫、商、角、徵、羽五个音级。

6. 七宝

金、银、琉璃、珊瑚、砗磲、玻璃、玛瑙。

7. 九宫

正宫、中吕宫、南吕宫、仙吕宫、黄钟宫、大石调、双调、商调、越调。

8. 八大艺术

绘画、音乐、舞蹈、雕塑、戏剧、文学、建筑、电影。

9. 四大名瓷窑

河北瓷州窑、浙江龙泉窑、江西景德镇窑、福建德化窑。

10. 四大石窟

敦煌莫高窟、大同云冈石窟、洛阳龙门石窟、天水麦积山石窟。

11. 四大名旦

梅兰芳、程砚秋、尚小云、荀慧生。

12. 永字八法

"永字八法"是阐述正楷点画用笔的一种方法。因此"永"字的八笔（点、横、竖、钩、提、撇、短撇、捺）为例,故"永字八法"。

13. 阳文阴文

我国古代刻在器物上的文字,笔画凸起的叫阳文,凹下的叫阴文。

14 四大名著

《西游记》(作者:吴承恩)、《红楼梦》(作者:曹雪芹)、《三国演义》(作者:罗贯中)、《水浒传》(作者:施耐庵)。

15. 四大民间传说

《牛郎织女》《孟姜女》《梁山伯与祝英台》《白蛇传》。

16. 四大文化遗产

《明清档案》《殷墟甲骨》《居延汉简》《敦煌经卷》。

17. 四大名绣
湘绣、蜀绣、粤绣、苏绣。

18. 戏曲
京剧、越剧、评剧、秦腔、潮剧、昆曲、湘剧、豫剧、曲剧、二人转、河北梆子、皮影戏、川剧、黄梅戏、粤剧、花鼓戏等。

19. 生旦净末丑
"生"是净、丑之外的男性角色的统称,分为小生、老生、武生;"旦"是女性角色之统称,分为花旦、刀马旦、老旦、青衣;"净"俗称花脸;"末"年纪较大的男性;丑:丑角,分为文丑、武丑。

20. 红脸、黑脸、白脸、蓝脸、黄脸
红脸:表现忠勇耿直的人物性格,如关羽。黑脸:表现正直、无私、刚直不阿的人物形象,如包公。白脸:代表奸诈、多疑的人物形象,如曹操。蓝脸:表现刚强、骁勇、有心计的人物性格,如窦尔敦。黄脸:表现枭勇、凶猛的人物,如宇文成都。

(五) 古代称谓

1. 常见借代词语
桑梓:家乡;桃李:学生;社稷、轩辕:国家;南冠:囚犯;同窗:同学;烽烟:战争;巾帼:女子;丝竹:音乐;须眉:男子;婵娟、嫦娥:月亮;手足:兄弟;汗青:史册;伉俪:夫妻;白丁、布衣:百姓;伛偻、黄发:老人;桑麻:农事;提携、垂髫:小孩;三尺:法律;华盖:运气;函、简、笺、鸿雁、札:书信;庙堂:朝廷;桂冠、鳌头、榜首、问鼎、夺魁:第一。

2. 特殊称谓
(1) 百姓的称谓:布衣、黎民、庶民、苍生、氓。
(2) 兄弟行辈中长幼排行的次序。伯(孟)是老大,仲是老二,叔是老三,季是老四。
(3) 不同的朋友关系之间的称谓。

贫贱之交:贫困时所结交的知心朋友。

金兰之交:情谊契合,亲如兄弟的朋友。

刎颈之交:同生死、共患难的朋友。

忘年之交:辈分不同,年龄相差较大的朋友。

竹马之交:从小一块长大的异性朋友。

布衣之交:指平民之间的交往和友谊,也指显贵与无官职的人相交往。

患难之交:指曾经一起共过患难的朋友。

3. 年龄称谓
垂髫:三四岁至八九岁;总角:八九岁至十三四岁;豆蔻:十三四岁至十五六岁;弱冠:二十岁;而立:三十岁;不惑:四十岁;知天命:五十岁;花甲:六十岁;古稀:七十岁;耄耋:八九十岁;期颐:一百岁。

(六) 科举制度

1. 古代学校
古代的学校有庠、序、太学等名称,明清时最高学府为国子监。

2. 科举
科举制度是隋以后中国历代王朝选拔官员的制度。由于采用分科取士的办法,所以叫作科举。到明清时,科举考试形成童生试、乡试、会试(殿试)三级制度,三年一行,只进士一科;乡、会试试经义、诗赋、策论三场。1905年行新学,废科举。

3. 功名

乡试的第一名为解元；会试的第一名为会元；殿试的前三名为：状元、榜眼、探花。殿试中考中进士称为金榜题名。

4. 连中三元

在乡试、会试和殿试中连续获得第一名，被称为"连中三元"。

（七）古代官职

迁：调职、调动，一般指升官；左迁则为降职、贬职。谪：降职并远调。拜：授给官职。授：授予官职。擢：选拔、提拔。除：拜官授职。罢：免去、解除。免：免除官职。黜：废黜，贬退，也用于剥夺王位或太子的继承权。

（八）中华诗词

1. 诗经

《诗经》是我国最早的一部诗歌总集，一共305篇，古称《诗》，其中的诗篇形式以四言为主。风、雅、颂是《诗经》的三种体裁，赋、比、兴是三种表现手法，因此前人把"风、雅、颂"和"赋、比、兴"称作《诗经》的六义。

2. 楚辞

总集名。西汉刘向辑。"楚辞"的名称，西汉初期已有之，至刘向乃编辑成集。全书以屈原作品为主，其余各篇也都是承袭屈赋的形式。以其运用楚地的文学样式、方言声韵和风土物产等，具有浓厚的地方色彩，故名《楚辞》。

3. 乐府诗

到了汉代，出现了为配合音乐而歌唱的诗体，即"乐府"，主要作品有《木兰诗》《孔雀东南飞》《短歌行》和《蒿里行》。

4. 格律诗

格律诗是诗歌的一种。形式有一定的规格，音韵有一定的规律，倘有变化，需按一定的规则。中国古典格律诗中常见的形式有五言、七言的绝句和律诗。词、曲每调的字数、句式、押韵都有一定的规格，也可称为格律诗。

5. 唐诗

唐代诗歌可分为两类：一是古体诗，是指模仿唐代以前的传统诗体，没有一定格律，篇幅可长可短，用韵平仄都比较自由，主要分五言古体和七言古体两种；二是近体诗，在篇幅、用韵、平仄、对仗等方面都有严格要求，近体诗可分为两种：律诗和绝句。律诗和绝句都分五言和七言，绝句每首四句，律诗每首八句。

6. 宋词

在唐代中期，由诗派生出新的体裁，这种体裁到了宋代最为发达，这就是词。由于词是由诗派生出来的，所以词又被称为"诗余"；另外，由于词的句子字数长短不一，古人也称为"长短句"。宋词的代表人物主要有苏轼、柳永、陆游和李清照等。

7. 元曲

元曲，盛行于元代的一种文艺形式，包括杂剧和散曲，因为当时在此领域出现了很多优秀的作家、作品，所以常被作为元代文学的代表，同唐诗、宋词并称。尤以杂剧的成就更高。也有以元曲作为元杂剧的同义语。关汉卿、马致远、郑光祖、白朴并称为"元曲四大家"，关汉卿位于"元曲四大家"之首。

（九）古代地理

1. 山水阴阳

阴：山北水南；阳：山南水北。

2. 左东右西

左：东为左；右：西为右。

3. 江河

江：长江；河：黄河。

4. 五岳

五岳是中国五大名山的总称。五岳即东岳泰山、西岳华山、南岳衡山、北岳恒山、中岳嵩山。

5. 中国佛教四大名山

五台山（山西）、九华山（安徽）、峨眉山（四川）、普陀山（浙江）。

6. 六合

天、地、东、南、西、北。

7. 八荒

东、东南、南、西南、西、西北、北、东北八个方向。

8. 中国的古称

九州、神州、赤县、华夏、九土、中华、海内。

9. 江南三大名楼

岳阳楼（湖南）、黄鹤楼（湖北）、滕王阁（江西）。

（十）中国画

中国画简称"国画"，在世界美术领域中自称独特体系，可分为人物、山水、花鸟等画科；有工笔、写意、勾勒、没骨、设色、水墨等技法形式；以钩皴点染、干湿浓淡、阴阳向背、虚实疏密和留白等表现手法，来描绘物象与经营构图；取景布局视野宽广，不拘泥于焦点透视。

（1）顾恺之，东晋画家，代表作有《洛神赋图》《女史箴图》。

（2）吴道子，唐代画家，后世尊称为"画圣"，代表作有《送子天王图》《十指钟馗图》。

（3）张择端，北宋画家，代表作《清明上河图》是世界名画之一。

（4）唐寅，明朝画家、文学家，"明四家"之一，代表作有《秋风纨扇图》。

（5）齐白石，中国书画家、篆刻家，代表作有《墨虾》《蛙声十里出山泉》。

二、世界传统文化

（一）四大文明古国

古埃及、古巴比伦、古印度、中国。

（二）宗教

世界三大宗教：佛教、基督教和伊斯兰教。

（三）历史

1. 氏族

氏族亦称"氏族公社"，原始社会的社会组织，初为母权制，约当新石器时代末期开始过渡到父权制。

2. 部落

部落是原始社会的一种社会组织,由若干血缘相近的胞族或氏族构成,通常有自己的地域、名称、方言和宗教习俗。

3. 农村公社

农村公社即村社,是原始社会末期公有制向私有制过渡阶段的社会经济组织,由定居在一定地域内的一群家庭(包括同一氏族的和其他氏族的)组成。

4. 犹太人

犹太人,古称"希伯来人",以色列国的民族,公元前13世纪曾在巴勒斯坦居住,公元前11世纪建立希伯来统一王国,创犹太教。

5. 荷马时代

荷马时代是指公元前11世纪至前9世纪希腊氏族制度解体的时代。产生于此时的《荷马史诗》(包括《伊利亚特》和《奥德赛》两部分,传古希腊诗人荷马所作),反映了当时的社会和经济制度。

6. 种姓制度

古印度社会的等级制度。古印度宗教、哲学和法律汇编《摩奴法典》规定,印度有四个种姓,即四个等级:第一等级是婆罗门,即僧侣贵族;第二等级是刹帝利;第三等级是吠舍;第四等级是首陀罗。

(四)音乐

1. 类别

音乐属于表演艺术,通过演唱、演奏,为听众所感受而产生艺术效果。音乐可分声乐、器乐两大类,亦可按体裁、形式分为歌曲、合唱、交响音乐、室内乐、独奏曲或丝竹乐、吹打乐、说唱音乐等。

2. 作曲家

(1)巴赫:有"音乐之父"之称,代表作有《B小调弥撒》《马太受难曲》《勃兰登堡协奏曲》等。

(2)莫扎特:维也纳古典乐派代表人物之一,确立了独奏协奏曲的体裁规范,代表作有《费加罗的婚礼》《魔笛》《唐璜》等。

(3)贝多芬:维也纳古典乐派代表人物之一,代表作有九大交响曲中的《第三交响曲"英雄"》《第五交响曲"命运"》《第六交响曲"田园"》《第九交响曲"合唱"》和钢琴奏鸣曲《热情》《黎明》等。

(4)舒伯特:早期浪漫主义音乐代表人物之一,代表作有《魔王》《野玫瑰》等。

(5)肖邦:早期浪漫主义音乐代表人物之一,代表作《革命练习曲》等。

(6)皮埃尔·狄盖特,国际无产阶级革命歌曲《国际歌》的作者。

(五)舞蹈

1. 桑巴

桑巴,一种巴西双人舞蹈,交谊舞的一种,为国际标准交际舞拉丁舞项目之一。

2. 探戈

探戈,交际舞的一种,为国际标准交际舞摩登舞项目之一。起源于非洲,传入阿根廷等拉丁美洲国家后,成为一种用于社交舞会的双人舞。20世纪初由英国皇家舞蹈教师协会整理、加工,推广至欧美和全球。现代流行的探戈有阿根廷探戈、欧洲探戈、哈巴涅拉探戈。

3. 芭蕾舞剧

芭蕾舞剧是由舞蹈演员身着剧装在音乐伴奏下表演的戏剧,起源于文艺复兴时期的意大利,后传入法国获得极大发展。

4. 民间舞蹈

民间舞蹈是指在民众中广泛流传的舞蹈形式,直接反映民众的生活,表现其思想感情、理想和愿望。由于各民族、各地区历史文化、风俗习惯以及自然条件的不同,形成了不同的民族风格和地区特色。

(六) 绘画

1. 类别

绘画是造型艺术之一,按使用材料、技术的不同,分为帛画、水墨画、壁画、油画、水彩画、特技画、版画、素描等;按题材内容的不同,分为人物画、风景画、静物画、动物画等;按画面形式的不同,分为单幅画、组画、连环画等;按形象逼真程度的不同,分为写实绘画和变形绘画;按有无具体形象的不同,分为具象绘画和抽象绘画。

2. 代表人物

(1) 达·芬奇、米开朗琪罗和拉斐尔是意大利文艺复兴时期的"美术三杰"。达·芬奇的代表作有《最后晚餐》《蒙娜丽莎》等,米开朗琪罗的代表作有《创世纪》《最后的审判》等,拉斐尔的代表作有《西斯廷圣母》《雅典学院》等。

(2) 罗丹,法国雕塑家,其代表作有《思想者》《地狱之门》《青铜时代》《创世纪》和《巴尔扎克》等。罗丹与其学生马约尔和布德尔被誉为欧洲雕刻艺术的"三大支柱"。

(3) 毕加索,西班牙画家、雕塑家,代表作有《亚威农少女》《和平鸽》《瓶子、玻璃杯和小提琴》《格尔尼卡》《梦》等。

(七) 世界三大演剧体系

斯坦尼斯拉夫斯基体系,布莱希特体系,以梅兰芳为代表的中国戏曲体系。

(八) 传统节日

1. 复活节

每年过春分月圆后的第一个星期天为复活节,为纪念"耶稣复活"而设,是西方的一个重要节日。

2. 圣诞节

圣诞节为每年的12月25日,是欧美国家一年中最重要的节日。

3. 万圣节

每年的11月1日为西方的万圣节。万圣节是基督教节日之一。

4. 感恩节

感恩节为每年11月的第四个星期四。感恩节宴会几乎总少不了在首次感恩节宴会上摆出的几样食品:烤火鸡、红莓苔子酱、马铃薯和南瓜馅饼。

5. 美国独立日

独立日是美国的主要法定节日之一,日期为每年的7月4日,旨在纪念美国的诞生。1776年7月4日大陆会议正式通过了《独立宣言》。

6. 马丁·路德·金日

马丁·路德·金是非洲裔美国神职人员,因为他不遗余力地通过非暴力手段来争取所有人的公民权。自1968年他遭暗杀以来,人们在他的生日1月15日举行各种悼念活动。后来,1986年的这一天被1月的第三个星期一所取代,这个星期一被宣布为美国全国性的节日。

7. 劳工节

劳工节为每年9月的第一个星期一,这一节日旨在向工人们表示敬意,通常要举行游行活动。对大多数美国人来说,它标志着夏天假期的结束,而对许多学生来说,它意味着新学年的开始。

第五节 文 学 常 识

一、中国文学常识

(一) 先秦时期

1. 神话传说

神话传说有女娲补天、后羿射日、精卫填海、盘古开天辟地、黄帝战蚩尤等。

2. 儒家经典

(1) 四书:《大学》《中庸》《论语》《孟子》。

(2) 五经:《诗》《书》《礼》《易》《春秋》。《春秋》是我国现存最早的编年体史书。

(3) 六经:又称"六艺",在"五经"后增加《乐》。

3. 散文

《左传》《战国策》《国语》。《谷梁传》《左传》《公羊传》同为解说《春秋》的三传。

4.《诗经》

《诗经》是中国最早的诗歌总集,分为"风""雅""颂"三大类,开创了我国古代诗歌创作的现实主义的优秀传统,名篇有《硕鼠》与《关雎》。

5. 老子

李耳,字伯阳,又名老聃,后人称其为"老子",春秋末期思想家,道家创始人,代表作为《道德经》(又称《道德真经》)。

6. 孔子

孔子,鲁国人,名丘,字仲尼,儒家创始人。他的主要言论及思想被辑为《论语》,代表了孔子的基本思想。

7. 左丘明

左丘明,鲁国史官,主要作品有《左传》,又名《左氏春秋》。

8. 孟子

孟子,名轲,字子舆,战国时儒家代表人物,世称"亚圣"。他的主要言论及思想被辑为《孟子》。

9. 列子

列子,名御寇(圄寇),道家代表人物。他的主要作品有《列子》,又名《冲虚真经》,《愚公移山》出于此书。

10. 庄子

庄子,名周,道家代表人物。他的主要作品有《庄子》,又名《南华经》。

11. 荀子

荀子,名况,时人尊而号为"卿",主要作品有《荀子》,其中《劝学》《天论》等最具代表性。

12. 韩非

韩非是法家集大成者,代表作为《韩非子》,先秦法家的代表著作。

13. 吕不韦

吕不韦,秦相,集合门客编成《吕氏春秋》,又名《吕览》,杂家的代表著作。

14. 屈原

屈原,名平,字原,战国时楚国政治家、诗人,他在楚国地方文艺基础上,创造出骚体这一新形式。他的主要作品有《离骚》《九歌》(包括《山鬼》《国殇》等 11 篇)《天问》《九章》(包括《涉江》《哀郢》《橘颂》等九篇)。

(二) 两汉时期

1. 贾谊

贾谊,又称贾生,代表作为《新书》《过秦论》等。

2. 刘安

刘安,淮南王,代表作为《淮南子》(本名《鸿烈》)。"女娲补天""后羿射日""嫦娥奔月"等神话故事出于此书。

3. 司马迁

司马迁,字子长,别称太史公,与司马光并称"史界两司马",与班固并称"班马"。他的主要作品有《史记》,又名《太史公书》,是我国第一部纪传体通史,被鲁迅誉为"史家之绝唱,无韵之离骚"。

4. 班固

班固,字孟坚,代表作为《汉书》。

(三) 魏晋南北朝时期

1. 三曹

"三曹"即曹氏父子曹操、曹丕、曹植。曹操的《蒿里行》,曹丕的《燕歌行》,曹植的《名都篇》《白马篇》《洛神赋》均为名作。

2. 建安七子

建安七子即孔融、陈琳、王粲、徐幹、阮瑀、应玚、刘桢。

3. 竹林七贤

竹林七贤即阮籍、嵇康、山涛、刘伶、王戎、向秀、阮咸。

4. 诸葛亮

诸葛亮,字孔明,别号卧龙,其主要作品有《出师表》。

5. 干宝

干宝,字令升,代表作有志怪小说集《搜神记》,《干将莫邪》《东海孝妇》都出于此书。

6. 陶渊明

陶渊明,名潜,字元亮,自号五柳先生,代表作有《桃花源记》《归去来兮辞》《归园田居》《饮酒》等。

7. 范晔

范晔,字蔚宗,代表作为《后汉书》。

8. 刘义庆

刘义庆,袭封临川王,代表作为《世说新语》(原名《世说》)。

9. 刘勰

刘勰,字彦和,晚年出家为僧,法名慧地,其代表作《文心雕龙》是我国古代文学理论批评和美学的巨著。

(四) 唐代

1. 陈子昂

陈子昂,字伯玉,代表作为《感遇》等诗。

2. 王勃

王勃,字子安,与骆宾王、卢照邻、杨炯合称为"初唐四杰",代表作有《王子安集》,其中《送杜少府之任蜀州》《滕王阁序》最有名。

3. 贺知章

贺知章,字季真,自号四明狂客,代表作有《咏柳》《回乡偶书》。

4. 王之涣

王之涣,字季陵,代表作有《凉州词》《登鹳雀楼》,其诗善写边塞风光。

5. 孟浩然

孟浩然,名浩,字浩然,代表作有《过故人庄》《春晓》等,结集为《孟襄阳集》。

6. 王昌龄

王昌龄,字少伯,七绝圣手,代表作有《出塞》《从军行》。后人辑有《王昌龄集》。

7. 王维

王维,字摩诘,诗人、画家,与孟浩然同为盛唐田园山水派代表,代表作有《送元二使安西》。苏轼赞其作品"诗中有画""画中有诗"。

8. 高适

高适,字达夫,与岑参齐名,并称"高岑",同为盛唐边塞诗派的代表。其主要作品有《燕歌行》《别董大》等,后人辑有《高常侍集》。

9. 李白

李白,字太白,号青莲居士,人称"诗仙"。他与杜甫齐名,合称"李杜",唐代三大诗人之一。其代表作有《梦游天姥吟留别》《蜀道难》《子夜吴歌》《望天门山》《秋浦歌》《宣州谢朓楼饯别校书叔云》等,结为《李太白集》。

10. 杜甫

杜甫,字子美,自称少陵野老,与李白齐名,人称"诗圣",唐代三大诗人之一。其主要作品有《兵车行》《春望》《茅屋为秋风所破歌》《闻官军收河南河北》以及"三吏"(《新安吏》《石壕吏》《潼关吏》)、"三别"(《新婚别》《垂老别》《无家别》)等,结为《杜工部集》。其作品为现实主义诗歌艺术的高峰,被称为"诗史"。

11. 岑参

岑参是边塞诗派的重要代表,代表作有《白雪歌送武判官归京》《逢入京使》等,结为《岑嘉州诗集》。

12. 孟郊

孟郊,字东野,与贾岛齐名,其诗感伤遭遇,多寒苦之音,代表作有《秋怀》《游子吟》等,结为《孟东野诗集》。

13. 韩愈

韩愈,字退之,又称韩吏部,也称韩昌黎。唐代古文运动倡导者,"唐宋八大家"之首(唐宋八大家是指唐代的韩愈、柳宗元,宋代的欧阳修、曾巩、王安石、苏洵、苏轼、苏辙),与柳宗元并称"韩柳"。其代表作有《师说》《马说》《原毁》《进学解》《祭十二郎文》等,结为《昌黎先生集》。

14. 刘禹锡

刘禹锡,字梦得,曾任太子宾客,世称刘宾客。与柳宗元合称"刘柳",与白居易合称"刘白"。其主要作品有《陋室铭》《乌衣巷》《竹枝词》等,结为《刘梦得文集》。

15. 白居易

白居易,字乐天,号香山居士,唐代三大诗人之一,与元稹合称"元白",代表作有《秦中吟》《新乐府》(包括《卖炭翁》《长恨歌》《琵琶行》等),有《白氏长庆集》,后人又编为《白香山诗集》。

16. 柳宗元

柳宗元,字子厚,人称柳河东。唐代古文运动的领导者之一,"唐宋八大家"之一,与韩愈并称"韩柳"。其主要作品有《捕蛇者说》《三戒》(包括《黔之驴》)、"永州八记"(包括《小石潭记》)、《童区寄传》等散文,《渔翁》《江雪》等诗,结为《柳河东集》。

17. 李贺

李贺,字长吉,代表作有《雁门太守行》《金铜仙人辞汉歌》等,结为《昌谷集》。

18. 杜牧

杜牧,字牧之,别称"小杜",和李商隐被并称"小李杜",代表作有《阿房宫赋》《江南春绝句》《清明》《泊秦淮》《秋夕》等,结为《樊川文集》。

19. 李商隐

李商隐,字义山,号玉溪生,又号樊南生,代表作有《行次西郊作一百韵》《乐游原》《锦瑟》《无题》等,结为《李义山诗集》,另有《樊南文集》。

20. 李煜

李煜,字重光,五代时南唐国主,世称李后主,代表作有《虞美人》《相见欢》《浪淘沙令》等。

(五) 宋代

1. 范仲淹

范仲淹,字希文,代表作有《岳阳楼记》《渔家傲》等,有《范文正公集》。

2. 柳永

柳永,原名三变,后改名永字耆卿,代表作有《雨霖铃》《八声甘州》等,有《乐章集》。

3. 晏殊

晏殊,字同叔,谥元献,代表作有《浣溪沙》《蝶恋花》等,有《珠玉词》《晏元献遗文》。其词擅长小令,多表现诗酒生活和悠闲情致,语言婉丽。

4. 欧阳修

欧阳修,字永叔,号醉翁、晚号六一居士,北宋文坛领袖,"唐宋八大家"之一。其主要作品有与宋祁合修的《新唐书》,独撰《新五代史》,另有《醉翁亭记》《秋声赋》《六一词》等,结为《欧阳文忠公集》。

5. 苏洵

苏洵,字明允,号老泉,"唐宋八大家"之一,与苏轼、苏辙合称"三苏"。其主要作品有《嘉祐集》,《六国论》出于此书。

6. 曾巩

曾巩,字子固,"唐宋八大家"之一,代表作有《元丰类稿》。

7. 王安石

王安石,字介甫,号半山,"唐宋八大家"之一,代表作有《游褒禅山记》《伤仲永》《元日》《泊船瓜州》等,有《临川先生文集》。

8. 司马光

司马光,字君实,世称涑水先生,史界"两司马"之一。其主要作品《资治通鉴》是我国第一部编年体通史,记载上自战国下至五代计1362年的史事。

9. 沈括

沈括,字存中,晚年居梦溪园,代表作有《梦溪笔谈》,《采草药》《雁荡山》《活板》均出于此书。

10. 苏轼

苏轼,字子瞻,号东坡居士,苏洵之子,"唐宋八大家"之一。他在书法上与蔡襄、黄庭坚、米芾并称"宋四家"。其主要作品有《赤壁赋》《石钟山记》《题西林壁》《水调歌头》《念奴娇》等,有诗集《东坡七集》,词集《东坡乐府》。

11. 苏辙

苏辙,字子由,"唐宋八大家"之一,苏轼之弟,主要作品有《栾城集》。

12. 李清照

李清照,号易安居士,宋代女词人,宋代婉约词派代表,主要作品有《武陵春》《如梦令》《声声慢》等,结为《漱玉词》。

13. 陆游

陆游,字务观,号放翁,与尤袤、杨万里、范成大并称"南宋四大家",主要作品有《书愤》《示儿》《钗头凤》等。

14. 辛弃疾

辛弃疾,字幼安,号稼轩,与苏轼并称"苏辛",主要作品有《稼轩长短句》,名篇有《摸鱼儿》《永遇乐》《清平乐》等。

15. 姜夔

姜夔,字尧章,号白石道人,主要作品有《白石道人歌曲》,《扬州慢》等出于此。

16. 文天祥

文天祥,字宋瑞、履善,号文山,主要作品有《正气歌》《过零丁洋》《指南录》,有《文山先生全集》。

17. 岳飞

岳飞,字鹏举,其词仅存三首,《满江红》慷慨激昂,最为后世传诵。

18. 杨万里

杨万里,字廷秀,号诚斋,"南宋四大家"之一,作品有《诚斋集》。

(六)元代

1. 关汉卿

关汉卿,名一斋,号已斋叟。他与郑光祖、白朴、马致远并称"元曲四大家",主要作品有《窦娥冤》《救风尘》《望江亭》《单刀会》等。

2. 郑光祖

郑光祖,字德辉,"元曲四大家"之一,主要作品有《倩女离魂》《三战吕布》等。

3. 白朴

白朴,字太素,号兰谷原名恒,字仁甫,"元曲四大家"之一,主要作品有《梧桐雨》《东墙记》《墙头马上》等。

4. 马致远

马致远,字千里,号东篱,"元曲四大家"之一,作品有杂剧《汉宫秋》《岳阳楼》等,另有散曲集《东篱乐府》。

5. 王实甫

王实甫,名德信,字以行,作品有《西厢记》《破窑记》等,其中《西厢记》是元杂剧中最成功的作品之一。

(七) 明代

1. 宋濂

宋濂,字景濂,号潜溪,主要作品有《送东阳马生序》《宋学士文集》等。

2. 施耐庵

施耐庵的主要作品有《忠义水浒传》,又称《水浒传》,是我国第一部反映农民起义的长篇章回体小说。

3. 罗贯中

罗贯中,名本,号湖海散人,主要作品有《三国志通俗演义》(简称《三国演义》)《隋唐两朝志传》《三遂平妖传》。《三国演义》为我国第一部长篇历史章回体小说。

4. 吴承恩

吴承恩,字汝忠,号射阳山人,其主要作品《西游记》是著名长篇章回神魔小说,是古典文学中最辉煌的神话作品,标志着浪漫主义文学的新高峰。

5. 归有光

归有光,字熙甫,号震川,主要作品有《震川文集》等。他推崇唐宋古文,被称为"唐宋派"。

6. 汤显祖

汤显祖,字义仍,号若士,又号海若、清远道人,主要作品有《牡丹亭》(又名《还魂记》)《紫钗记》《邯郸记》《南柯记》,合称《玉茗堂四梦》或《临川四梦》,以《牡丹亭》影响最大。

7. 冯梦龙

冯梦龙,字犹龙,别号墨憨斋主人、顾曲散人等,主要作品有"三言"——《喻世明言》《醒世恒言》《警世通言》。"三言"与凌蒙初作的《初刻拍案惊奇》《二刻拍案惊奇》合称"三言二拍",代表了明代拟话本的最高成就。

8. 明代四大奇书

《三国演义》《水浒传》《西游记》《金瓶梅》。

(八) 清代

1. 顾炎武

顾炎武,原名绛,字宁人,号亭林,主要作品有《日知录》和《亭林诗文集》等。

2. 洪昇

洪昇,字昉思,号稗畦,与孔尚任并称"南洪北孔",主要作品有《长生殿》(传奇,写唐明皇与杨贵妃的爱情故事),另有《回文锦》等。

3. 孔尚任

孔尚任,字聘之,号云亭山人,主要作品有《桃花扇》(传奇,是一部以南明王朝的兴亡为内容的历史悲剧),另有《湖海集》等。

4. 蒲松龄

蒲松龄,字留仙,号柳泉居士,世称聊斋先生,主要作品有《聊斋志异》等。

5. 吴敬梓

吴敬梓,字敏轩,晚号文木老人,主要作品有《儒林外史》等。

6. 曹雪芹

曹雪芹,名霑,字梦阮,号雪芹,代表作《红楼梦》(高鹗续后40回)是最伟大的现实主义长篇古典小说,与《水浒》《三国演义》《西游记》并称为我国古典四大名著。

7. 姚鼐

姚鼐,字姬传,人称惜抱先生,主要作品有《惜抱轩全集》等。他是"桐城派"奠基人之一,主张义理、考据、辞章合一。

8. 李汝珍

李汝珍,字松石,其主要作品《镜花缘》以浪漫主义手法描写幻想图景。

9. 袁枚

袁枚,字子才,号简斋,主要作品有《小仓山房集》《随园诗话》等。

10. 龚自珍

龚自珍,字王瑟人,号定庵,主要作品有《病梅馆记》《己亥杂诗》等,是近代文学的开山作家。

11. 吴沃尧

吴沃尧,字小允,号趼人,主要作品有《二十年目睹之怪现状》(《二十年目睹之怪现状》《官场现形记》《老残游记》《孽海花》并称"晚清四大谴责小说")。

12. 李宝嘉

李宝嘉,字伯元,号南亭亭长,主要作品有《官场现形记》("晚清四大谴责小说"之一)等。

13. 刘鹗

刘鹗,字铁云,别署鸿都百炼生,主要作品有《老残游记》("晚清四大谴责小说"之一)等。

14. 曾朴

曾朴,字孟朴,主要作品有《孽海花》,("晚清四大谴责小说"之一)等。

15. 梁启超

梁启超,字卓如,号任公,又号饮冰室主人,维新派代表人物之一,与康有为合称"康梁",主要作品有《谭嗣同》《少年中国说》等,有《饮冰室合集》。

(九) 现当代

1. 鲁迅

鲁迅,原名周树人,字豫才,文学家、思想家、革命家,中国文化革命的主将,代表作有《呐喊》(包括《狂人日记》《阿Q正传》《孔乙己》等)、《彷徨》(包括《祝福》《伤逝》等)、《朝花夕拾》(包括《藤野先生》《范爱农》等)等。

2. 郭沫若

郭沫若,原名郭开贞,作家、诗人和社会活动家,也是历史学家考古学家和古文字学家,主要作品有《女神》(包括《凤凰涅槃》《女神之再生》《炉中煤》等)、《棠棣之花》《屈原》《虎符》

《高渐离》《孔雀胆》《蔡文姬》《武则天》等。《女神》是一部杰出的浪漫主义诗集,奠定了新诗运动的基础。

3. 叶圣陶

叶圣陶,名绍钧,作家、教育家、出版家、社会活动家,主要作品有长篇小说《倪焕之》等,短篇小说有《多收了三五斗》《夜》等,童话集有《稻草人》《古代英雄的石像》。他是中国现代童话创作的拓荒者。

4. 茅盾

茅盾,原名沈德鸿,字雁冰,笔名茅盾。他是现代杰出作家,中国新文化运动的先驱之一,主要作品有《蚀》(包括《幻灭》《动摇》《追求》三部曲)和农村三部曲(《春蚕》《秋收》《残冬》),散文《风景谈》《白杨礼赞》等。《子夜》是我国现代文学史上第一部现实主义长篇杰作。

5. 郁达夫

郁达夫,现代作家、诗人,主要作品有《沉沦》《春风沉醉的晚上》《薄奠》等。

6. 徐志摩

徐志摩,现代诗人,主要作品有诗集《志摩的诗》《猛虎集》等,著名篇目有《再别康桥》《在病中》《沙扬娜拉》《偶然》等,是新月派主要诗人。

7. 田汉

田汉,戏剧家,中国现代戏剧的奠基人,主要剧作有《咖啡店之一夜》《名优之死》《丽人行》《关汉卿》《文成公主》等,改编戏曲有《白蛇传》《谢瑶环》等。他是"五四"以后最有成就的剧作家之一,是国歌《义勇军进行曲》的词作者。

8. 朱自清

朱自清,现代作家,主要作品有诗文集《踪迹》,散文集《背影》《欧游杂记》《你我》等,学术著作《经典常谈》等,著名篇目有《背影》《绿》《荷塘月色》《桨声灯影里的秦淮河》《生命的价格——七毛钱》等。

9. 闻一多

闻一多,著名爱国诗人、学者,主要作品有诗集《红烛》《死水》,著名篇目有《太阳吟》《洗衣歌》《发现》《一句话》《死水》等,学术著作有《神话与诗》《古典新义》等。

10. 老舍

原名舒庆春,字舍予,满族,1950年获"人民艺术家"称号,其主要作品有《骆驼祥子》《四世同堂》《茶馆》《龙须沟》《西望长安》等,是"京味小说"的开创者。

11. 冰心

冰心,原名谢婉莹,著名女作家,主要作品有诗集《繁星》《春水》,散文集《寄小读者》《樱花赞》等,儿童文学作品《小桔灯》等,被誉为"美文"的代表。

12. 夏衍

夏衍,原名沈乃熙,字端轩,号端先,著名剧作家,主要作品有话剧剧本《秋瑾传》《上海屋檐下》《法西斯细菌》等,改编的电影剧本有《祝福》《林家铺子》《烈火中永生》等,报告文学《包身工》。他创作了我国最早的电影文学剧本《狂流》,被誉为"中国电影新路线的开始"。

13. 巴金

巴金,原名李尧棠,作家,主要作品有长篇小说"激流三部曲"(《家》《春》《秋》)和"爱情三部曲"(《雾》《雨》《电》)等,中篇小说《寒夜》《憩园》等,散文集《忆》《梦与醉》等。《家》等为我国现代文学史上描写封建家庭历史的最成功的作品。巴金1982年获意大利"但丁国际奖",2003年被授予"人民作家"荣誉称号。

14. 赵树理

赵树理,原名赵树礼,小说家,主要作品有小说《小二黑结婚》《李有才板话》《李家庄的变迁》等。《小二黑结婚》被茅盾誉为"解放区文艺的代表作之一";《李有才板话》被茅盾誉为"走向民族形式的里程碑",是"山药蛋派"的代表作。

15. 曹禺

曹禺,原名万家宝,剧作家,主要作品有剧本《雷雨》《日出》《原野》《北京人》《明朗的天》《胆剑篇》《王昭君》等。

16. 艾青

艾青,原名蒋海澄,著名诗人,主要作品有《大堰河——我的保姆》《鱼化石》《古罗马的大斗技场》等。他的作品标志着"五四"以后自由体诗发展的一个重要阶段,又给以后的新诗创作带来很大影响。

17. 周立波

周立波,作家,主要作品有《暴风骤雨》《山乡巨变》。《暴风骤雨》是我国解放战争时期出现的最成功的文学作品之一,获斯大林文学奖。

18. 孙犁

孙犁,原名孙树勋,是"荷花淀派"创始人,主要作品有长篇小说《风云初记》等,中篇小说《村歌》等,短篇小说《荷花淀》等。

19. 梁斌

梁斌,主要作品有长篇小说《红旗谱》《播火记》,作品描述了我国新民主主义革命时期北方农民生活和斗争。

20. 柳青

柳青,主要作品有小说《种谷记》《铜墙铁壁》《创业史》。

21. 杜鹏程

杜鹏程,主要作品《保卫延安》,是我国第一部大规模正面描写解放战争的长篇小说。

22. 李季

李季,主要作品有长诗《王贵与李香香》,长篇叙事诗《杨高传》。前者以信天游形式歌颂了陕北人民的革命斗争,在我国现代诗歌史上占有重要地位。

23. 杨沫

杨沫,原名杨成业,当代作家,主要作品有长篇小说《青春之歌》,反映了20世纪30年代我国知识分子的历史命运和成长道路。

24. 曲波

曲波,主要作品有长篇小说《林海雪原》,故事惊险紧张,富有传奇色彩。

25. 罗广斌、杨益言

罗广斌、杨益言,主要作品有长篇小说《红岩》。

二、外国文学常识

(一) 古典文学

1. 古希腊

(1) 荷马:古希腊诗人,生平不详,代表作有《伊利亚特》和《奥德赛》,合称荷马史诗。

《伊利亚特》主要叙述了特洛伊战争最后一年的故事。《奥德赛》描写了特洛伊战争结束后,希腊英雄奥德修斯历险回乡的故事。

(2) 柏拉图:约前427—前347,古希腊伟大的哲学家,与其师苏格拉底和学生亚里士多德并称为古希腊三大哲学家,著有《理想国》《法律篇》等。

(3) 古希腊三大悲剧家:埃斯库罗斯,希腊悲剧的创始人,被称为"悲剧之父",著有《被缚的普罗米修斯》《被释的普罗米修斯》《带火的普罗米修斯》(组成三部曲),另有《波斯人》等;索福克勒斯,著有《俄狄浦斯王》《安提戈涅》等;欧里庇得斯,著有《美狄亚》等。

(4) 阿里斯托芬:被誉为"喜剧之父",著有《蛙》《和平》等。他的喜剧属现实主义,表现手法极其夸张。

古希腊的文学名著还有伊索的《伊索寓言》,是古希腊寓言集,奠定了欧洲寓言的基础。

2. 中世纪

中世纪最著名的文学作品是但丁创作的《神曲》。《神曲》分为三部:《地狱》《炼狱》《天国》。

3. 文艺复兴时期

(1) 文艺复兴三杰:达·芬奇(《最后的晚餐》《蒙娜丽莎》);米开朗琪罗(《大卫》《摩西》《创世纪》);拉斐尔(《雅典学院》)。

(2) 乔万尼·薄伽丘:意大利作家,代表作《十日谈》。

(3) 杰弗雷·乔叟:英国诗歌之父,代表作《坎特伯雷故事集》。

(4) 托马斯·莫尔:英国空想社会主义作家,著有《乌托邦》。

(5) 莎士比亚:文艺复兴时期的剧作家和诗人,是最伟大的戏剧天才,代表作有悲剧《哈姆雷特》《奥赛罗》《麦克白》《李尔王》和《罗密欧与朱丽叶》;喜剧《威尼斯商人》《第十二夜》《皆大欢喜》;历史剧《理查二世》《亨利四世》等。

(6) 塞万提斯·萨维德拉:西班牙文艺复兴时期最杰出的现实主义小说家,代表作《堂吉诃德》。

4. 启蒙运动时期

(1) 丹尼尔·笛福:英国小说的开创者之一,代表作《鲁滨孙漂流记》和《辛格顿船长》。

(2) 乔纳森·斯威夫特:爱尔兰人,他的《格列佛游记》享誉世界。

(3) 塞缪尔·理查逊:英国家庭小说的开创者,代表作《克拉丽莎》,是英国伤感文学的先驱。

(4) 亨利·菲尔丁:英国小说家中成就最高者,其代表作《汤姆·琼斯》是18世纪英国文学中最具启蒙特征的小说。

(5) 奥利弗·哥尔德斯密斯:英国作家,长篇小说《威克菲尔德的牧师》和长诗《荒村》是伤感文学成就最高的作品。

(6) 托马斯·格雷:英国"墓园诗派"的代表,代表作为《墓园挽歌》。

(7) 伏尔泰:法国启蒙运动中最具领袖威望的作家,最具价值的文学作品是中短篇哲理小说,著名的包括《查第格》和《天真汉》《老实人》等。

(8) 德尼·狄德罗:法国启蒙文学的中坚,也是"百科全书派"的领袖人物,代表作有《私生子》《一家之长》《当好人还是坏人》,小说《拉摩的侄儿》《宿命论者雅克和他的主人》等。

(9) 让·雅克·卢梭:法国最杰出的思想家和文学家,代表作有《新爱洛伊丝》《爱弥儿》《忏悔录》等。

（10）约翰·沃尔夫冈·歌德：德国最伟大的文学家，代表作《少年维特之烦恼》《浮士德》。

（11）弗里德里希·席勒：德国作家，代表作《强盗》《阴谋与爱情》《唐·卡洛斯》等。

（二）近代文学

1. 浪漫主义文学

浪漫主义文学产生于18世纪末，在19世纪上半叶达到繁荣时期，是西方近代文学最重要的思潮之一。

（1）拜伦：英国诗人，代表作有《唐璜》等。

（2）雪莱：英国浪漫主义诗人，代表作有《解放了的普罗米修斯》《西风颂》《云雀颂》《自由颂》等。

（3）罗伯特·彭斯：苏格兰诗人，擅长抒情和讽刺，语言通俗，代表作有《苏格兰方言诗集》。

（4）威廉·布莱克：英国诗人，版画家，代表作有《天真之歌》《经验之歌》。

（5）威廉·华兹华斯："湖畔派"诗人中成就最高者，他与"湖畔派"另一诗人萨缪尔·柯勒律治的合集《抒情歌谣集》为英国浪漫主义文学的奠基之作。

（6）维克多·雨果：法国作家，代表作有《巴黎圣母院》《九三年》《悲惨世界》等。

（7）亚历山大·大仲马：法国小说家，代表作《三个火枪手》和《基度山伯爵》将通俗小说的发展推向极致。

（8）亚历山大·小仲马：大仲马的儿子，代表作有《茶花女》《放荡的父亲》《私生子》等。

（9）普希金：俄国诗人，代表作有《自由颂》《青铜骑士》《叶甫盖尼·奥涅金》《渔夫和金鱼的故事》等。

（10）裴多菲：匈牙利积极浪漫主义诗人，代表作有《民族之歌》《反对国王》等，有名言"生命诚可贵，爱情价更高"。

（11）梭罗：美国作家，超验主义理论家，其作品《瓦尔登湖》是美国浪漫主义文学的奠基之作。

（12）沃尔特·惠特曼：美国诗人，美国现代文学的鼻祖，其诗集《草叶集》歌颂了美利坚民族意识的觉醒。

2. 批判现实主义文学

（1）司汤达：法国批判现实主义作家，代表作《红与黑》。

（2）巴尔扎克：法国批判现实主义文学的杰出代表，代表作有《人间喜剧》，其中包括《高老头》《欧也妮·葛朗台》《贝姨》《邦斯舅舅》等。

（3）福楼拜：法国作家，代表作《包利法夫人》。

（4）普罗斯佩·梅里美：法国现实主义作家，代表作《卡门》。

（5）莫泊桑：法国批判现实主义作家，有"短篇小说巨匠""短篇小说之王"之称，代表作有《一生》《俊友》《羊脂球》《我的叔叔于勒》《项链》等。

（6）狄更斯：英国批判现实主义作家，代表作有《大卫·科波菲尔》《艰难时世》《荒凉山庄》和《双城记》等。

（7）萨克雷：英国作家，代表作《名利场》。

（8）夏洛蒂·勃朗特：英国作家，代表作《简·爱》。

（9）艾米莉·勃朗特：英国作家，代表作《呼啸山庄》。她与《简·爱》作者夏洛蒂·勃朗特和《艾格妮丝·格雷》的作者安妮·勃朗特，号称"勃朗特三姐妹"。

(10) 果戈理：俄国作家，批判现实主义文学的奠基人，代表作有《钦差大臣》《死魂灵》。

(11) 列夫·托尔斯泰：现实主义作家，代表作为《战争与和平》《安娜·卡列尼娜》《复活》等，列宁称其为"俄国革命的一面镜子"。

(12) 陀思妥耶夫斯基：俄国作家，代表作有《罪与罚》《白痴》《卡拉马佐夫兄弟》。

(13) 契诃夫：代表作有《小公务员之死》《变色龙》《套中人》《第六病室》等，是俄罗斯唯一以短篇小说创作登上世界文坛高峰的作家。

(14) 马克·吐温：美国著名作家和演说家，代表作有《竞选州长》《败坏了赫德莱堡的人》《镀金时代》《汤姆·索亚历险记》《百万英镑》等。

(15) 欧·亨利：美国短篇小说家，主要作品有《麦琪的礼物》《警察与赞美诗》《最后一片藤叶》等，被誉为"美国生活幽默的百科全书"。

(16) 斯托夫人：美国女作家，代表作《汤姆叔叔的小屋》反映了美国蓄奴制度时期的社会生活。

(三) 现代文学

(1) 欧仁·鲍狄埃：法国诗人，代表作有《革命歌集》《鲍狄埃全集》。于1871年6月创作的《国际歌》，成为全世界"无产阶级联合起来"的战斗诗歌。

(2) 马克西姆·高尔基：苏联作家，代表作有《母亲》《童年》《在人间》《我的大学》《海燕》等。

(3) 尼古拉·奥斯特洛夫斯基：苏联作家。代表作为《钢铁是怎样炼成的》《暴风雨所诞生的》等。

(4) 马雅可夫斯基：苏联诗人。代表作有《穿裤子的云》《列宁》《宗教滑稽剧》等。

(5) 阿·托尔斯泰：俄国著名作家。代表作有《苦难的历程》等。

(6) 法捷耶夫：苏联作家。代表作有《逆流》《毁灭》《最后一个乌兑格人》《青年近卫军》等。

(7) 米哈依尔·肖洛霍夫：苏联作家。代表作有《静静的顿河》《一个人的遭遇》等。

(8) 鲍里斯·瓦西里耶夫：苏联作家。代表作有《这里的黎明静悄悄》。

(9) 劳伦斯：英国作家。代表作有《儿子与情人》《查泰莱夫人的情人》《虹》《恋爱中的女人》等。

(10) 毛姆：英国作家。代表作有《人性的枷锁》《月亮和六便士》等。

(11) 罗曼·罗兰：法国作家，诺贝尔文学奖获得者。代表作有《约翰·克利斯朵夫》《爱与死的搏斗》等。

(12) 雷马克：德国小说家。代表作有《西线无战事》《生死存亡的年代》等。

(13) 斯蒂芬·茨威格：奥地利作家。代表作有《一个陌生女人的来信》《伟大的悲剧》《成功的秘诀》等。

(14) 西奥多·德莱塞：美国作家。代表作有《嘉莉妹妹》《珍妮姑娘》《美国的悲剧》和"欲望三部曲"(《金融家》《巨人》《斯多葛》)。

(15) 海明威：美国作家。代表作有《老人与海》《永别了，武器》《丧钟为谁而鸣》等。

(16) 泰戈尔：印度著名诗人、文学家、社会活动家、哲学家和印度民族主义者。代表作有《吉檀迦利》《飞鸟集》《眼中沙》《四个人》《家庭与世界》《园丁集》《新月集》《最后的诗篇》《戈拉》《文明的危机》等。

(17) 卡夫卡：奥地利作家。代表作有《审判》《城堡》《变形记》等。

(18) 托马斯·艾略特：英国诗人、文学批评家。生于美国，1914 年起定居英国，1927 年入英国籍。代表作品有《荒原》《四首四重奏》等。

(19) 约瑟夫·海勒：美国小说家。"黑色幽默"的代表作家。1961 年发表的《第二十二条军规》被称为"黑色幽默"的代表作。

(20) 塞缪尔·贝克特：爱尔兰剧作家、小说家。代表作有《等待戈多》《普鲁斯特》等。

(21) 伍尔夫：英国女作家。代表作有《达洛维夫人》《到灯塔去》《雅各的房间》等。

(22) 普鲁斯特：法国小说家。代表作有《追忆逝水年华》。

(23) 叶芝：爱尔兰诗人、剧作家。代表作有《钟楼》《盘旋的楼梯》《驶向拜占庭》等。

(24) 庞德：美国诗人、文学评论家。代表作有《面具》《反击》《献祭》《休·西尔文·毛伯莱》《诗章》等，最著名的作品为意象派名作《在地铁站内》。

(25) 乔伊斯：爱尔兰作家。代表作有《尤利西斯》《芬尼根的守灵夜》等。

(26) 福克纳：美国作家。代表作有《喧哗与骚动》《我弥留之际》等。

(27) 萨特：法国哲学家、作家。代表作有《存在与虚无》《自我的超越性》《恶心》等。

(28) 马尔克斯：哥伦比亚作家、记者和社会活动家。代表作有《百年孤独》《霍乱时期的爱情》等。

(29) 小林多喜二：日本作家。代表作有《蟹工船》《在外地主》《为党生活的人》等。

(30) 川端康成：日本作家。代表作有《伊豆的舞女》《雪国》《古都》《千只鹤》等。

(31) 村上春树：日本当代作家。代表作有《挪威的森林》《世界尽头与冷酷仙境》《1Q84》等。

第六节 艺术鉴赏

艺术鉴赏是读者、观众、听众凭借艺术作品而开展的一种积极的、主动的审美再创造活动。它是人们对艺术作品进行的非反思的审美接受活动。

一、艺术鉴赏的要领

艺术鉴赏的要领包括四个方面：充分发挥艺术想象力；领悟作品的情感意蕴；体味作品的艺术形式；了解艺术家的创作个性和创作背景。

（一）充分发挥艺术想象力

艺术想象力主要是艺术欣赏主体在审美过程中通过联想、想象、幻想将各种相关形象、记忆、表象加以整合，由此来认识欣赏对象，并创造新形象的能力，是进行艺术欣赏的前提。当我们在进行艺术欣赏时，必须运用已有的知识、经验等，充分展开想象的翅膀。例如，对达·芬奇名作《蒙娜丽莎》中蒙娜丽莎那神秘的微笑，不同的欣赏者会有不同的感受和解读，这除了与欣赏者的艺术素养有关外，与欣赏者的艺术想象力也有密切关系。

（二）领悟作品的情感意蕴

任何艺术作品都要表达一定的情感。艺术情感是丰富且微妙的，既有具体性的情感态度，又有抽象性的情感意味。所谓具体性的情感态度，指艺术作品对具体时代和社会、人物和事件等的道德性、伦理性的情感评价，如爱与憎、赞赏与批判等。它主要体现在具象性的艺术样式中，如具象绘画、具象雕塑、情节性舞蹈、戏剧、影视等。抽象性的情感意味主要体现在音乐、书法、抽象舞蹈、抽象绘画、抽象雕塑等艺术样式中。在艺术欣赏活动中,欣赏者必须通过对作品的反复琢磨,领悟其情感意蕴,对于具象性的艺术样式,主要领悟其具体性的情感态度,判别和感受作品表达的情感是爱还是憎、是赞赏还是批判;对于抽象性的艺术样式,主要领悟其抽象性的情感意味,判别和感受作品的情感力度和审美情调。这是解读艺术作品的重要环节。

(三) 体味作品的艺术形式

作品的艺术形式指的是艺术作品内部的组织构造、外在的表现形态及各种艺术手段的总和。对艺术形式的体味,主要表现为以下三个方面。

1. 把握作品的题材和艺术形象

艺术是艺术家审美情感的形象性表现,艺术特定情感意蕴的表达,是依靠不同艺术样式选择特定题材,塑造丰富多彩的艺术形象来实现的。从对题材的理解看,既有与主题直接关联的题材,如浪漫主义电影中的战争与爱情题材,也有与主题无直接关联的题材,如西方现代派绘画中的教堂、舞女、天空等,它们并不是表现现实生活中的事物,而是某种象征符号;从对艺术形象的理解看,不同艺术样式在艺术形象塑造方面有不同的特性和规律,如影视依靠自由调度的镜头使艺术形象直观细微,书法则塑造不脱离具体字形的抽象形象。我们在欣赏艺术作品时,只有把握作品的题材和形象,才能理解作品的情感意蕴。

2. 感受作品的表现手段

艺术形象的塑造是依靠不同艺术样式的特定表现手段来完成的,如绘画的表现手段主要是线条、色彩、明暗、笔触和构图等,雕塑的表现手段主要是材质、形体、量感、雕痕和环境等,音乐的表现手段主要是节奏、旋律、音色、曲式等。在具体的艺术欣赏中,欣赏者不但要感受这些表现手段所具有的形式美,更要感受这些表现手段是如何最充分地传达艺术作品的情感意蕴的。例如,冼星海的《怒吼吧,黄河》以层层叠进的复调充分地描绘出波涛汹涌的黄河形象,表达出群情激奋的战斗氛围。

3. 把握作品的审美形态

艺术作品有不同的审美形态,不同的审美形态有着不同的审美特点和审美要求。我们在欣赏艺术作品时,除了充分发挥想象力、领悟作品的情感意蕴、感受作品的表现手段外,还可以从作品的审美形态方面进行把握,以加深对作品的解读,比如对古希腊雕塑名作《断臂维纳斯》、达·芬奇名作《最后的晚餐》、莎士比亚戏剧《哈姆雷特》、我国著名小提琴协奏曲《梁祝》的欣赏等。

(四) 了解艺术家的创作个性和创作背景

艺术创作与艺术家的创作个性是密切相关的,艺术家不同的创作个性形成了各自独特的风格。在欣赏艺术作品时,对该作品作者的创作个性的了解与把握将有助于对作品的解读,加深对作品美的特质的感受和理解。例如,欣赏毕加索的绘画作品时,如果欣赏者对西方现代派画的基本特征、毕加索的创作个性及其一生不同时期的创作风格等没有一定的了解,就很难正确理解作品,甚至连基本的审美感受都无法实现。此外,任何艺术作品都是艺术家在特定的背景下创作出来的,背景既包括时代大背景,也包括艺术家创作该作品时个人的生活状况、心境等。在欣赏艺术作品时,如果欣赏者能够对作品的创作背景有所理解,就能够深化对作品的解读,获得更多的艺术享受。例如,我们在欣赏贝多芬的《第五命运交响曲》时,如果对贝多芬的人生经历及此曲的创作背景有所了解,就更能被作品所传达的思想情感所深深震撼。

二、常见的艺术鉴赏

常见的艺术主要包括音乐、舞蹈、绘画、雕刻、建筑、文学、戏剧、影视等,这里我们主要介绍对音乐、舞蹈、绘画、书法、影视的鉴赏。

(一) 音乐鉴赏

音乐是用有组织的、有一定节奏和旋律的音响塑造艺术形象,直接表达情感的艺术。音乐鉴赏是人们感知、体验和理解音乐艺术的一项实践活动,欣赏的过程往往是从创作背景、标题、主题思想、曲式结构到作品表现的具体内容,欣赏的心理途径是从感性的认知到理性思维。要深层次欣赏一部音乐作品,除了知晓"音乐语音要素",还要结合以下几点对作品进行全面的了解。

一是作者和作品的时代背景。作曲家在创作一部音乐作品时,总是会将个人对现实生活的感受融入其作品之中。因此我们想要深刻地领会作品的思想内容,就必须了解作品产生的时代背景和时代特点。二是作品的民族特征。一切音乐作品都植根于民族民间音乐,因此都有各自的民族特征。三是作者的创作个性。作曲家由于生活时代、环境、素养、经历和艺术趣味的不同,表现出各不相同的创作个性。贝多芬的《第九交响曲》和舒伯特的《未完成交响曲》是同一时期的作品,具有相同的时代背景,但由于创作个性不同,两部作品的风格大不一样。

经过前期音乐背景知识的储备,我们便进入欣赏音乐的实质性阶段。欣赏音乐可以分为三个步骤,首先是感官欣赏,这是音乐欣赏的初级阶段。在这个阶段,我们主要是感受音乐是否悦耳动听,从听觉中直接获得体验,无须借助理性去求得认识。这也是人们听觉本能的反应,是音乐首先提供给人们的最直接的一种感受。其次是感情的欣赏,即在最初的感官欣赏、情绪体验的基础上进一步体验音乐所表达的思想感情,引起精神上的共鸣和唤起人们的某些联想。由于我们每个人经历的不同和文化素养的差异,对作品的感受也不尽相同。最后是理性的欣赏,即在感官、情感欣赏的基础上寻求进一步理解音乐作品的思想内涵,准确把握作曲家的思想观念及他们个人的生平和所处的社会历史环境的综合认识,包括了解音乐主旨要素在作品中的运用等,在理性认识的参与下深入感受作品,增加理解的深度。

(二) 舞蹈鉴赏

舞蹈是通过有节奏、有组织和经过美化的流动性的人体动作来表现特定主题的艺术。舞蹈鉴赏就是人们观看舞蹈表演时对人体动作美所产生的一种审美活动。具体地说,它是鉴赏者通过作品中所展现的富有审美价值的形象、动作、技巧、表情、音乐所组成的有意味的形式去认识客观世界的一种思维活动。在鉴赏舞蹈时,要注意从以下几个方面出发。

1. 看动作细节

鉴赏舞蹈首先要学会看动作,即注意舞蹈动作的细节,注意观察舞蹈动作的停顿与流动变化,注意动作变化的趋势、方向。有些舞蹈还有多种艺术元素的加入,如舞台美术造型、舞台灯光、舞蹈音乐的旋律和配器、舞蹈服装的造型和颜色等,这些都是在鉴赏过程中要"看"的内容。其次,要在舞蹈动作中注意发现并找出那些最重要的、反复出现的动作,即动作艺术的"主旋律"。舞蹈艺术正是通过这个"主旋律"来感染人、打动人的。

2. 在动作的连接中找感觉

舞蹈艺术是一种动态的艺术。舞蹈最动人的部分是在流动中体现出来的,或者隐藏在一个动作与另一个动作之间的连接过程中。鉴赏舞蹈时要在动作连接中努力发现舞蹈的流动之美。当舞蹈动作从一个造型性的瞬间"滑向"另一个瞬间时,舞蹈者会集中运用自己的全部精神,努力控制动作在空中滑动的轨迹,这个时候,动作运动的速度、力度、幅度等要素都会因为表演者的不同而呈现出不同的"味道"。动作流动过程里的"味道",往往就是舞蹈艺术"韵味"之所在。只有注意欣赏动作之间的连接,把握动作与动作之间流动过程中的韵律,以及那种反反复复的节律配合,才能真正触摸到舞动的灵魂。

3. 在动律的反复中问内涵

舞蹈艺术动律的反复是舞蹈语言描绘万物的最重要的因素。舞蹈动律是指舞者进行舞蹈表演时在一个相对完整的时空里,由一个带有主题性的动作以及其他的配合性动作构成的动作组合。类似音乐歌曲里的一句主旋律,舞蹈动律不是舞蹈段落,更不是指整个作品,而是构成舞蹈形象的最小的舞蹈动作组合,也是核心性的动作组合。欣赏舞蹈时我们要学会抓住动律。舞蹈动律有其开始、反复、再现的特征,没有反复再现,所谓的动律也就不存在。

4. 在综合效果上见主题

舞蹈艺术是一种带有综合性质的表演艺术。因此,鉴赏舞蹈时,特别是面对剧场舞蹈艺术演出时,不仅要去观赏动作表演,而且还要注意其他舞台艺术手段的综合效果。例如,舞蹈服装的样式和色彩描绘了怎样的形象,舞台布景营造了什么环境,人物化妆造型烘托了怎样的性格,舞台灯光点缀出怎样的寓意,等等。我们必须注意到,一场好的舞蹈演出,不仅在舞蹈动作上一定要设计得流畅、鲜明、有美感,而且在综合艺术效果上也应该别出心裁、高人一筹。

(三) 绘画鉴赏

绘画是运用点、线、色彩、明暗、透视、构图等手段在平面上创作图像,反映现实和表达审美感受、思想情感的艺术。欣赏绘画作品时,我们应从构图美、线条美和色彩美三个方面领会绘画艺术的美。

1. 构图美

在绘画和艺术设计的实践中,构图是最重要的环节,也是从理论到实践最重要的美学。无论是绘画还是艺术设计,构图几乎贯穿创作的全过程。

中国绘画不注重从固定角度刻画空间环境和透视法,而是善于从高处把握全面,形成中国山水画"以大观小"的特点。在透视方法上,中国画在行动中观察自然,所谓"步步移,面面观",靠目识心记,不受时空限制,多用散点透视,尤重线条表现。画家眼观八方,一目千里,把自然景物组织成一幅气韵生动的艺术画面,"搜尽奇峰打草稿"。

西方绘画的主流是强调对客观形象的模仿与再现,不断吸收有利于真实形象创造的数学、解剖学、透视学、光学、色彩学等方面的知识,注重比例、结构和形体的质感。西方绘画面对自然,由我观物,对景写生,强调透视的科学性,多用焦点透视,重视光与影的描绘。

2. 线条美

线条是最原始、最简洁的造型语言,也是造型艺术的重要语言,人类早期绘画是从线条开始的。线条美的本质在于它被人们的审美意识所赋予的感情色彩,如线的长短、粗细、疏密、干湿、曲直、快慢等节奏的变化表达了不同的情绪、情感。

中国绘画的线条感情较西方更加丰富。中国绘画注重线条主要源于中国人对笔墨的重视。中国绘画中的笔墨有很强的表现力。在实践中,画家们创造了许多笔法,如山水画中的披麻皴由近于平行的线条组成,运动徐缓,绵延层叠,疏密相间,给人以宁静、和谐、深远的感觉;斧劈皴由粗壮的短线和断线组成,运动疾速,锋利逼人,给人以激越亢奋的感觉。线条充盈着艺术家的生命和艺术感觉,反映出画家的品格与个性。

西方绘画中的线具有较强的理性特征,用"线"的不同表现方法来达到造型准确、空间处理合理的效果。其早期的线条主要是朝着模仿自然、再现自然的写实方向发展。随着生产力的提高,人们开始将发现的科学知识引入艺术,认为自然界中其实是不存在线的,有的只是体面以及面与面的交接所形成的表面的线。随着时间的推移,西方画家在表现自然物象的规律时,借鉴东方绘画,试图重新用线条塑造立体形态。

3. 色彩美

色彩是视觉艺术中最感情化的因素,具有在瞬间唤醒视觉注意和感情共鸣的效果。同时,色彩又是文化隐喻丰富的视觉因素,不同地区民族的文化传统习俗和情感传达方式都与色彩有密切的关系。

中国的绘画在用色的观念上很大程度受到"天人合一"宇宙观的影响。中国画家认为黑色乃是一切颜色之母。因此,中国画家一般对五彩缤纷的颜色敬而远之,而以墨为主。中国传统的水墨画诞生于江南,江南地域水分充足,雨雾频繁,江南山水给人以迷蒙、幽远、清雅的感受,因此水墨画扬弃艳丽、强烈的色彩对比,喜用简约的"墨分五色"的明度对比,以求黑白对比的强烈以及淡淡墨痕的雅致。

西方绘画作品中的物象界限不是用线条来区分,而是用色彩的深浅、光线的明暗来表现,就像我们眼见的实物一样。西方绘画用亚麻子油来调和各种颜料,色彩十分丰富。通过色彩的精心运用,画家可以表现出物体的明暗差异、体积、质感和空间感,以及物体在一定光源照射下所呈现出来的视觉效果。也就是说,西方绘画更倾向于强调色彩的丰富性与结构上的差别。它所追求的是在色彩的冷与暖、厚与薄、深与浅、淡与浓等多组关系中,营造出直观的视觉效果。

(四)书法鉴赏

书法是以汉字为基础,通过点划运动来表现一定情感、意蕴的艺术。书法鉴赏是人们根据一定的审美意识对具体的书法作品的领略和赏玩,是通过对书法作品的反复观察、体悟、琢磨、想象而领悟艺术美的真谛,同时从欣赏别人作品中得到身心的愉悦和艺术美的享受。书法鉴赏的要领大致分为三个阶段:首先是整体感知,其次是细节体味,最后是综合把握。

1. 整体感知

整体感知就是看作品的"大效果""第一印象"。这时以感性思维为主导,凭直觉去感受作品的精神气息。不同的作品会有沉静、轻缓、跌宕、狂放等不同的视觉。这时的直觉感受会成为鉴赏作品的基调,也是体验和欣赏的初期阶段,还不能完全判定其艺术水准和审美价值。

2. 细节体味

有了对作品的第一印象后,接下来我们应对字的章法、笔法、结构等进行仔细品鉴,这个过程是检验作品艺术水平及作品是否"耐看"的关键。首先,在字的章法上看,我们在欣赏过程中应注意字与字、行与行、文与款之间的空间位置,注意文字与空白的比例关系和疏密变化,是否达到大小适宜、疏密合理、上下连续、左右顾盼、神定气足、灵活多变、节奏和谐和妙变无穷的艺术效果。

其次,从字的笔法上看,笔法是汉字中点线的写法技巧,欣赏时我们要注意笔毫在纸上的运动方式,要注意点线所具有的审美价值,具体包括三个方面:一是要看运笔的速度。一般来说,"缓"表现点线的古朴厚重,"急"表现点线的飘逸洒脱。二要看运笔的力度。运笔的力度有起有伏,"起"是提锋,"伏"是按锋;"起"表现出点线轻而细、圆润遒劲,"伏"表现出点线重而粗、雄浑强劲。三要看运笔的形态。运笔的形态主要指运笔的藏锋、露锋和方笔等。"藏锋"是指起笔和收笔时把笔锋裹藏起来,不让锋尖显露;"露锋"是指起笔或收笔时让笔锋显露于外;"方笔"是指在笔画的起止或转折处的外形边沿呈现方硬的棱角。

最后,从字的结构上看,不同的结构可以显现出汉字的多姿。欣赏字的结构时我们主要从以下三个方面着手:一看字的奇正,"正"是平正,就是写出来的字能否给人以完整、稳定和适宜的感觉。二看字的疏密,就是写出来的字,如果字形小,笔画就要伸展,变小为大,如人、小、田等;如果字形大,笔画就要收紧,变大为小,如曦、瑕、瞩等。这样字体大小均衡、疏密得当,看上去和谐统一。三看字的主笔是否明确,有无轻重主次之分。虽然任何一个汉字的每一笔画都不可或缺,但其中必有一笔画起着主导作用,这就是我们通常所说的"主笔"。主笔在一个字的结构中必须分明,余笔则须紧紧围绕主笔摆放,不能喧宾夺主。

3. 综合把握

有了对作品细节的仔细品鉴和对作品技巧水平的准确判断,最后再进行纵向、横向比较,才能最终确定其艺术价值。纵向看其属于什么时代,审美风尚如何,作品能否体现时代精神;横向看其与同时期的作品相比,风格特点是什么,是否有创新等。书法的鉴赏过程始终交杂着直觉感受和理性分析,是情与理的碰撞交融。这种交融,既丰富了情感体验,又锻炼了审美能力。

(五) 影视鉴赏

影视是利用现代摄影、录像、录音技术,吸收其他艺术形式手法,以活动有序的画面为媒介,在银幕或屏幕上塑造视听形象,逼真地反映生活,表现思想情感和审美理想的综合艺术形式。影视作品的基本语言是画面和声音。在欣赏影视作品时,我们应从以下四个方面出发。

1. 理解作品的思想内涵

欣赏一部影视作品时,首先追求的不是感官上的享受,而是对作品思想内涵的理解。除了正确解读作品的故事情节之外,我们主要应从以下两个方面切入。一是从细节处理上理解作品的思想内涵。例如,在人物性格塑造的细节方面,影视作品常常采用特写镜头突出人物的表情动作,表现其内心世界。这些特写镜头都是我们要注意的重点。二是从语言上理解其思想内涵。影视作品中的语言,尤其是人物的对话是受时空制约的,其设计的基本原则是言简意赅、鲜明生动,既能够体现审美价值,又有助于塑造人物形象、推动情节发展并服务于作品思想内涵的表达。例如,电视连续剧《围城》是一部哲理性强、思想内涵深刻的作品,深谙这一点的导演特意将原著中众多人物的心理描写用画外音的形式加以传达,这不仅仅是出于对原著的忠实,也是为了有助于观众对作品思想内涵的解读。因此,我们在观赏这部作品时,不能忽视对画外音的认真聆听。

2. 欣赏作品的艺术形式

影视作品的艺术形式主要包括作品的叙事手法、画面、音乐、镜头、服装等。这些艺术形式也是影视作品欣赏中不可忽视的一部分。以作品的叙事手法为例,影视作品的叙事手法通常包括常规线性叙事(即按正常时间模式叙事)、多线性叙事(即影片由很多个小故事组成,在一个时间段由其中的一个故事串联起其他故事)、回忆叙事(即按照主人公或非主人公的回忆进行现实与回忆的交叉叙事)、环形结构叙事(即影片的开头与影片的结尾相互辉映)、倒叙线性叙事(即按照反正常时间叙事)、重复线性叙事(即整部影片在时间上会有一个重复的时间点,每个故事都会从这个时间点上再次开始)等。好的叙事手法必须扣人心弦、生动有力,让观众对即将发生的事件充满兴趣。

3. 欣赏作品的导演风格

影视作品虽然是许多部门的艺术家集体劳动的结晶,但导演作为这个创作集体的核心,起着最为重要的作用,从而使影视作品体现出导演个人的艺术风格与美学追求。但凡优秀的导演都有自己的导演风格,有的以温馨的人性刻画见长,有的以深刻的批判性见长;有的擅长拍摄惊天动地的爱情片,有的擅长拍摄喜剧片等。比如,导演张艺谋所拍摄的电影大多以风格鲜明著称,摄影师出身的他在电影画面的表现方面独具特色,如《红高粱》《英雄》《满城尽带黄金甲》等;冯小刚所拍摄的电影则以"冯氏幽默"著称。

4. 欣赏演员的表演艺术

在欣赏影视作品时,最让人感兴趣的除了故事情节外,就是演员的表演了。对于一些由著名演员担任主演的影视作品,观众走进电影院的主要目的就是为了观赏他们的表演。从演员自身的素质来讲,有"本色演员"和"性格演员"之分,前者适合扮演与自己的性格、形象等相同或相近的角色,后者可塑性强,在导演的帮助下可以不断开拓戏路,塑造各种不同的人物形象。即使是同一个演员,其表演风格也不能一成不变,而必须不断追求表演风格的创新,给观众带来惊喜。不论是何种表演风格的演员,只要能够准确传神地把自己所扮演的角色呈现在观众面前,就是成功的表演。我们在观赏演员的表演时,可以从演员的动作、表情、声音等入手,尤其要善于通过演员的眼神、细微的动作、表情变化等去洞察角色的内心世界。

本章知识结构

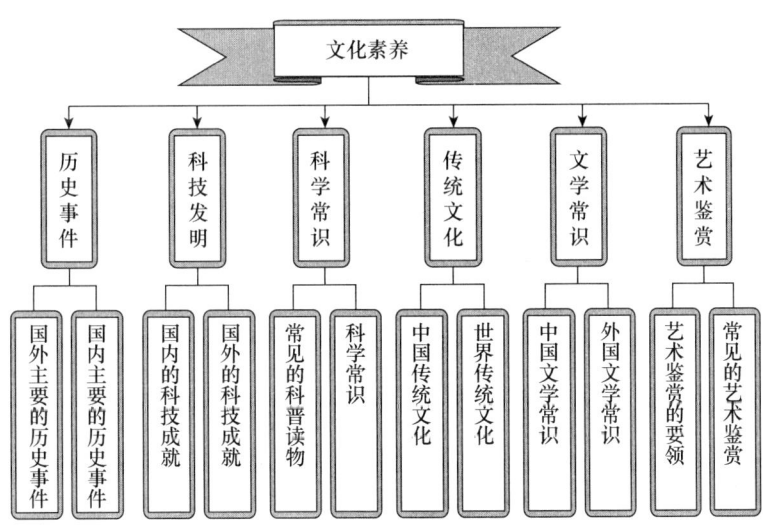

知识总结

(一)本章主要内容

本章主要内容包括历史事件、科技发明、科学常识、传统文化、文学常识、艺术鉴赏六个部分。

（二）本章的重点、难点

本章的重点是文学家及其代表作、中国传统文化知识，繁杂的历史事件与众多的科技发明是记忆的难点。如何根据艺术鉴赏的规律对某一种艺术形式做出评价是一个较为困难的事情。

（三）学习时要注意的问题

本章学习时要注意下列几个方面：

1. 将历史事件根据特定的、适合自己的方式进行分类处理，这样便于记忆。
2. 对文学常识尽可能根据特定的记忆口诀通盘识记。
3. 尽可能利用同伴学习，这样记忆效果会更佳。
4. 特别要注意平时的积累，做到在生活中去记忆一些接触到的事件，如遇到情人节，就顺便把所有的国内外重大节日理清楚。

自测训练

1. 发生在淝水之战后的历史事件是（ ）。
   A. 西晋灭亡　　　B. 祖逖北伐　　　C. 前秦瓦解　　　D. 八王之乱
2. "台湾者，中国之土地也，久为贵国所踞，今余既来索，则地当归我。"对荷兰殖民者提出这一正义要求的民族英雄是（ ）。
   A. 戚继光　　　B. 郑成功　　　C. 徐骧　　　D. 刘永福
3. 下列不属于第二次工业革命时期发明的产品是（ ）。
   A. 飞机　　　B. 灯泡　　　C. 蒸汽轮船　　　D. 电钻
4. 最早发明地动仪的科学家是（ ）。
   A. 张仲景　　　B. 墨子　　　C. 毕昇　　　D. 张衡
5. 火药用于军事最早出现在（ ）。
   A. 魏晋时期　　　B. 唐朝末年　　　C. 北宋初期　　　D. 南宋末年
6. 第一次工业革命的标志是（ ）作为动力机被广泛使用。
   A. 纺织机　　　B. 蒸汽机　　　C. 电气化　　　D. 微电子技术
7. 下列著作中不属于我国古代医学典籍的是（ ）。
   A.《黄帝内经》　　B.《千金方》　　C.《唐本草》　　D.《齐民要术》
8. 被称为我国最大的古典艺术宝库的石窟是（ ）。
   A. 敦煌莫高窟　　　　　　　　　B. 洛阳龙门石窟
   C. 大同云冈石窟　　　　　　　　D. 天水麦积山石窟
9. 以下选项不属于古代中国别称的是（ ）。
   A. 中华　　　B. 九州　　　C. 赤县神州　　　D. 中原
10. "五岳"是我国的五大名山，下列不属于"五岳"的是（ ）。
    A. 泰山　　　B. 华山　　　C. 黄山　　　D. 衡山
11. 下列选项中对民族乐器琵琶归类正确的是（ ）。
    A. 弹拨乐器　　　B. 吹奏乐器　　　C. 拉弦乐器　　　D. 打击乐器
12. 折子戏《苏三起解》选自下列选项中的（ ）。
    A.《玉堂春》　　B.《牡丹亭》　　C.《望江亭》　　D.《窦娥冤》

13. 下列人物中,与"乌江自刎"密切相关的是( )。
A. 陈胜　　　　　B. 项羽　　　　　C. 刘备　　　　　D. 秦始皇
14. 下列先秦思想家中,主张施仁政行王道的是( )。
A. 管子　　　　　B. 墨子　　　　　C. 荀子　　　　　D. 孟子
15. 被誉为"短篇小说之王"的作家是( )。
A. 莫泊桑　　　　B. 屠格涅夫　　　C. 左拉　　　　　D. 欧·亨利
16. 明朝四大奇书不包括( )。
A.《三国演义》　　B.《西游记》　　　C.《儒林外史》　　D.《金瓶梅》

第五章　基本能力

考纲内容

1. 信息处理能力
(1) 掌握 Word 基本操作；
(2) 掌握 Excel 基本操作；
(3) 掌握 PowerPoint 基本操作。
2. 逻辑思维能力
(1) 了解一定的逻辑知识，熟悉分析、综合、概括的一般方法。
(2) 掌握比较、演绎、归纳的基本方法，准确判断、分析各种事物之间的关系。
(3) 准确而有条理地进行推理、论证。
3. 阅读理解能力
(1) 理解阅读材料中重要概念的含义。
(2) 理解阅读材料中重要句子的含意。
(3) 筛选并整合图表、文字、视频等阅读材料的主要信息及重要细节。
(4) 分析文章结构，把握文章思路。
(5) 归纳内容要点，概括中心意思。
(6) 分析概括作者在文中的观点态度。
(7) 根据上下文合理推断阅读材料中的隐含信息。
4. 写作能力
(1) 掌握文体知识，能根据需要按照选定的文体写作。
(2) 能够根据文章中心组织、剪裁材料。
(3) 具有布局谋篇，安排文章结构的能力。
(4) 语言表达准确、鲜明、生动，能够运用多种修辞手法增强表达效果。

第一节　信息处理能力

一、Word 基本操作

（一）新建、打开和保存

有多种新建 Word 文档的方式，例如，使用文件菜单中的"新建"命令，使用快捷键 Ctrl＋N 新建文档，在资源管理器中使用新建命令等。

打开 Word 文档也有多种操作方式，例如，直接双击某个 Word 文档；选择文件菜单中的"打开"命令；在 Word 文档上右击，在弹出的快捷菜单中选择"打开"；在 Word 中使用快捷键 Ctrl+O 打开。

保存 Word 文档也有多种操作方式，例如，单击文件菜单中的"保存"命令，单击常用工具栏下的"保存"按钮，使用快捷键 Ctrl+S 保存。

（二）输入文字

在 Word 文档中，英文和数字可以直接输入。如果输入汉字，应选择一种输入法。用键盘输入，可以使用快捷键切换各种输入法、中英文标点符号以及全角和半角字符。

（1）使用快捷键 Ctrl+Space 可以在英文和当前中文输入法之间进行切换。

（2）使用快捷键 Ctrl+Shift 可以在英文和中文各种输入法之间进行切换。

（3）使用快捷键 Shift+Space 可以在全角和半角之间切换。

（4）使用快捷键 Ctrl+. 可以在中英文标点符号之间切换。

（三）输入符号

在 Word 编辑过程中，需要使用一些键盘上没有的符号，可利用 Word 中的符号和特殊符号输入。操作方式为：选择"插入/符号/其他符号"命令，出现"符号"对话框。"符号"对话框有两个选项卡，"符号"选项卡可以插入各种符号；"特殊字符"选项卡可以插入一些常用的印刷符号，如商标符、注册符、小节符等。

（四）插入

Word 的默认状态是插入方式，没有改变这种状态时，输入的字符插入到插入点所在的位置，原位置的字符向后移动。如果要在插入方式和改写方式之间切换，可以单击状态栏的"改写"图标，或按 Insert 键。"改写"变成黑色，进入改写状态，即新输入的字符覆盖插入点后边的字符。

（五）删除和撤销

当需要删除一两个字符时，可以直接用 Delete 或 Backspace 键。当删除的文字很多时，就需要先选定删除的文本，然后再按 Delete 键删除，或者用鼠标单击常用工具栏中的"剪切"按钮，或在编辑菜单中选择"剪切"命令。

需要说明的是，按 Delete 键后，选定的内容被删除并且不送入剪贴板中；而用鼠标单击常用工具栏中的"剪切"按钮后，选定的内容被删除，但同时送入剪贴板中。如果删除文本出现了误操作，或者希望恢复最近刚被删除的文字，可以用鼠标单击常用工具栏中的"撤销"按钮，或在编辑菜单中选择"撤销键入"命令，再或者使用快捷键 Ctrl+Z。通过不断执行该命令，可以撤销最近若干次的键入操作。

（六）剪切、复制和粘贴

剪切文本需要先选定文本，接着使用"编辑/剪切"命令，或单击常用工具栏上的"剪切"按钮图标，或使用快捷键 Ctrl+X，将文本存放在剪贴板。

复制文本的操作与剪切类似，只是将"剪切"命令换成"复制"，或使用快捷键 Ctrl+C。

粘贴文本应使用"编辑"菜单中的"粘贴"命令，或单击常用工具栏上的"粘贴"按钮，或使用快捷键 Ctrl+V，则剪切板中的内容将被粘贴到指定位置。

（七）查找与替换

Word 提供了自动查找和替换功能，能够方便地解决在文档中查找某个字符或用新的字符替换已有的字符的问题。

查找字符：选择"编辑/查找"命令，在弹出的"查找和替换"对话框中选择"查找"选项卡，在"查找内容"框输入要查找的文本。查找内容最多为 255 个字符。查找功能的快捷键是 Ctrl+F。

替换文本：在"查找和替换"对话框选择"替换"选项卡，在"查找内容"框中输入要被替换的目标文本，在"替换为"框中输入用来替换的新文本。替换功能的快捷键是 Ctrl+H。

（八）分隔符

Word 的"分隔符"用来在插入点位置插入换行符、分页符、分栏符或分节符。操作方式为：单击"插入/分隔符"命令，弹出"分隔符"对话框。

（九）页眉、页脚

用户可以在页面视图下对该文档任意页面执行"插入"选项卡中的"页眉"或"页脚"操作，插入页眉、页脚后会自动进入页眉、页脚"设计"工具栏。页眉、页脚中可插入日期和时间、图片、剪贴画等内容，还可以设置首页不同、奇偶页不同等多种样式。

（十）文档的保存

保存文档有三种操作方式：① 选择"文件/保存"命令；② 选择"文件/另存为"命令，在出现的"另存为"对话框中，可以设置文档名、存储类型和存储路径；③ 单击"常用"工具栏上的"保存"按钮。

（十一）选中文本

（1）用鼠标选定文本。

① 选中一行字符：单击一行文字左侧。

② 选中连续字符：在字符开始处单击，然后按住 Shift 键单击结束位置。

③ 选中一行：选定栏，单击鼠标左键。

④ 选中连续多行：左侧选择区拖动鼠标。

⑤ 选中一个段落：双击段落左侧或三击段落中任意位置。

⑥ 选中不相邻的多段文字：按住 Ctrl 键，同时拖动鼠标依次选中不同位置的待选文字。

⑦ 选中整个文档：将鼠标指针移到文本选定栏上，三击鼠标左键。

（2）用键盘选定文本。

① 向左(右)选中一个字符：Shift +←(→)。

② 向上(下)选中一行：Shift+↑(↓)。

③ 选中到行首(行尾)：Shift+Home(End)。

④ 选中到段落开始(结尾)：Ctrl+Shift+↑(↓)。

⑤ 选中到文档开始(结尾)：Ctrl+Shift+Home(End)。

⑥ 选中整个文档：Ctrl+A。

（十二）字体设置和段落设置

字体设置，包括对字体、字形、颜色、字号、字符间距、动态效果等字体格式的设置。可以在"开始"选项卡中的字体功能区进行设置，也可以选中该文字，在右键快捷菜单中选择"字体"，在弹出的"字体"对话框中设置。字体设置对话框的详细介绍如图 5-1 所示。

段落设置,包括对段落的对齐方式、缩进方式、行间距与段间距等段落格式的设置。可以在"开始"选项卡中的段落功能区进行设置,也可以选中该文字,在右键快捷菜单中选择"段落",在弹出的"段落"对话框中设置。段落设置对话框如图 5-2 所示。

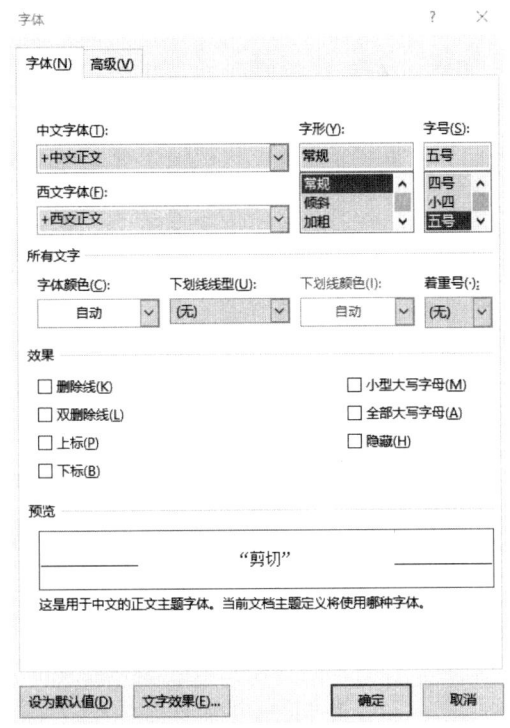

图 5-1　字体设置对话框

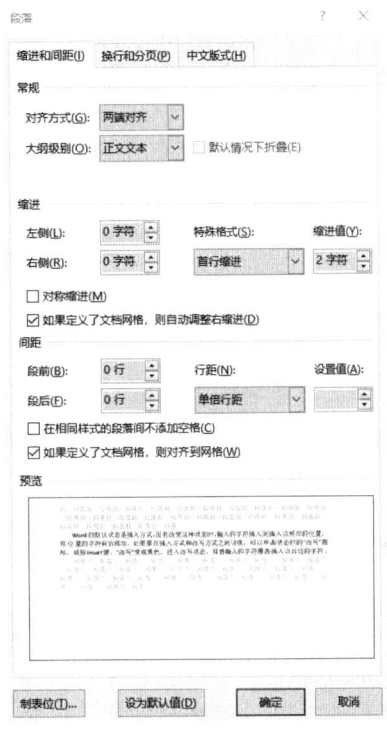

图 5-2　段落设置对话框

二、Excel 基本操作

（一）常用术语

1. 工作簿

工作簿是指用来保存并处理表格数据的 Excel 文件,Excel 工作簿文件的扩展名为".xlsx"或".xls"。

2. 工作表

工作表是一个由行和列构成的二维表格,是工作簿中一个相对独立的数据编辑区域。每个工作簿可以包含若干个工作表。用户可以在工作表标签处通过右键快捷菜单添加或者删除工作表。

3. 行和列

默认情况下,行号用数字表示,列号用字母表示。

4. 单元格

行和列的交叉部分是一个单元格,可以输入文本、数值、公式等内容。每个单元格都有一个唯一的名称,由所在列的列号和所在行的行号组成,如 A1(列号为 A,行号为 1)。用户当前正在编辑的单元格称为当前单元格,也称为活动单元格。

5. 单元格区域

区域是指连续的单元格，一般用"左上角单元格名：右下角单元格名"标记，如 A1：D6，包含从 A1 至 D6 区域内的 6 行、4 列，共 24 个单元格。

（二）函数的使用

1. 求和函数 SUM

求和函数"SUM(number1,number2,…)"：计算所有参数数值的和。其中，"number1，number2,…"代表需要计算的值，可以是具体的数值、引用的单元格(区域)、逻辑值等。

2. 平均值函数 AVERAGE

平均值函数"AVERAGE(number1,number2,…)"：求出所有参数的算术平均值。

3. 最小值函数 MIN

最小值函数"MIN(number1,number2,…)"：求出一组数中的最小值。其中，"number1，number2,…"代表需要求最小值的数值或引用单元格(区域)，参数不超过 30 个。

4. 最大值函数 MAX

最大值函数"MAX(number1,number2,…)"：求出一组数中的最大值。其中，"number1，number2,…"代表需要求最大值的数值或引用单元格(区域)，参数不超过 30 个。

5. 计数函数 COUNT

计数函数"COUNT（value1,value2,…）"：计算参数列表中的数字项的个数。其中，"value1,value2,…"是包含或引用各种类型数据的参数(1～30 个)。

6. 绝对值函数 ABS

绝对值函数"ABS(number)"：求出相应数字的绝对值。其中，"number"代表需要求绝对值的数值或引用的单元格。

7. 取整函数 INT

取整函数"INT(number)"：将数值向下取整为最接近的整数。其中，"number"表示需要取整的数值或包含数值的引用单元格。

8. IF 函数

IF 函数"IF(logical_test,value_if_true,value_if_false)"：根据对指定条件的逻辑判断的真假结果，返回相对应的内容。其中，"logical_test"代表逻辑判断表达式；"value_if_true"表示当判断条件为逻辑"真(TRUE)"时的显示内容，如果忽略返回"TRUE"；"value_if_false"表示当判断条件为逻辑"假(FALSE)"时的显示内容，如果忽略返回"FALSE"。

（三）数据排序

对数据进行排序是在数据分析过程中不可缺少的操作步骤，排序就是按一定规则对表格进行升序或降序的整理和排列，为数据的进一步处理做好准备。

1. 简单排序

简单排序是指对单一字段按升序或降序排列，可利用工具栏的"升序排序"或"降序排序"按钮，或单击"数据"菜单，选择"排序"命令，进行排序。

2. 复杂排序

当排序的字段(主要关键字)有多个相同的值时，可根据另外一个字段(次要关键字)的内容再排序。以此类推，可使用最多 3 个字段进行复杂排序。利用"数据"菜单中的"排序"命令可实现复杂排序。其中，主要关键字不能为空。

（四）数据筛选

数据筛选只显示数据清单中满足条件的数据，不满足条件的数据暂时隐藏起来，但没有被删除。当筛选条件被删除时,隐藏的数据便恢复显示。

1. 自动筛选

"自动筛选"一般用于简单的条件筛选,筛选时将不满足条件的数据暂时隐藏起来,只显示符合条件的数据。操作步骤为:"数据"—"筛选"—"自动筛选",或在工具栏选项中设置。

2. 高级筛选

"自动筛选"对各字段的筛选是逻辑"与"的关系,若要实现逻辑"或"的关系,必须借助高级筛选。使用"高级筛选"除了有数据清单区域外,还可以在数据清单以外的任何位置建立条件区域,条件区域至少两行,且首行为与数据清单相应字段精确匹配的字段。同一行上的条件关系为逻辑"与",不同行之间的条件关系为逻辑"或"。

"高级筛选"一般用于条件较复杂的筛选操作,其筛选的结果可显示在原数据表格中,不符合条件的记录被隐藏起来;也可以在新的位置显示筛选结果,不符合条件的记录同时保留在数据表中而不会被隐藏起来。操作步骤为:"数据"—"筛选"—"高级筛选"。

（五） 分类汇总

分类汇总就是对数据清单按某字段进行分类,将字段值相同的连续记录作为一类,进行求和、平均、计数等汇总运算。针对同一个分类字段,可进行多种汇总。使用分类汇总之前,要对分类汇总的列进行排序,并且要保证数据格式是清单格式,数据清单中不能有空列或空行。

（六） 图表的建立

图表可以用来表现数据间的某种相对关系,我们一般运用柱形图比较数据间的多少关系,用折线图反映数据间的趋势关系,用饼图表现数据间的比例分配关系等。运用 Excel 的图表制作可以生成多种类型的图表,生成图表的数据源发生变化时,图表会自动更新。

（七） 工作表进行插入、删除、移动、复制与重命名操作

插入工作表方法:单击工作表标签→"插入"菜单→"工作表"命令。

删除工作表方法:单击要删除的工作表标签→"编辑"菜单→"删除工作表"命令→"确定"。

移动工作表方法:单击要复制的工作表标签→拖动。

复制工作表方法:单击要复制的工作表标签→拖动的同时按下 Ctrl 键。

重命名工作表方法:双击要重命名的工作表标签→输入新名字→按回车键。

三、PowerPoint 基本操作

（一） PowerPoint 常用功能

1. PowerPoint 常用术语

演示文稿:由一张或多张幻灯片组成,一般除了包括幻灯片外,还可以包括讲义、备注、大纲,格式信息,扩展名是".ppt"或".pptx"。

幻灯片:演示文稿的基本构成单位,每张幻灯片不仅包括文字和图片,还可以有声音、视频、图像和动画效果。

模板:是一种特殊的文件,包含一套预先定义好的颜色和文字特征的信息,可以支持用户快速制作幻灯片。

幻灯片版式:是一些对象标识符的集合,在不同的标识符中可以插入不同的内容,比如文字、图表、剪贴画等。每种版式有不同的对象标识和排列位置。

2. 应用版式

PowerPoint 提供了数十种幻灯片版式。每种版式用于在幻灯片上安排标题、正文、图标、表格或剪贴画等的相对位置。在使用设计模板改变演示文稿的整体布局后,可以应用版式来设计某张幻灯片的结果。

应用版式的方法是:单击所选的版式后面的向下箭头,在弹出的快捷菜单中包括了"应用于选定幻灯片""重新应用样式"和"插入新幻灯片"命令。

(二) 演示型课件的制作

演示型课件主要应用于课堂教学中,在多媒体教室或多媒体网络环境下,由教师向全体学生播放多媒体教学软件,演示教学过程,创建教学情境或进行标准示范等,将抽象的教学内容用形象具体的形式表现出来。

1. 创建一个新的演示文稿

启动了 PowerPoint 之后会自动创建一个名为"演示文稿 1"的空白演示文稿,也可使用"新建"命令或快捷键 Ctrl+N 新建一个空白的演示文稿。空白演示文稿的第一张默认为标题幻灯片。在空白演示文稿中可以输入文本,插入幻灯片、图片、剪贴画、表格、声音和视频等各种对象,从而创建一份图文并茂的演示文稿。

2. 编辑演示文稿

(1) 输入文本。

① 占位符中输入文本。在占位符中添加文本,可直接单击占位符中的示意文字,示意文字消失,再输入所需文字即可,单击占位符外的区域便退出编辑状态。

② 使用文本框输入文本。选择"插入"菜单中的"文本框"命令,根据文本要求,选择"横排文本框"或"竖排文本框",然后再输入文字。

(2) 设置文本格式。

选定需要设置的文本,单击"格式"工具栏上的相应按钮,或者选择"格式/字体"命令,打开"字体"对话框,设置字体、字形、字号、效果、颜色等。

(3) 插入剪贴画或图片。

选择"插入/图片/剪贴画"命令,打开"插入剪贴画"对话框,在所需的"文件类型"下选择需要的剪贴画,单击"插入"按钮即可;或者选择"插入/图片/来自文件"命令,找到图片所在的文件夹,选择需要插入的图片,单击"插入"按钮,图片插入到幻灯片中,调整其大小和位置。

(4) 插入艺术字。

使用文本框输入的文字在颜色和形状上都缺乏变化,而艺术字就可以用于制作丰富多彩的文字。选择"插入/图片/艺术字"命令,打开对话框后选择一种艺术样式,并进行相应的字体格式设置。

(5) 插入图表。

选择"插入/图表"命令,将插入一个图表,并打开一个数据表。在数据表中直接修改图表横轴或纵轴的坐标文字以及相应的数据内容,图表会随着发生变化。还可以从文本文件中导入数据,或插入 Excel 工作表或图表。

(6) 插入媒体文件。

① 插入影片或声音,选择"插入/影片和声音"命令,选择"剪辑管理器中的影片(或剪辑管理器中的声音)"选项,在剪贴画任务栏中选择所需的影片(或声音)的类别,然后单击要插入的影片(或声音),从弹出的菜单中选择插入即可。

② 播放乐曲文件。如果希望在播放幻灯片时,能有一些高质量的音源,可以插入音乐。具体操作步骤同上,只要选择"插入/影片和声音/播放乐曲"命令,在对话框中进行相应的设置就可以了。

3．演示文稿的浏览

进行演示文稿浏览时,一般有以下几种视图方式(不同版本的 PowerPoint 有细微的差别)。

(1) 普通视图。普通视图可以用于输入、编辑和排版演示文稿。

(2) 大纲视图。大纲视图主要是用于输入和修改大纲文字,当课件的文字输入量较大时,使用这种方法进行编辑较为方便。

(3) 幻灯片视图。幻灯片视图不仅可以清晰地显示文稿的效果,而且可以从细节方面对演示文稿的单个幻灯片进行进一步的设置和修饰。

(4) 幻灯片浏览视图。幻灯片浏览视图是以缩略图形式显示幻灯片的所有视图,结束创建或编辑演示文稿时,幻灯片浏览视图将给出演示文稿的所有幻灯片。

(5) 幻灯片放映视图。幻灯片放映视图占据整个显示器屏幕,就像是一个实际的幻灯片放映演示文稿。在该视图中,用户可以看到图形、影片、动画元素以及将在实际放映中看到的切换效果。

4．设置演示文稿的放映效果

(1) 添加动画效果。

添加动画效果的具体操作步骤如下:① 打开想要添加动画的幻灯片;② 执行"幻灯片放映/自定义动画"命令;③ 选中要添加自定义动画的对象;④ 在"自定义动画"任务窗格中单击"添加效果"按钮。

(2) 设置幻灯片间的切换效果。

所谓幻灯片切换效果,就是幻灯片的放映过程中前后两张幻灯片之间换片的效果,即当前页以何种方式消失,下一页以何种方式出现。

设置幻灯片切换效果的具体操作步骤如下:① 选择要设置切换效果的连续的或不连续的多张幻灯片(也可以只选一张)。② 单击"幻灯片放映/幻灯片切换"命令,将弹出幻灯片切换任务窗格。③ 在应用于所选幻灯片列表框中选择一种切换方式,然后在修改切换效果选项区中设置切换的速度和声音。④ 在换片方式选项区中选择换片方式。⑤ 如果要将切换效果应用到演示文稿中的所有幻灯片,可单击"应用于所有幻灯片"按钮,否则只应用于选中的幻灯片。⑥ 设置完毕后,单击"播放"或"幻灯片放映"按钮,即可看到已设置好的切换效果。

(3) 自定义放映幻灯片。

自定义放映幻灯片就是根据已经做好的演示文稿自定义放映制定的幻灯片,并设置放映的顺序。

自定义放映幻灯片的具体操作步骤如下:① 单击"幻灯片放映"菜单下的"自定义放映"命令,弹出自定义放映对话框。② 在该对话框中单击"新建"按钮,弹出"定义自定义放映"对话框,在演示文稿中的幻灯片列表框中列出了当前演示文稿中的幻灯片,从中选择要自定义放映的幻灯片。③ 单击"添加"按钮,在自定义放映中的幻灯片列表中会显示被选中的幻灯片,单击"确定"按钮,刚才定义的放映设置就被添加到自定义放映对话框中。单击"放映"按钮即可预览放映的幻灯片。

5. 添加超链接

PowerPoint 提供了功能强大的超链接功能,使用它可以在幻灯片与幻灯片之间、幻灯片与其他外界文件或程序之间以及幻灯片与网络之间自由地转换。在 PowerPoint 中我们可以使用以下三种方法来创建超链接:利用"动作设置"创建超链接,利用超链接按钮创建超链接,利用动作按钮来创建超链接。

第二节 逻辑思维能力

一、逻辑及逻辑基本规律

"逻辑"是英语"logic"的音译,在汉语中的主要含义有:① 思维的规律;② 客观的规律性;③ 逻辑学。逻辑思维,也称抽象思维,是指人们在认识过程中借助于概念、判断、推理反映现实的思维方式。逻辑思维需要遵循逻辑规律,是人类特有的复杂而高级的思维形式。一般而言,基本的逻辑知识包括概念、命题、推理以及逻辑思维方法、逻辑基本规律等。

（一）概念

概念就是反映事物(对象)本质属性和范围的思维形式,它是思维形式最基本的组成单位,也是构成判断和推理的基本要素。

1. 概念的内涵和外延

概念既反映对象的本质属性,同时也反映具有这种本质属性的对象。这两个方面构成了概念的两个基本特征——内涵和外延。

概念的内涵是指概念所反映的对象的本质属性。例如,"商品"这个概念的内涵就是"为交换而生产的劳动产品"。内涵是概念的质的方面的规定性,它表明概念所反映的对象是什么。

概念的外延是指具有概念所反映的本质属性的对象。例如,"商品"这个概念的外延就是指市场上的在人们之间进行交换的如衣、帽、鞋、车、家电等各种性质、各种用途的劳动产品。外延是概念的量的方面的规定性,它表明概念所反映的对象有哪些。

2. 概念的种类

(1) 单独概念和普遍概念。

按照概念所指的事物是一个还是一个以上,概念可以分为单独概念和普遍概念。单独概念是反映某一个别对象的概念,其外延只有一个分子,是在特定的时间与空间中存在的独一无二的事物。如"中华人民共和国""地球""鲁迅""上海"等。一般说来,用专有名词以及在语词上用时间、空间等数目序列限制的,或者用最高级形容词或副词修饰的,或者用"这个""那个"指示词来表达的词组都是单独概念。普遍概念是反映一类对象的概念,其外延包含一个以上的事物。例如"中国教育家"这个概念的外延,就包括了孔子、蔡元培、陶行知等,所以"中国教育家"是一个普遍概念。

普遍概念的外延包括至少两个事物,在它的前面可以用"所有的"或"有些"这样的词来修饰,而单独概念不能也不需要这样的修饰。例如,我们可以说"所有的中学教师"或"有些中学教师",但不能说"所有的北京"或"有些北京"等,因为这是没有意义的。

(2) 集合概念和非集合概念。

根据概念所反映对象是否为集合体,概念可以分为集合概念和非集合概念。在弄清什么是集合概念和非集合概念之前,首先要区分客观现实中两类不同的关系:一是类与分子的关系,二是群体与个体的关系。事物的类是由分子组成的,属于这个类的每一个分子都具有该类的属性。事物的群体是由许多个体有机构成的,群体所具有的属性,构成该群体的个体不必具有;反之,构成群体的个体所具有的属性,其群体也不必具有。

集合概念就是以事物的群体为反映对象的概念。如"中国工人阶级""昆仑山脉""列宁选集"等,都是集合概念。集合概念只适用于它所反映的群体,而不适用于构成该群体的个体。

非集合概念就是不以事物的群体为反映对象的概念。如"工人""干部""学生"等,都是非集合概念。非集合概念既可以适用于它所反映的类,也适用于该类中的每一个分子。

（3）正概念和负概念。

根据概念所反映的对象是否具有某种属性,概念可分为正概念和负概念。正概念是反映对象具有某种属性的概念,也叫肯定概念。如"团员""果断""大学生"等,都是正概念。负概念就是反映对象不具有某种属性的概念,也叫否定概念。如"非团员""不果断""非大学生"等,都是负概念。

从语言表达的特点来看,负概念都冠有"非""不""无"等字样,但是,冠有"非""不""无"等字样的不一定都是负概念。如"非洲""不丹"等就不是负概念,因为这些概念中的"非""不"都不是否定词。

（4）相对概念。

事物的特有属性,可以是某种性质,也可以是某种关系。相对概念所反映的事物的特有属性和关系是与其他事物相比较而存在的。如原因、结果,顺利、困难,大、小,上、下等都是相对概念。当我们说一个东西大,总是与另一个小的东西相比较而言的,脱离了相对的东西,就无所谓大小。

3. 概念间的关系

概念间的关系主要是指概念外延间的关系。设 A 和 B 分别表示两个概念的外延,那么 A 和 B 之间的关系主要可以有以下五种:[①]

（1）全同关系。

如果两个概念的外延完全重合,那么这两个概念之间的关系就是全同关系,也称同一关系或重合关系。A 与 B 的全同关系可以定义为:所有 A 都是 B,并且所有 B 都是 A。例如,"长沙"与"湖南的省会","等边三角形"与"等角三角形","《阿 Q 正传》的作者"与"鲁迅"等。

上述每组概念之间的关系都是全同关系,它们的外延完全相同。如果用圆圈表示概念的外延,那么概念间的全同关系可以用图 5-3 表示。

（2）真包含关系。

如果两个概念,其中一个概念的部分外延与另一个概念的全部外延重合,那么这两个概念之间的关系是真包含关系。A 与 B 的真包含关系可以定义为:所有 B 都是 A,并且有 A 不是 B。例如:"学生"与"中学生","生物"与"植物","汽水"与"可乐"等。

上述每组概念中前者对于后者的关系都是真包含关系。如"学生"这个概念的外延包含了"中学生"这个概念的全部外延,因此"学生"这个概念对于"中学生"这个概念的关系就是真包含关系。真包含关系可以用图 5-4 表示。

---

① 蔡贤浩.形式逻辑[M].武汉:华中师范大学出版社,2007:22-26.

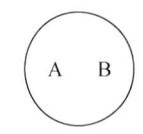

图 5-3　全同关系

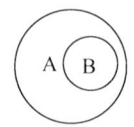

图 5-4　真包含关系

(3) 真包含于关系。

如果两个概念，其中一个概念的全部外延与另一个概念的部分外延重合，那么这两个概念之间的关系就是真包含于关系。A 与 B 的真包含于关系可以定义为：所有 A 都是 B，并且有 B 不是 A。例如："语文老师"与"人民教师"，"兔子"与"动物"，"手机"与"电子产品"等。

上述每组概念中前者对于后者的关系都是真包含于关系。如"语文老师"这个概念的全部外延包含在"人民教师"这个概念的部分外延之中，因此"语文老师"这个概念对于"人民教师"这个概念的关系就是真包含于关系。真包含于关系可以用图 5-5 表示。

(4) 交叉关系。

如果两个概念的外延有并且仅有部分重合，那么这两个概念之间的关系就是交叉关系。A 与 B 的交叉关系可以定义为：有的 A 是 B，有的 A 不是 B；并且有的 B 是 A，有的 B 不是 A。例如："大学生"与"党员"，"干部"与"博士"等。

上述每组概念之间的关系都是交叉关系，它们的外延只有部分重合。例如，有些大学生是党员，有些大学生不是党员；同样，有些党员是大学生，有些党员不是大学生，二者的外延只有一部分是重合的，所以"大学生"和"党员"这两个概念之间是交叉关系。概念的交叉关系可以用图 5-6 表示。

(5) 全异关系。

概念间的全异关系是指两个概念的外延没有任何一部分是重合的。A 与 B 的全异关系可以定义为：所有 A 都不是 B，并且所有 B 都不是 A。例如："男人"与"女人"，"纸"与"塑料"等。

上述每组概念外延之间的关系都是全异关系。男人不是女人，女人也不是男人，他们的外延没有任何一部分是重合的。全异关系可以用图 5-7 表示。

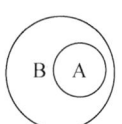

图 5-5　真包含于关系

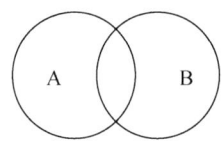

图 5-6　交叉关系

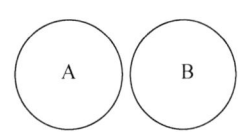

图 5-7　全异关系

（二）命题

逻辑研究推理，但推理由命题组成，推理的前提和结论单独来看都是一个个命题。命题有两种基本分析方法：直言命题分析和复合命题分析。

1. 语句、命题与真值

语句有广义和狭义之分。广义的语句即语言学中的语句，它是一种语言单位，由某种语言内的语词或词组按一定的语法规则组成，其特点是：合乎语法规则，具有明确的意思。狭义的语句除具有上述特点外，还必须能够作为真值承担者，即① 必须或者肯定或者否定;② 必须或者真或者假。这种意义的语句只包括陈述句、某些特殊的疑问句(如反诘句:难道人民教师不应该有爱心吗?)以及特殊的感叹句(我们的学校生活是多么丰富多彩啊!)。

命题的形式和存在要依附于语句,命题的表达也要借助于语句。命题与语句的区别主要在于以下三个方面:

(1) 同一命题,可以由不同的语句来表达。

这是因为任何语言都具有同义词和多样化的语句结构。下面两句话,表达的是同一个命题:

凡缺乏维生素 C 的人可以多吃西红柿。

任何人要是缺少维生素 C,就可以多吃一些番茄。

(2) 同一个语句,可以表达不同的命题。

这可能是由于任何语言都有多义词的缘故,也可能由于语句结构的不完全确定性。例如,"这个学生的作品很好"这句话,既可以指某位学生的作品,说它很好;也可以指一件出自学生(不一定是一位)的作品很好。

(3) 并非任何语句都直接表达命题。

各种不同预期的语句在表达命题方面的作用是不一样的。例如:

① 李明是我们班能力最强的班干部。

② 李明是我们班期末考试语文学科的"单科王"吗?

③ 我们要学习李明的精神。

④ 李明多么值得我们学习呀!

句子①是陈述句,直接表达命题;句子②③④ 分别为疑问句、祈使句、感叹句,不直接表达命题。

什么是语句或命题的"真"或"假"? 在这个问题上,可以用亚里士多德的一种符合论的观点:"说是者为是,非者为非,是真的;说是者为非,非者为是,是假的。"

2. 直言命题

直言命题的分析方法是:对一个命题进行主谓式分析,即把它拆分为不同的构成要素:主项、谓项、联项和量项。主项和谓项统称为"词项",分别用大写英文字母 S 和 P 表示;如果主项表示单个对象,则用小写字母 a 表示。联项有"是"和"不是",量项有"所有""有些",由此得到如下形式的命题:

所有 S 都是 P;

所有 S 都不是 P;

有些 S 是 P;

有些 S 不是 P;

a(或某个 S)是 P;

a(或某个 S)不是 P。

这种形式的命题叫作"直言命题",由于它们断定了某种对象(S)具有或不具有某种性质(P),因此又叫作"性质命题"。例如,"所有的学生都是可爱的。"就是一个直言命题,其中"学生"是主项,"可爱的"是谓项,"是"是联项,"所有""都"是量项。以直言命题作为前提和结论的推理都叫作"直言命题推理",后者的形式结构取决于其中的直言命题的形式结构。

3. 复合命题

复合命题的分析方式：把单个命题看作不再分析的整体，通过命题联结词把它们组合成为复合命题。在日常语言中，这类联结词有：

(1) 并且，然后，不但……而且……，虽然……但是……，既不……也不……；

(2) 或者……或者……，也许……也许……，要么……要么……；

(3) 如果……那么……，只要……就……，一旦……就……，只有……才……，不……就不……，除非；

(4) 当且仅当，如果……那么……；

(5) 并非，并不是。

为简单起见，此处用"并且"作为第一类联结词的代表，用"或者"作为第二类联结词的代表，用"如果……那么……"作为第三类联结词的代表，用"当且仅当"作为第四类联结词的代表，用"并非"作为第五类联结词的代表。通过这些联结词，我们就可以将一个个命题，如"李冰刻苦学习""李冰乐于助人""樱桃红了""芭蕉绿了""锲而不舍""金石可镂""X＋5＝0""X＝－5""所有的花都是有香味的"等，组成更复杂的命题。例子如下：

① 李冰刻苦学习并且乐于助人。

② 樱桃红了或者芭蕉绿了。

③ 如果锲而不舍，那么金石可镂。

④ $X+5=0$，当且仅当 $X=-5$。

⑤ 并非所有的花都是有香味的。

第一类联结词叫作"联言联结词"，由它们形成的命题叫作"联言命题"；第二类联结词叫作"选言联结词"，由它们形成的命题叫作"选言命题"；第三类和第四类联结词叫作"条件联结词"，由它们组成的命题叫作"条件命题"（假言命题），其中表示条件的命题叫作"前件"，表示结果的命题叫作"后件"；第五类联结词叫作"否定词"，由它们形成的命题叫作"负命题"。这些命题统称"复合命题"。

（三）推　理

推理是指从一个或者一些已知的命题得出新命题的思维过程或思维形式，其中已知的命题是前提，得出的新命题是结论。一般而言，可以根据一些语言标记去识别推理的前提和结论。例如，跟在"因为""由于""假设""鉴于""由……可以推出""正如……所表明的"等词语后面或占据省略号位置的句子是前提，而跟在"因此""所以""于是""由此可见""由此推出""这表明""这证明"等词语之后的是结论。

1. 推理形式

任何一个推理都可以表示为一个"如果前提（成立），那么结论（成立）"的条件命题，只要用"并且"把它的前提（如果有多个前提的话）连接成为一个联言命题，作为该条件命题的前件；把它的结论作为该条件命题的后件。有一类推理以符合命题作为前提或结论，叫作"复合命题推理"。

"推理的形式结构"简称"推理形式"，是指在一个推理中抽掉各个命题的具体内容之后所保留下来的那个模式或框架，或者说，是多个推理中表达不同思维内容的各个命题之间所共同具有的联系方式，由逻辑常项（如命题联结词"或者""并且""如果……则""当且仅当"和"并非"，直言命题中的系词"是"和"不是"，量词"所有"和"有些"等）和逻辑变项构成，其中逻辑常项代表推理中的大结构要素，常项的不同决定了推理形式的不同；变项代表推理中的内容要素,变项由相应的常项替代,从推理形式得到了具体的推理;对同一个推理形式做不同的替代,可以得到不同的具体推理。

2．推理的省略形式

在自然语言中,推理是用来论证和交流思想的,而交流总是在具体的个人之间、具体的语言环境中进行的。交际双方的大脑并不是一块白板,而是承载了大量信息,其中许多信息是交际双方所共有的,或至少是其中一方以为另一方知道的,故在交际过程中没有明确说出,推理表现为省略形式:本来是"A 和 C 一起推出 B",由于 C 属于(或以为属于)共同的背景知识,故被省略。

（四）逻辑思维方法

1．分析与综合

分析是指在思维中把对象分解为各个部分或因素,分别加以考察的逻辑方法。综合是指在思维中把对象的各个部分或因素结合成为一个统一体加以考察的逻辑方法。

2．分类与比较

根据事物的共同性与差异性可以把事物分类,具有相同属性的事物归入一类,具有不同属性的事物归入不同的类。比较就是找出两个或两类事物的共同点和差异点,通过比较能更好地认识事物的本质。

分类是比较的后继过程,分类标准的选择对分类来说是很重要的,选择得好还可能发现重要规律。

3．归纳与演绎

归纳是指从个别性的前提推出一般性的结论,前提与结论之间的联系是或然性的。演绎是指从一般性的前提推出个别性的结论,前提与结论之间的联系是必然性的。

4．抽象与概括

抽象就是运用思维的力量,从对象中抽取它本质的属性,抛开其他非本质的东西。概括是在思维中从单独对象的属性推广到这一类事物的全体的思维方法。抽象与概括,同分析与综合一样,也是相互联系不可分割的。

（五）逻辑思维基本规律

逻辑思维基本规律是从正确运用逻辑形式的思维活动中概括出来且又普遍适用于各类逻辑形式,并在整个逻辑思维活动中自始至终起决定作用的规律。逻辑思维基本规律主要包括同一律、矛盾律和排中律。

1．同一律

同一律的基本内容:在同一思维过程中,每一思想的自身必须是同一的。所谓"同一思维过程",是指在同一时空状态下,就同一思维对象的同一方面的思维;"每一思想"是指思维过程中的每一概念或判断;"自身的同一性"是指在同一思维过程中每一概念的内涵和外延必须前后一致,每一个判断肯定什么或否定什么,前后也必须一致。

同一律的公式:"A 是 A"或"A 等于 A"。

公式中的"A"表示任一概念、判断,"A 是 A"表示在同一思维过程中每一概念或判断必须与其自身保持同一。也就是说,在同一思维过程中,所使用的每一概念或判断的内容必须具有确定性,不得随意变换。例如,在同一思维过程中,如用"A"表示"一带一路"这个概念,那么"A"这个概念就是"一带一路",其内容是确定的,绝不会时而是这个内容,时而又是与此不同的其他内容。

2. 矛盾律

矛盾律的基本内容：在同一思维过程中，两个相互反对或相互矛盾的命题不能同时为真，其中至少一个为假。其作用是要求人们在正确的思维中排除自相矛盾的错误。因此，也有人称之为"不矛盾律"。

矛盾律的公式："A 不是非 A"。

在这个公式中，"A"表示任一思想（或任何一个判断），"非 A"表示与"A"相矛盾的思想。"A"与非 A 不能同真，其中必有一假。例如：

① "北京是中华人民共和国首都"和"北京不是中华人民共和国首都"。

② "某考生的成绩要么及格，要么不及格"和"某考生的成绩既不是及格，也不是不及格"。

句子①和②都是具有矛盾关系的一对判断，包含着相互否定的思想，不能同真。如果在同一思维过程中都加以肯定，那就违反了矛盾律。

矛盾律与同一律都是关于思维确定性的规律。同一律要求"A 是 A"，矛盾律要求"A 不是非 A"，可见，同一律是用肯定的形式表达一个确定的思想，而矛盾律则是用否定的形式表达一个确定的思想。或者说，矛盾律以否定的形式表达了同一律用肯定形式所表达的同一个思想。因此，矛盾律是同一律进一步的展开与反证。

3. 排中律

排中律的基本内容：在同一思维过程中，要求人们在做出判断的时候，必须有所断定，不能无所判断，也不能对相互矛盾的可能问题都加以否定。排中律的主要作用是排除模棱两可的思想。

排中律的公式："A 或者非 A"。

在这个公式中，"A"表示某个思想，"非 A"表示与"A"相矛盾的思想，"A 或者非 A"表示相互矛盾的两个思想不能都假，必有一真。例如：

① "某考生必然没有通过考试"和"某考生可能通过了考试"。

② "张教授或者懂英语，或者懂日语"和"张教授既不懂英语，也不懂日语"。

以上两对判断都是具有矛盾关系的判断。它们不可能都是假的，必有一真。矛盾律指出对于两个相互矛盾的思想不能同时都加以肯定，其中必有一假。而排中律则更进一层，它指出对两个相互矛盾的思想不能都否定，其中必有一真。在这个意义上，可以说排中律是矛盾律的继续和扩展。

二、演绎推理、归纳推理、类比推理

根据前提与结论之间是否存在必然联系，推理可以分为演绎推理（必然性推理）和非演绎推理（或然性推理）两大类。凡是前提蕴涵结论的推理，都叫作演绎推理，包括性质判断的直接推理、三段论推理、关系推理、联言命题推理、选言命题推理、假言命题推理、综合命题推理、模态推理等。凡是前提不蕴涵结论的推理，都叫作非演绎推理，包括归纳推理和类比推理。

（一）演绎推理

演绎推理是从一般性原理出发，引申出特殊性结论的推理。这种推理的推导方向是由一般到个别。演绎推理的前提是比结论更一般的判断，因此推出的结论并没有超出前提所判断的范围。换句话说，结论是可以由前提必然地推导出来的，所以它是一种必然性推理。演绎推理的分类如图 5-8 所示。

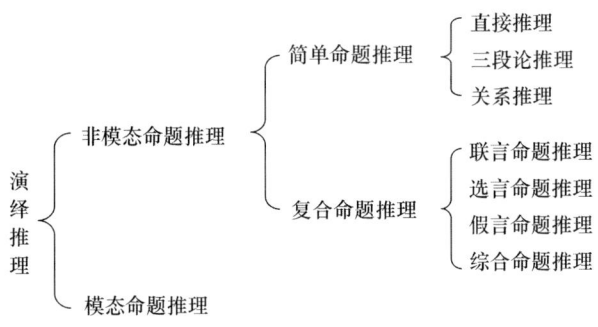

图 5-8 演绎推理的分类

1. 直接推理

直接推理是以一个已知命题为前提，推出另一个新命题为结论的演绎推理。例如：

所有的梧桐树都是阔叶植物；所以，有些阔叶植物是梧桐树。

2. 三段论推理

三段论推理是由两个含有一个共同项的性质判断作为前提，得出一个新的性质判断为结论的演绎推理。例如：

所有优秀的教师都是关爱学生的教师；李老师是一名优秀的教师；所以，李老师是关爱学生的教师。

3. 关系推理

关系推理就是前提中至少有一个是关系判断的推理，它是根据关系的逻辑性质进行推演的。例如：

诗歌的出现早于散文；散文的出现早于小说；所以，诗歌的出现早于小说。

4. 联言命题推理

联言命题推理是指前提或结论为联言命题，并且根据联言命题联结项的逻辑性质进行推演的推理。联言命题推理分为组合式和分解式两种。

（1）联言命题推理的组合式：从两个或两个以上的已有判断得出一个联言判断的推理。例如：

语文是中学的重要学科；数学是中学的重要学科；所以，语文和数学都是中学的重要学科。

（2）联言命题推理的分解式：从已有的联言判断得出其中的联言支为其结论的推理。例如：

中学语文核心素养既要求注意对学生语文思维品质的培养和提升，又要求注意学生思维的流畅性，注意语言文字符号使用的正确性；所以，中学语文核心素养也要注意学生思维的流畅性，注意语言文字符号使用的正确性。

5. 选言命题推理

选言命题推理就是通过选言前提的部分选言支做出判定，从而得出结论的推理。选言命题推理分为相容选言推理和不相容选言推理。

（1）相容选言推理就是前提中有一个是相容选言判断的选言推理，其规则在于，否定一部分选言支，就必然肯定另一部分选言支；肯定一部分选言支，却不能必然否定另一部分选言支。例如：

这份统计表格或者是计算有错误,或者是统计本身有错误;计算没有错误;所以,这份表格的错误在于统计本身。

(2)不相容选言推理就是前提中有一个是不相容选言判断的选言推理,其规则在于,肯定一个选言支,就要否定其他选言支;否定除一个以外的其他选言支,就要肯定未被否定的那一个选言支。例如:

这次作文大赛,要么你参加,要么我参加;你没有参加;所以,我参加了。

6. 假言命题推理

假言命题推理就是通过对假言前提的前件或后件做出断定,从而得出结论的推理。例如:

只有振兴中华,才能最终实现中国梦;我们要实现中国梦;所以,我们要振兴中华。

7. 综合命题推理

综合命题推理包括假言选言推理和假言联言推理。

(1)假言选言推理就是通过一个选言判断断定具有合取关系的两个或两个以上假言判断的前件或后件,从而得出结论的假言推理。例如:

如果一部作品是优秀的,那么它的思想内容好;如果一部作品是优秀的,那么它的艺术性好;这部作品或者思想内容不好,或者是艺术性不好;所以,这部作品不是优秀作品。

(2)假言联言推理是指通过一个联言判断断定具有合取关系的两个或两个以上假言判断的前件或后件,从而得出结论的假言推理。例如:

如果一个人真正认识了错误,那么他就会承认错误;如果一个人真正认识了错误,那么他就会改正错误;某人既不承认错误,也不改正错误;所以,某人没有真正认识错误。

8. 模态推理

模态推理是根据模态判断的逻辑性质进行的推理,它的前提和结论是模态判断。例如:

任何事物都必然要发展变化,所以,任何事物都不可能不发展变化。

(二) 归纳推理

归纳推理是指一种以个别性或特殊性判断为前提推出一个以普遍性判断为结论的推理。这种推理的推导方向是由个别到一般。作为一种特定的推理形式,归纳推理建立在现有的反映事实的语言材料或思维材料的基础上,从一些个别性判断推导出一般性判断的结论,它的任务在于从大量思维材料出发,抽出能够反映人类某种思维过程的思维形式结构。按照推理的前提中是否考查了一类事物的全部,归纳推理可以分为完全归纳推理和不完全归纳推理。

1. 完全归纳推理

完全归纳推理是指根据某类中每一个对象都具有(或都不具有)某种属性,从而推出该类的全部对象都具有(或都不具有)某种属性的结论的归纳推理。例如:

学生甲语文学科学业等第为 A,数学学科学业等第为 A,英语学科学业等第为 A,历史学科学业等第为 A,地理学科学业等第为 A,生物学科学业等第为 A,政治学科学业等第为 A;语文、数学、英语、历史、地理、生物、政治七门学科为初中一年级阶段学业文化科目;所以,学生甲初一学段所有学业文化科目都是 A 等。

这是一个完全归纳推理,前提是一些关于个别事实的判断,并且列举了甲生初一学段的全部文化科目对象。由于这些对象都具有某种属性而没有遇到相反的情况,因而得出一个一般性的判断。如果用 S 代表某类对象,以 $S_1,S_2,S_3,\cdots\cdots,S_n$ 代表 S 类的个别对象,用 P 代表对象的某种属性,那么完全归纳推理形式可以表示为:

S_1 是(或不是)P；
S_2 是(或不是)P；
S_3 是(或不是)P；
……
S_n 是(或不是)P；
S_1，S_2，S_3，……，S_n 是 S 类的全部对象；
所以，所有 S 是(或不是)P。

完全归纳推理的结论是根据某类中每一个对象都具有某种属性而得出的，结论所断定的范围并未超出前提所断定的范围。因此，完全归纳推理的结论是必然的。在进行完全归纳推理时，必须满足以下两个基本要求：第一，前提中所有考查的对象是某类的全部对象；第二，前提中对每一个别对象所做的断定必须是真实可靠的。满足了这两个基本要求，完全归纳推理的结论必然是真实的，否则，结论就是不必然的。违背上述两条基本要求，就会犯"前提不穷尽"或"前提不真实"的逻辑错误。

2. 不完全归纳推理

所谓不完全归纳推理，就是根据某类的部分对象具有(或不具有)某种属性，从而推出某类的全部对象具有(或不具有)某种属性的归纳推理。不完全归纳推理又分为简单枚举归纳推理和典型归纳推理。

(1) 简单枚举归纳推理。

简单枚举归纳推理就是以经验的认识为主要依据，根据某类中部分对象具有(或不具有)某种属性，而且多次重复并未发现反面的实例，于是推出该类的全部对象具有(或不具有)某种属性的不完全归纳推理。例如，著名数学家哥德巴赫在计算中发现：

15＝5＋7＋3
337＝313＋7＋17
461＝449＋7＋5
561＝537＋19＋5

每个算式的左边都是一个奇数，每个算式的右边则为三个质数相加。于是，他于1742年提出了"所有大于5的奇数都可以分解为三个质数之和"的猜想。哥德巴赫的这种思维方法就是简单枚举归纳推理。如果用 S 代表某类对象，以 S_1，S_2，S_3，……，S_n 代表 S 类的个别对象，用 P 代表对象的某种属性，那么简单枚举归纳推理形式可以表示为：

S_1 是(或不是)P；
S_2 是(或不是)P；
S_3 是(或不是)P；
……
S_n 是(或不是)P；
S_1，S_2，S_3，……，S_n 是 S 类的部分对象；
所以，所有 S 是(或不是)P。

由于简单枚举归纳推理是根据部分事例的不断重复而未遇到相反的情况来推出结论的，因此，推出的结论是不充分的。因为没有遇到相反的情况，并不等于相反的情况不存在。因此，简单枚举归纳推理的结论不具有必然性，不是完全可靠的。根据简单枚举归纳推理的特点，要提高其结论的可靠性，必须满足以下两个基本要求：第一，被考查对象的数量应尽可能多，被考查的对象越多，结论的可靠性越高；第二，被考查对象的范围要尽可能广。

（2）典型归纳推理。

典型归纳推理就是根据一类事物中的某一具有代表性的典型个体具有某种属性,然后将该属性外推到同类个体中去,进而推出该类的全部对象都具有该类属性的不完全归纳推理。例如：

科学家们采用解剖典型的方法,分析出蝙蝠是由超声波定位的。蝙蝠在喉内发出超声波,通过口鼻发射出去,由耳接收,这样来测定距离和目标。找到了蝙蝠能在黑暗中飞行而不碰撞的原因,即得出"所有的蝙蝠都是通过自己发出的超声波的反馈在黑暗中飞行而又不碰撞"的结论。

这里运用的就是典型归纳推理。

由于典型归纳推理是由对单一的某个事物的认识直接上升为对某类事物的普遍性认识,带有明显的概括特征,因此人们也常把它称为"典型概括法"或"直觉概括法",亦称"解剖麻雀法"。典型归纳推理的形式为：

S_1 是 P；

S_1 是 S 类的代表性个体；

所以,所有 S 都是 P。

由于典型归纳推理以实验为基础,以事物个别与一般、特殊与普遍的辩证统一为指导,以考查某类事物的代表性个体为前提,并辅之以比较、分析、演绎等思维方法,因此由该推理得出的结论具有一定的可靠性,且具有实用性和灵活性。在进行典型归纳推理时,需要注意以下两点：第一,选择作为类的代表性个体越典型,结论越可靠；第二,典型归纳所依据的理论或思维方法(如演绎法、比较法等)越先进,结论越可靠。

（三）类比推理

类比推理是根据两类对象在一系列属性上是相同的,而且已知其中一类对象还具有其他的属性,由此推出另一类对象也具有同样的其他属性的推理。类比推理的基本类型主要有以下几种：

1. 肯定类比

肯定类比是根据两个对象在一系列属性上的相似,并且已知其中一个对象还具有其他属性,由此推论另一个对象也具有相似的其他属性。其推理模式如下：

A 对象具有属性 a、b、c、d；

B 对象具有属性 a、b、c；

所以,B 对象也具有属性 d。

2. 否定类比

否定类比是根据两个对象存在某些属性的相异而推出它们在另一属性上也是相异的。其推理模式如下：

A 对象无 a、b、c 属性,亦无 d 属性；

B 对象无 a、b、c 属性；

所以,B 对象也无 d 属性。

或者,另外一种否定类比模式为：

A 对象有 a、b、c 属性,同时有 d 属性；

B 对象无 a、b、c 属性；

所以,B 对象亦无 d 属性。

3. 中性类比

中性类比是根据两个对象在某些方面的相同和另一些方面的差异,在平衡两者之间的

相同点和相异点的基础上,从而得出两个对象在其他方面的相同或相异的结论。其推理模式如下:

A 对象具有属性 a、b、c、p、q、r,还有 x;

B 对象具有属性 a、b、c,不具有属性 p、q、r;

所以,B 对象具有(或不具有)属性 x。

由于中性类比从正反两个方面考查了认识对象可能具有或不具有的属性,因此,一般来说其结论的可靠性比肯定类比或否定类比都高。

4. 性质类比

性质类比是根据两个或两类对象都有某些相同或相似性质,并且已知其中一个(或一类)对象还具有另外的某种性质,从而推出另一个(或另一类)对象也有这种性质的结论的推理。其推理模式如下:

A 与 B 都有性质 a、b、c;

A 还有性质 d;

所以,B 也有性质 d。

5. 关系类比

关系类比是根据两组对象有某种类似关系,并且其中的一组对象还具有另外的关系,从而推出另一组对象也有类似的关系的推理。其推理模式如下:

A 与 B 和 X 与 Y 之间具有类似关系 R_1;

A 与 B 之间还具有关系 R_2;

所以,X 与 Y 之间也具有关系 R_2。

类比推理的结果是或然的,要正确运用类比推理,必须注意提高它的结论的可靠性程度,而这种可靠性程度取决于相同属性与推出属性的相关程度,相同属性与推出属性的相关程度越高,它的结论就越可靠。提高类比推理结论的可靠性,要满足以下要求:第一,类比对象间的相同属性应尽可能多;第二,类比对象间的相同属性应是本质的;第三,要注意类比对象间的差异性。

三、论证

论证就是用一个或一些已知为真的判断确定另一个判断的真实性或虚假性的思维过程。论证包括证明和反驳。证明是用一个或一些已知为真的命题确定另一个命题真实性的思维过程;反驳是用一个或一些已知为真的命题确定另一个命题虚假或某一个论证不能成立的思维过程。

(一) 论证的组成

论证都是由论题、论据和论证方式组成的。论题是论证中需要证明或需要反驳的命题,它回答"论证什么"的问题。论据是论证中据以做出证明或反驳的那些真实命题,它解决"用什么论证"的问题。论证方式是论证所用的推理形式,它是将论据与论题、基本论据与非基本论据联系起来的逻辑手段。

(二) 论证的方法

1. 证明的方法

以是否从论据直接地确立论题的真实性为标准,可将证明分为直接证明和间接证明。直接证明是根据论据的真实性,通过逻辑推理直接确定论题真实性的论证。间接证明是用论据来证明与论题相矛盾的或具有反对关系的反论题的虚假,从而确定论题真实性的论证。间接证明的主要特点是:需要通过确立与原论题相矛盾的反论题的虚假这一逻辑中介,才能确定原论题的真实性。间接证明通常采用两种方法:

(1)反证法。

反证法是通过确定与论题相矛盾的命题的虚假而确定论题真实性的一种间接论证的方法。它一般有三个步骤:设立反论题,证明反论题的虚假,根据排中律确定论题的真实性。其论证过程是:

论题:p;

反论题:非 p;

如果非 p,那么 q;

非 q;

所以,非"非 p"(即 p)。

(2)选言证法。

选言证法是通过确定除论题所指情况以外其余可能情况都为虚假,从而推出论题为真的一种间接证明方法。其论证过程是:

论题:p;

反论题:或者 q,或者 r(q、r 等于非 p 的所有可能情况);

或者 p,或者 q,或者 r;

非 q 并且非 r;

所以,p。

2. 反驳的方法

(1)直接反驳。

直接反驳就是用论据直接确立被反驳论题的虚假。直接反驳可以有两种不同方法:一种是列举出与对方论题或论据相矛盾的事实命题,以论证对方的论题或论据是虚假的。另一种方法是归谬法,从被反驳论题引出相互矛盾的命题,进而证明被反驳论题是假的。其形式是:

被反驳论题:p;

归谬反驳:如果 p,则 q;

如果 p,则非 q;

所以,非 p。

例如,在反驳"上帝是万能的"时,有人进行了如下论证:

如果上帝是万能的,那么他就能创造一块他自己也举不起来的石头;

如果上帝是万能的,那么他能举起来任何石头;

所以,上帝不是万能的。

(2)间接反驳。

间接反驳就是建立一个与被反驳论题具有矛盾关系或反对关系的反论题,通过证明反论题的真实,并根据矛盾律的要求(两个相互反对的命题不能同时为真),从而确定被反驳论题的虚假。其步骤有以下三个:

第一,设立反论题,此反论题与被反驳论题具有矛盾关系或反对关系;

第二,独立证明反论题的真实性;

第三,根据矛盾律,由反论题的真而确定被反驳论题必假。

第三节　阅读理解能力

所谓阅读理解能力就是阅读的悟意明理能力,是由认字识词的感性阶段到理解内容的理性阶段的深化。阅读中的理解消化能力,要求在了解一字一词表面意思的基础上,进而理解语言文字之间的内在意义及内部联系,理解文章的思想内容、篇章结构、写作方法。

阅读理解能力具体表现为以下六个方面:

一、概念理解

要理解一般论述类和说明类文章中解说的某个概念,往往需要我们找出这个概念的本质属性或特征。通常人们对于重要概念的理解从以下几个方面来进行:

（一）判断本质属性

对概念的理解要以准确判断其本质属性为基础,通过筛选文章有关重要信息,选取揭示概念特征的信息组织答案。一般来说,要理解的概念在材料中会用一定的篇幅进行说明。解题的关键是要弄清楚概念的内涵,对照选项找出选项与材料具体内容的区别,把握住概念的本质属性。

【例】科学界关注海洋微塑料污染最早始于20世纪70年代。但直到2004年,英国科研人员在《科学》杂志上发表了关于海洋水体和沉积物中塑料碎片的论文,才首次提出"微塑料"的概念——直径小于5毫米的塑料纤维、颗粒或者薄膜。

海洋中的微塑料可分为"原生"微塑料和"次生"微塑料两大来源。"原生"微塑料是指在生产时就是细小的,可直接作为产品或原料使用的塑料微粒,如用于清洁剂、洗面奶,以及工业研磨料、去角质、药物和纺织物的塑料原料等。"次生"微塑料是指在自然环境中,由大块海洋塑料污染物因物理、化学或生物作用层层分解破碎而成的细小塑料颗粒。

……

"除了难降解,微塑料最大的特性就是粒径细小,数量巨大,非常容易被海洋浮游生物……所摄入,它的尺寸越小,危害越大!"……

微塑料另一个特性就是高疏水性,加之具有较大表面积,容易吸附海水中的多氯联苯、多环芳烃等疏水性污染物,并产生富集作用……而这些疏水性污染物基本都是持久性有机物,大都具有较大生物毒性,能在环境中持久存在,并通过生物食物链进行累积。（节选自《光明日报》）

下列对微塑料的解释最准确的一项是（　　）。

A. 微塑料是直径小于5毫米的塑料纤维、颗粒或者薄膜。
B. 微塑料是粒径细小,数量巨大,危害巨大的污染物。
C. 微塑料有原生微塑料和次生微塑料两大来源。
D. 微塑料是20世纪70年代开始被科学界关注,直到2004年,英国科研人员才在《科学》杂志上发表"微塑料污染"相关论文,并首次提出的概念。

这道题实际考查的是对阅读材料中重要概念的理解,显然,题干中的"微塑料"就是要求理解的核心概念。B项说明的是"海洋微塑料"的特点;C项说明的是"微塑料"这个概念的来源分类;D项说明的是"微塑料"提出的背景。因此,此题答案选择A项。这一选项的表述是"微塑料"这一概念的准确定义,凸显的是它区别于其他概念的本质属性。

（二）联系具体语境理解

一个词语在语言中不是孤立存在的，总是与其他词语组成句子表达某种意思；反过来看，上下文中总是或多或少、或隐或显地包含这个词语的意思，或制约这个词语的含义。解题时要有整体观念，认真理解语境，把握上下文的意思。

【例】我的一个朋友在一次意外的事故中失去了右手。炎炎夏日里，我到他的小书屋去选书。我本来打算要穿一件凉爽的短袖汗衫出门的。可是，临行前我还是毅然换了一件长袖衫——我忘不掉两年前他在酷暑时节穿一件长袖衫对我说："我今生再也无福穿短袖汗衫了"的悲苦神情，我希望这件长袖衫从我身上蒸出淋淋汗水，希望这淋淋汗水能多少减淡一点朋友的哀伤和痛楚。当我出现在那间小书屋时，朋友热情地迎上来与我握手。两只左手紧紧相握的瞬间，我俩都忍不住看着对方的衣衫大笑起来——因为，朋友居然穿了一件短袖汗衫。

朋友说，谢谢，我知道你的良苦用心。倒退两年，我还真的特别需要你这样做，但现在不同了……不瞒你说，刚出事的那阵子，我认为我活不下去了，我说什么也接受不了没有右手的残酷现实。我笨拙地穿衣，歪歪扭扭地写字，刮胡子的时候，把脸刮得鲜血淋漓，上厕所都十分不方便……我哭，我闹，我摔东西，我把脑袋剃得溜光来发泄。后来，我就劝自己：别想那只手了，行不？瞧瞧人家古人多么豁达，满嘴的牙齿都掉光了，却说："口中无碍，咀嚼愈健"；一个叫达克顿的外国人，曾以为除了双目失明以外可以忍受生活上的任何打击，可他在60岁的时候，却真的双目失明了。这时候，他说："噢，原来失明也是可以忍受的呀。人可以忍受一切不幸，即使所有器官都丧失知觉，我也能在心灵中继续活着。"慢慢地，我平静下来。我开始穿着短袖汗衫出门，坦然地面对人们异样的目光。我终于明白，我其实有一条韧性十足的命，它远比我想象中的那条命耐磨得多……

——节选自《耐磨的人生》

问题："朋友说，谢谢，我知道你的良苦用心"一句话中有"良苦用心"一词，请说说这个词是什么意思？

要还原"良苦用心"的意思，必须联系上下文的具体意境进行解读。首先，要找到上文出现了"我本来打算要穿一件凉爽的短袖汗衫出门"一句，可是，"临行前我还是毅然换了一件长袖衫"，因为朋友在意外中失去了右手，并曾告诉我他的悲苦；再联系下文，"倒退两年，我还真的特别需要你这样做"，朋友的话提示我们他已经走出了心理的阴影，所以，"良苦用心"一词指很费了一番考虑，在文中指"我"为了不让朋友难堪，特意在热天穿着长袖衣衫去见朋友。

（三）规范名词术语

自然科学类文章中的名词术语，其含义必须准确而严密。理解重要概念的思维操作步骤是：首先，明确筛选区间，进而明确哪些语句、段落含有对概念的解释；其次，筛选、提取出解释概念本质特征的词句，并组合成最准确的解释。

【例】……美国弗吉尼亚共同体大学物理学教授施夫·汉纳等人在最近一期的《科学》杂志上发表报告披露，他们成功地发现了由13个铝原子组成的"超级原子"……

很早以来科学家就企图寻找由多个单个原子组成的"超级原子"，他们希望这种"超级原子"具有现有单个原子不具有的化学性质，施夫·汉纳等人的工作就是一个新的伟大突破。……

问题：请对"超级原子"概念进行定义。

自然科学类文章往往篇幅长、专业术语多、要点零散，阅读者筛选和把握文章内容和要点的难度较大。题目要求对"超级原子"这一术语进行定义,考查对材料中这一核心概念的理解。因此,在进行解答时首先要进行文段的定位,明确"超级原子"这一概念所在的区间;其次要在这一区间内进行筛选,提取关于"超级原子"关键属性和特征的词语;最后,整合要点最终形成核心概念的准确定义。从具体表述来看,文段中与概念相关的内容有"由多个单个原子组成""具有现有单个原子不具有的化学性质",将要点重新组合并结合语境进行整合之后得出答案:"超级原子"是由多个原子组成的,拥有现有单个原子不具有的化学性质的特殊原子。

二、理解句子

文中重要的句子,或体现了文章的中心、主旨,或体现了文章的结构层次,或蕴含着极为丰富、深刻的含义……如果对这些把握不准,就不能准确理解整篇文章。因此,阅读能力必然包括要准确把握句子的含义,尤其是把握关键句子的含义。所谓"重要句子",是指对理解文章具有重要作用的句子。

(一) 理清句子主干或句间关系

句子分为单句和复句两种。对于较为复杂的单句,可先分析主干,搞清句意范围,再抓关键的修饰、限制或补充成分,就可较准确地把握句意。若是倒装句,其强调的重点则与一般顺序的句子不同。

对于复句,可先分析复句的第一层关系(最主要的关系),再考虑复句的类型。复句大致可分两类:转折、因果、条件、假设复句等属偏正类,正句一般是句意主旨所在,抓住正句,兼顾偏句就能较准确地理解句意;并列、承接、选择、递进复句属联合类,这类复句前后分句可以并重,也可有主次,对并重的应全面考虑,对有主次的应抓住主句,这样也能较准确地理解句意。

【例】小草偷偷地从土里钻出来,嫩嫩的,绿绿的。(朱自清《春》)

该句写出了小草刚长出来的样子,将修饰小草的"嫩嫩的""绿绿的"放到句末,定语后置,目的是强调这悄无声息长出来的小草又嫩又绿的特点。

【例】① 不必说满天的繁星,璀璨的银河,皎洁的明月;② 也不必说那云雾蒙蒙,波光粼粼的湖面涟漪,③ 单是迎面而来的清柔夏风,就让人心旷神怡。

①②句用关联词"不必说……也不必说……",将表意的重点由③中"单是……就……"集中到夏风令人心旷神怡的语意上,连最不经意间轻柔的风都令人舒爽,就更不用说繁星、银河、明月和云雾、涟漪了,此时此刻此情此景多么令人心旷神怡啊。

(二) 抓住句子中的关键性词语

对于一些含蓄而复杂的语句,抓住关键词作为突破口,就能正确把握句意。一个句子中常有一个或几个关键性词语,理解了这类关键词语,整个句意就容易把握了。

【例】闪烁的街灯照在清冷的马路上,留下一对孤独的含泪的影子,一长一短地走着,成了一道痛苦抽搐的风景。

——选自《含泪奔跑的少年》

问题:理解这个句子的含义。

理解这个句子要抓住关键词"清冷""孤独""含泪""痛苦"等词语。"清冷"是环境,"孤独"是处境,"含泪"是状态,"痛苦"是心理,环境很好地渲染了冷清孤寂的气氛,烘托了主人公悲伤痛苦的心情,"一长一短"暗示两位主人公正遭遇着孤独无助,内心无比痛苦。

（三）联系上下文来理解

有些句子的理解，关涉段意，甚至文意，这就必须借助文章语境加以分析，才能达到理解文句意思的目的。在具体的语言环境中，往往可以在上下文中找到理解句意的潜在信息，因此抓住上下文中词、句之间的内在联系能够比较准确地理解句意。

【例】当他和母亲要离开县城，打算到省城继续谋生的时候，他整理好铁皮屋里所有的行李，突然一张药费单抖落了出来，他露出了笑容，他知道，上面写着——这个世界很冷也很暖，冷暖之间，我不能只是流泪，我要做一个含泪奔跑的人。

——选自《含泪奔跑的少年》

问题：理解"我要做一个含泪奔跑的人"一句的含义。

理解这句话要抓住关键词"冷""暖"进行理解。由上文给出的情节可知，他和母亲需要离开继续谋生，无意间看到药费单便露出了笑脸，可以推知冷的是曾经所处的境况，暖的是在艰难的境况中感受到的与药单有关的回忆，那么这泪水的流下要么与境况的艰难有关、要么与感动有关，我们要含着这艰辛或者温暖的眼泪奔着一个方向跑起来，得出结论：我们在现实生活中，无论遇到什么都应该坚强面对，坚韧前行。

（四）对用典句的理解要借助于典故

运用典故可顺其意而用，也可反其意而用；可直接用，也可间接用。理解用典句的关键是弄清典故，借助典故就可顺利地理解句意。

【例】沛公已出，项王使都尉陈平召沛公。沛公曰："今者出，未辞也，为之奈何？"樊哙曰："大行不顾细谨，大礼不辞小让。如今人方为刀俎，我为鱼肉，何辞为？"于是遂去。

——节选自《史记·项羽本纪》

问题：如何理解"人为刀俎，我为鱼肉"这句话。

这句话必须结合相应历史典故加以理解。故事背景是鸿门宴这一历史典故，项羽设鸿门宴招待刘邦，意欲谋杀刘邦，宴上樊哙告劝刘邦时说了这么一句话。刀俎分别指刀和刀砧板，是宰割的工具。这句话比喻生杀大权掌握在别人手里，自己处在被宰割的地位，性命危在旦夕，形象地揭示了鸿门宴前和鸿门宴上刘邦与项羽实力的悬殊。

（五）结合修辞手法或艺术表现手法来理解

有言外之意的句子常会运用反语、双关、避讳、比喻、借代等修辞手法，常表现为象征句、暗示句、影射句、委婉句等，要抓住修辞手法或艺术表现手法的特点，结合上下文来理解。理解这些句子时，必须注意结合它所运用的修辞方法分析句子所包含的深层意思。

【例】当它戛然而止的时候，世界出奇的寂静，以致使人感到对她十分陌生了。简直像来到另一个星球。耳畔是一声渺远的鸡啼。

——刘成章《安塞腰鼓》

问题：理解并赏析画线的句子。

鼓声是在最急骤、最热烈、最高亢、最火爆的时候"戛然"停止的，对比之下，世界显得格外静；人的情绪也正处于最亢奋的状态，想象力最活跃的时候，鼓声停止了，人的思维却还停留在想象的世界中，一时无法与眼前的现实世界接轨，便对现实有陌生感。划线的句子是以动衬静的写法。因为热烈的腰鼓表演突然停止，环境太静，所以才能听到"渺远"处的鸡啼，隐隐约约鸡啼反而使得周围的世界更加寂静。

三、根据材料筛选信息

重要信息包括文章的基本观点,以及最能表达文章主旨和作者写作意图的语句等。所谓筛选,指的是从图表、文字、视频等多样的阅读材料中提取主要信息,筛掉次要信息,找出特定的信息或重要细节。所谓整合,是指根据试题提出的条件,对筛选出来的信息源进行分类集中、重新组合、粗略概括。这两种能力在阅读理解过程中起着决定性的作用。因此,从这个意义上说"信息筛选能力"便成为阅读的核心能力。

(一) 图表信息的筛选与整合

1. 表格数据的筛选与整合

【例】表 5-1 所示是对不同学段学生体育锻炼的科学性的调查。

表 5-1 体育锻炼的科学性(单位:%)

学段	参与运动前的准备活动			活动结束做整理		
	做了	无所谓	不需要	做了	无所谓	没有
小学	37.3	33.6	29.1	30.7	27.3	42
初中	38.1	33.4	28.5	35.2	32.7	32.1
高中	50.3	24.4	25.3	45.8	15.4	38.8

问题:阅读表 5-1,你得出什么结论?

此题考查图文转换能力。第一步:仔细审读扣题旨。

① 审标题。表 5-1 的标题为"体育锻炼的科学性",也就是告诉我们表中反映的是不同学段对体育锻炼科学性的认识的深浅,而不仅是不同学段参加体育锻炼人数的不同。

② 审图表。通过横向比较表 5-1 中的数据可以看出差距:不同学段的学生认识不到体育锻炼科学性(认为"无所谓"和"不需要")人数占总人数的比例要远远高于认识到体育锻炼科学性("做了")的比例。通过纵向比较表中的数据可以看出这样一种变化趋势:随着年级的升高,"做了"的人数比例越来越高,而认为"无所谓"和"不需要"的人数比例越来越低。

③ 审要求。根据考题要求提供的"信息",带着"问题"审读图表,使审读图表更具指向性,更准确地把握图表的中心(尤其是在有些图表没有标题,但在题目要求中告诉你这是一张什么图表时)。同时,只有根据要求答题,才能有的放矢,避免答题偏向。

第二步:认真思考找规律。我们把通过对横向比较、纵向比较看出的内容进行分析、综合、判断,不难得出这样的结论:不同学段的学生都不太注意体育锻炼的科学性,对体育锻炼的科学性认识比较肤浅,但随着年级的升高,注意体育锻炼科学性的人数比例在提高,说明学生对体育锻炼科学性的认识在提高。

第三步:准确归纳善表述。最后的结论就可以概括为:学生普遍对体育锻炼的科学性认识较肤浅,但随着年级的升高对此认识也逐渐提高。

2. 统计图信息的筛选与整合

【例】首都经贸大学等三所高校联合进行"社会道德与信任问题"的民意调查,图 5-9 为"老人摔倒该不该扶"问题的数据。

问题:请用文字表述两幅图的调查结果。

要读懂图 5-9,需要做到以下几点:注意"饼"各部分代表的对象以及所占比例;重视占百分比大的数据;思考两幅图中占百分比大的数据有没有关联。所以,最后得出的结论是:

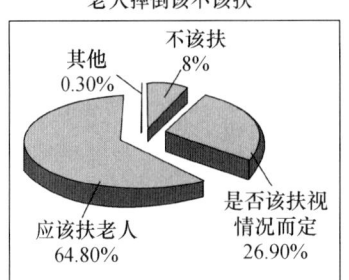
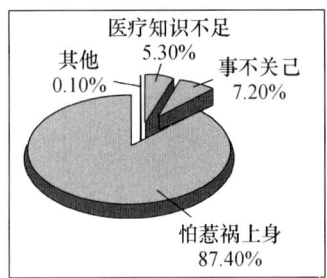

图 5-9 "老人摔倒该不该扶"问题的数据

第一幅图说明多数人认为老人摔倒应该扶;第二幅图说明绝大多数人认为不扶老人的原因是怕惹祸上身。

(二) 视频材料信息的筛选与整合

视频材料信息的整合主要体现为将视频中的语言、动态画面等所包含的信息通过转换说法、语言重组、提炼概括等方式用文字表述出来。要想把握视频材料的重要信息和细节,首先必须认真细致地观看视频,特别要注意一些关键的语言与画面。最后,依照问题进行语言组织,将核心要点进行概括,形成对应问题的书面表达。尤其要注意针对一些与实际问题、个人经验、知识背景有关的提问,要在把握视频要点与细节的同时,深化回答的内涵与层次,必要时提供理论依据与实例。

【例】

长大后我就成了你

小时候我以为你很美丽,领着一群小鸟飞来飞去。

小时候我以为你很神气,说上一句话也惊天动地。

长大后我就成了你,才知道那间教室飞出的是希望,守巢的总是你。

长大后我就成了你,才知道那块黑板写下的是真理,擦去的是功利。

小时候我以为你很神秘,让所有的难题成了乐趣。

小时候我以为你很有力,总喜欢把我们高高举起。

长大后我就成了你,才知道那支粉笔画出的是彩虹,洒下的是汗滴。

长大后我就成了你,才知道那个讲台举起的是别人,奉献的是自己。[①]

问题:结合自己的理解与体会,谈谈如何成为一名合格的教师。

要充分理解这道视频材料题并抓住要点,必须认真聆听并抓住歌词中的关键词。题目指向"合格的教师",因而解题时要特别注意歌词中描写教师的词语,这些词语都是作答的关键和得分要点。歌词中"美丽、神气、真理、神秘、有力、奉献"等词句指向的都是一个合格教师的优秀品质,因此可针对这几个关键词进行解答,深化内涵。建议可以从以下角度思考:成为一名合格的教师需要有对学生广博的爱心,需要有廉洁从教的职业道德,需要具备一定的教学艺术,需要蜡烛般甘于奉献的精神和优秀品质。

---

① 选自歌曲《长大后我就成了你》. 载小学《语文》(第7册),长春出版社,2011:22.

四、分析文章结构与思路

无论什么文体的文章,作者总是要根据表达的需要,将掌握的材料加以剪裁,按照一定的思路去安排材料,这就是布局。给文章划分层次,理清段与段以及一段之内句群或句子之间的层次关系,是把握文章思路脉络的手段,也是了解作者的写作意图、观点态度的手段。

【例】① 舜发于畎亩之中,傅说举于版筑之间,胶鬲举于鱼盐之中,管夷吾举于士,孙叔敖举于海,百里奚举于市。故天将降大任于是人也,必先苦其心志,劳其筋骨,饿其体肤,空乏其身,行拂乱其所为,所以动心忍性,曾益其所不能。‖② 人恒过,然后能改;困于心,衡于虑,而后作;征于色,发于声,而后喻。‖③ 入则无法家拂士,出则无敌国外患者,国恒亡。‖④ 然后知生于忧患而死于安乐也。

——《生于忧患,死于安乐》

问题:请对文段中的四个句子进行结构划分,并阐明作者的思路。

细读这个文段,明确文体。议论文常由提出问题、分析问题及解决问题三大结构构成。首先,作者列举了历史上六位在逆境中成才的圣贤,指出一个人要肩负大任必然要经受种种磨难;接着,运用对比论证,先从正面列举了三个现象进行论述,即使作为一般人,也需要在困难中经受磨炼,方能奋发进取;然后,作者又从个人成长谈到国家治理,从反面论述如果没有坚守法度的大臣,没有敌国外患,国家往往就会灭亡;最后得出结论:生于忧患,死于安乐。文章的结构层次划分结果为:①‖②‖③‖④‖。

总体来说,分析文章结构与思路需要注意以下几点:

(1) 从整体上把握全文。

(2) 把握不同文体的结构特点。掌握文章因文体不同而具有的不同的结构规律:记叙文常以时间推移、空间转换、情景变化、思维逻辑顺序等来安排层次;议论文常采用提出问题、分析问题、解决问题的结构来论证事理,结构体式主要有并列式、对照式、层进式和总分式四种;说明文常采用总分总式或并列式结构来说明问题。

(3) 注意语言的标志。重视具有前后衔接、勾连、照应作用的语言标志,重视有区分层次作用的标点符号。

(4) 注意找出中心句。抓住了中心句,就意味着大致弄清段落的层次结构。此外,文章中过渡句、总结句和提挈下文的句子也是解答问题、分析段内层次之间相并、相承、相属关系时的重要依据。

五、归纳内容要点与概括中心思想

归纳内容要点与概括中心思想是指能用自己的表述概括语句、语段乃至整篇文章的中心要点。对阅读材料的内容要点与中心思想进行归纳和概括必须以理解语句、把握文意为前提。

归纳内容要点一般需要做到:首先,弄懂句与句之间、段与段之间、层与层之间的关系,其次,通过分析,抓住各部分最主要、最本质的信息,准确地加以概括,提炼出它的核心,利用具体的材料或经验做出解释;最后,结合具体语境对含蓄的语句进行分析,用自己的表述概括文段的中心思想,将语句的深层含义和言外之意呈现出来,以便更好地把握作者的思想,准确理解作品。

【例】螃蟹在树林里迷了路,遇到青蛙,问道:"青蛙哥,到河边怎么走?"青蛙指着前面说:"你一直往前走,一会儿就可以到河边。"螃蟹走了老半天,还是走不到河边。

后来,有一天,螃蟹遇到了青蛙,指责道:"你害得我好苦,走了许多的冤枉路!"青蛙说:"我没有骗你,叫你一直往前走,你却横着爬,当然到不了河边。"

问题:请谈谈上面材料的主要写作意图?

这道题考查作者的主要写作意图,实际上就是要求读者就材料来找中心思想。作者的写作意图很大程度上直接决定了文段的走向,这个文段,出现了这样几句话:"一直往前走""走了老半天,还是走不到河边""走了许多的冤枉路"。尤其最后一句点睛:"叫你一直往前走,你却横着爬,当然到不了河边。"仔细分析,"却"表转折,语意的重点在后,其实表达了这样一个意思:接受别人好的意见的时候要结合自己的实际情况。

总体来说,归纳内容要点与概括中心思想要注意以下几点:

第一,带着题目,通读全文,把握大意。

带着题目阅读有利于我们更快更好地筛选出相关信息。阅读时,要重视标题、起始段、结尾段及各段落的首尾句的相关内容,理清全文的脉络。阅读时既要弄清字面上的意思,又要力图获取字里行间的隐含信息;既要注意文中隐含情感的文字、传递知识的语段、阐释观点的段落,还要特别注意超出常规的新思维。

第二,对照提问,找到答题区间,筛选出相关的语言材料,选好答题的角度,组织好答题的语言。可采取"摘录法""浓缩法""拼接法""改写法""仿写法"等。

第三,快速浏览全文,拟出答案。

(1)注意理清段与段之间的逻辑关系,抓准核心句子——起始句、重点句、归纳句,这些句子常常是提炼文段(或全文)内容要点(或中心思想)的依据。概括内容要点时,要注意保持概念的一致。对于文中比较长的句子,要注意把握住其要点。

(2)要注意文段中多次出现的词语、意义相近的词语,这些词语是内容要点、中心思想的外在表现,不可忽视。

(3)概括内容要点时,要注意保持角度一致,概括的层次要恰当,内容要涵盖得全面正确,概念要限制准确,表达要精练确切。

(4)注意弄清作品的社会背景,揣摩作者的写作意图,知人论世。

(5)充分利用题干所提供的信息。题干常能显示命题意图,显示答题的方向,显示答题的区间,显示答题的方法。

(6)借助归纳内容要点、概括中心思想的常用方法的思路,如标题法(从标题理解中心思想来作答)、开篇法(抓住首段中心句作答)、结尾法(用画龙点睛的语句的意思作答)、摘录关键句法(利用文中议论、抒情的关键文字作答)、自拟法(根据理解,抓住写作目的作答)。

六、分析作者观点与态度

分析概括作者在文中的观点与态度是在归纳文章内容要点的基础上进一步提出来的要求。从某种意义上讲,它是一切阅读活动的出发点和归宿。分析概括作者在文中的观点与态度,就是理解作者赞成什么、反对什么,对文中描写的事物、人物是歌颂、赞扬还是批评、讽刺,是喜爱、同情还是厌恶、憎恨。了解文章中作者的观点态度有助于我们深入理解文章的主旨。作者在文中的观点态度,是通过语言、材料及阐释过程来传达的,因此可以通过辨析关键词语、主旨句或通过提取、整理潜在的信息,把握作者的看法、倾向。

【例】生命,生命

夜晚,我在灯下写稿,一只飞蛾不停地在我头顶上方飞来旋去,骚扰着我。趁它停在眼前小憩时,我一伸手捉住了它,我原想弄死它,但它鼓动双翅,极力挣扎,我感到一股生命的力量在我手中跃动,那样强烈!那样鲜明!这样一只小小的飞蛾,只要我的手指稍一用力,它就不能再动了,可是那双翅膀在我手中挣扎,那种生之欲望令我震惊,使我忍不住放了它!

我常常想,生命是什么呢?墙角的砖缝中掉进一粒香瓜子,隔了几天,竟然冒出了一截小瓜苗。那小小的种子里,包含了一种怎样的力量,竟使它可以冲破坚硬的外壳,在没有阳光、没有泥土的砖缝中,不屈地向上,茁壮生长,昂然挺立。它仅仅活了几天,但是,那一股足以擎天撼地的生命力,令我肃然起敬!

许多年前,有一次,我借来医生的听诊器,静听自己的心跳,那一声声沉稳而有规律的跳动,给我极大的震撼,这就是我的生命,单单属于我的。我可以好好地使用它,也可以白白糟蹋它;我可以使它度过一个有意义的人生,也可以任它荒废,庸碌一生。一切全在我一念之间,我必须对自己负责。

虽然肉体的生命短暂,生老病死也往往令人无法捉摸,但是,让有限的生命发挥出无限的价值,使我们活得更为光彩有力,却在于我们自己掌握。

从那一刻起,我应许自己,绝不辜负生命,绝不让它从我手中白白流失。不论未来的命运如何,遇福遇祸,或喜或忧,我都愿意为它奋斗,勇敢地活下去。

——杏林子《生命,生命》

问题:文章体现了作者怎样的人生态度?

在作者眼中,生命就是飞蛾鼓动的双翅,生命就是香瓜子顽强的生命力。在感受到了飞蛾的生之欲望、香瓜子强烈的生命力之后,作者感受了自己的生命,发出了自己对生命的感悟。文章标题"生命,生命"意味着对生命的呼唤与渴求,表达了作者强烈的生命意识和积极的人生态度,愿每个人珍视生命,坚强勇敢,让有限的生命发挥出无限的价值,让人生更有意义,更有光彩。

第四节 写作能力

一、基本的文体知识

现代文体大致可以分为实用文体与文学文体两大类。实用文体又可分为记叙文(回忆录、传记、家史等),议论文(政论、评论、序跋、杂文、学术论文等),说明文(科普说明文、说明书等),应用文(条据、规约、书信、公文、各类文书等)等四大类。文学文体又可分为散文(议论散文、叙事散文、抒情散文),小说(长篇小说、中篇小说、短篇小说、微型小说),诗歌(抒情诗、叙事诗、散文诗),戏剧文学(话剧、歌剧、歌舞剧、戏曲等)。下面主要介绍记叙文、说明文和议论文。

(一) 记叙文

记叙文是以记人、叙事、写景、状物为主要内容,以记叙、描写为主要表达方式的文体。记叙文按内容分为写人、叙事、写景和状物四类。

记叙文包括六大要素:时间、地点、人物、事情的起因、经过、结果,但并非缺一不可。记叙的顺序主要有顺叙、倒叙、插叙。顺叙是按事情发展的先后顺序写;倒叙是把事情的结果或某个最突出的片断安排在文章的开头,再写事情的经过;插叙是在顺叙过程中插入另一些与所记叙的事情有关的情节。记叙的线索是指贯穿文章的主线。

记叙文的中心是作品所反映的生活和作者对生活的看法。与表达中心有直接关系的主要材料要详写,对表达中心起辅助作用的次要材料要略写,与中心无关的材料舍弃不写。记叙文中的描写包括景物描写和人物描写。景物描写包括社会环境描写和自然环境描写;人物描写包括外貌(肖像、神态)描写、语言描写(对话)、行动(动作)描写和心理描写。

（二）说明文

说明文是以说明为主要表达方式来解说事物、阐明事理的一种文体。

说明文按说明对象分为事物说明文和事理说明文;按说明方式分为平实性说明文和文艺性说明文(又称科学小品或知识小品)。

说明的顺序有时间顺序、空间顺序和事物内部联系(逻辑)顺序三种。事物内部联系有:从现象到本质、从原因到结果、先总说后分说、先主要后次要、由性能到功用、从整体到局部等。

说明方法有下定义、分类别、举例子、作比较、列数字、打比方、作引用、摹状貌等。说明文的语言要准确,说明文中的描写是为了把说明对象的特征说明得更具体形象。

（三）议论文

议论文是以议论为主要表达方式的文体。

议论文三要素是论点、论据、论证方法。论点是作者对议论的事物或问题所持的见解和主张。论点分为中心论点和分论点,论点要求正确、鲜明。论据是用来证明论点的事实和道理。论据分为事实论据(包括事例、史实、数据)和理论论据(包括科学原理、定律、公式、名人名言、谚语)。论据必须真实、充分。观点统率材料,材料为观点服务。论点和论据的关系是被证明与证明的关系。论证是运用论据证明论点的过程和方法。论点解决"需要证明什么"的问题,论据解决"用什么来证明"的问题,论证解决"怎样证明"的问题。基本的论证方法有摆事实、讲道理、既摆事实又讲道理三种。常见的论证方法还有举例论证(例证法)、比喻论证(喻证法)、引用论证(引证法)、正反对比论证(对比法)。

议论文一般由引论(提出问题)、本论(分析问题)、结论(解决问题)三部分组成。分析问题的结构有两种:层层递进和并列展开。

议论文按表达方式分为理论性较强的议论文和文艺性较强的议论文两种。按论证方式分为立论文与驳论文。立论是指就一定的事件和问题正面阐明自己的见解和主张;驳论是指就一定的事件和问题发表议论,批驳片面的、错误的、甚至反动的见解和主张,从而树立自己的正确论点。批驳的方法有三种:驳论点、驳论据、驳论证方法。议论文中的记叙是为议论文提供论据,要求简洁概括,不做过细的记叙和描写。议论文的语言特点是准确、严密。

二、组织、剪裁、提炼材料

文章的中心思想是文章的核心,是通过具体材料表现的。人们在实际生活中,接触到各式各样的人和事,接触到大量的实际材料,获得多方面的切身体验。对于这些材料和体验,运用正确的立场、观点和方法,仔细进行分析和研究,就逐步形成了正确的中心思想。写文章必须从实际出发,要从具体材料中提炼出中心思想来。

文章的中心思想确定后,还要根据表达中心思想的需要来选择材料和组织材料,要学会剪裁,讲究详略,分清主次,选取那些最足以表达中心思想的材料作为重点来写。有的材料适合正面使用,有的材料适合侧面使用,凡是跟中心思想无关的材料,一概不用。只有这样,才能把文章的中心思想表达得鲜明、突出,才会给人留下深刻的印象。

写作过程中,在处理中心和材料的关系上容易出现以下几种错误:

（1）缺乏具体材料，空空洞洞地讲一些话，不能反映所要议论的或说明的情况，不能感动人或不能说明问题。

（2）没有明确的中心思想，只是将材料一一罗列出来，或者从头到尾记流水账，啰啰嗦嗦不知所云。

（3）有了材料，也确定了中心，却不善于围绕中心思想选择材料和组织材料，有的是材料和观点不相适应，有的是使用材料详略不当，以致影响了中心思想的表达。

三、文章结构层次与谋篇布局

综合素质考试中的作文，一般以材料作文为主，要求考生全面理解材料或提示语言，选择一个角度构思作文。而写好一篇议论文，除了要有正确、鲜明的论点，要有充实可靠的论据和恰当的论证方法外，还必须合理安排文章结构。

所以，在动笔之前我们要认真研究在文章中所要阐述的观点和材料之间、材料和材料之间的联系，从而形成对客观事物的正确认识，这样思路才会清晰，文章结构安排才会合理。采取什么方式组织材料、安排文章结构，要根据具体情况而定。常见的议论文结构形式有以下六种。

（一）先总后分式

先总后分式是演绎推理居于主导地位的一种结构形式，可称为"演绎式"。

这种形式的特点是先概括地总提，然后具体分述，先合后开，即在文章的开头提出中心论点，然后从不同方面，分若干层次进行论述。

（二）先分后总式

先分后总式是归纳推理居于主导地位的一种结构类型，可称为"归纳式"。这种形式的特点是先具体地分层论述，然后概括归纳论点，先开后合，即先从不同方面一层层进行论述，到文末得出结论。

（三）总-分-总式

总-分-总式是演绎法和归纳法结合使用的结构类型，可称为"演归式"。这种形式的特点是先概括地总提，再具体地分述，然后概括总结，即在文章的开头提出中心论点，中间分层展开论证，文末得出结论。整篇文章是按照"合-开-合"的次序进行论述的。

（四）分-总-分式

分-总-分式是归纳法和演绎法结合使用的结构形式，可称为"归演式"。这种形式的特点是从叙述、分析事实写起，从事实中概括出论点，然后又展开论述。整篇文章是按照"开-合-开"的次序进行的，开头分述，中部总括，然后又分述。

（五）递进式

递进式结构的文章，其各层次之间是层层深入、步步推进的关系；各层的前后顺序有严格的要求，不能随意变动。

（六）并列式

并列式结构的文章，其层次、段落之间的关系是平行的，呈并列结构。分论点和分论点之间可呈并列关系，几个论据之间也可呈并列关系。并列关系的层次顺序可以灵活安排，一般把最重要的放在前面，或把并列的几个方面按高低、大小、前后的顺序排列起来。

以上六种结构形式,有时可单独使用,有时也可以在同一篇文章中并用。结构安排好了,文章的条理自然就清楚了。

四、语言的运用

写作时必须用到语言,在运用语言时要做到准确、鲜明、生动。

（一）准确

所谓准确,是指用词造句要能恰当地表达事物的特征和作者的思想感情。要注意辨析同义词,吃准词语的内涵和外延,准确把握词语的分寸,做到用词妥帖,轻重合宜,具体要做到选词准确与组词准确。

1. 选词准确

请看以下两个句子：

（1）这次合唱比赛,即使没有得第一,也还是有收获的。

（2）这次合唱比赛,虽然没有得第一,也还是有收获的。

两个句子,前者用"即使"说明合唱比赛还没进行,说话者在鼓励大家大胆去做；而后者用的词是"虽然",那就是说合唱比赛已经结束,而且失败了。一词之差,意思完全不一样。

再如,唐代诗人贾岛在《题李凝幽居》中的"鸟宿池边树,僧敲月下门"原来是"鸟宿池边树,僧推月下门"。"敲"与"推"一字之差,表达的意境却完全不同,一个"敲"字把月夜的幽静与柔美表达得淋漓尽致。

2. 组词准确

每个词都有自身的独特含义,与别的词组合得当与否,会产生完全不同的效果。例如下列两例：

（1）这些深受学生喜爱的活动,使学生的主人翁意识得到了增强和培养。

（2）我们在心里由衷地感谢老师多年来的默默付出。

准确是指能够准确运用语句传递思想情感,辨别词语使用的优劣。

第（1）例显然是词语搭配不当。"意识"不能"培养"。

第（2）例"由衷"与"在心里"重复。

总体说来,要做到语言表达准确需要注意下列几点。

（1）符合特定的情境。

（2）符合事理及对象。即符合特定的身份地位,正确地运用谦尊称呼。

（3）正确使用口语、书面语。书面语庄重典雅,口语则通俗易懂。它们并无优劣之分,只是使用的场合不同而已。口语、书面语的转化,复述或转述重点的转化,还要注意转述时间、地点、对象等具体情况。

（4）准确表达范围、程度及心理。

此外,还要注意用词的规范、语序的顺畅、句子的完整等语法规范。

（二）鲜明

语言表达鲜明,就是要情感鲜明,观点鲜明,个性鲜明,见解独到、分明、不含糊。例如：

据说,篮球运动刚刚诞生的时候,篮板上钉的是真正的篮子。每当球员进球的时候,就有一个专门的人踩在梯子上把球拿出来。为此,比赛不得不断断续续地进行,缺乏紧张激烈的气氛。为让比赛更顺畅地进行,人们想了很多取球的办法,都不太理想。有位发明家甚至制造了一种机器,在下面一拉就能把球从篮子里弹出来。不过,这种方法效果照样不佳。有一天,一位父亲带着他的儿子来看篮球比赛。小孩看到大人们不止一次不辞劳苦地取球,不由大惑不解:"为什么不把篮子的底去掉呢?"

去掉篮筐的底,就这么简单,但那么多有识之士都没有想出来。可见,无形的定势就像那个结实的篮子禁锢了我们的头脑,使得我们的思维就像篮球被"囚禁"在了篮子里。我们盲目地去搬梯子、制造机器,其实都没有挣脱"将球取出来"的经验,而换个角度,"让球掉下来"便解决了问题。

在阐述事例之后,这段文字以"禁锢""囚禁""盲目""没有挣脱"等词语鲜明地表达了作者对待人们自身固有经验的态度。

语言表达鲜明要注意下列几点。

1. 精确选用词语

在选用词语方面,尤其要注意对动词、形容词、副词的选用,不要使用诸如"可能""大概""也许""左右"等不确定的词来表明态度与观点,多使用"坚决反对""完全错误""决不能这样"等词语来表明自己所持的鲜明态度。

2. 运用感情色彩词语

在表达不同的态度与感情时,可以通过选择词义的褒贬来实现。感情色彩鲜明的褒贬义词语可以增强语言表达的效果,那些感情色彩不鲜明的中性词,只要结合好语境,同样也可以具有强烈的效果,增加语言表达的鲜明特点。表达时如果能做到色彩鲜明,则可以突出所要表达的事物特征。

3. 恰当选用句式

在语言表达中,要注意句式的变换,一定的句式表露一定的感情,句式变了,句意也会产生变化。如用肯定的语气来表明观点,可以选用双重否定、反问句式来加强语气,使自己观点的表明更加鲜明而强烈。还要注意整句与散句的使用。整句形式整齐,声音和谐,气势贯通,意义鲜明,适合于表达丰富的感情,能给人以深刻而鲜明的印象。另外,如能恰当地使用反问、排比、对偶,也能增强语言的鲜明感。

4. 句子简洁明快

要注意语言通俗明白,不生造词语,不用冷僻词语,不随便使用文言词和文言句式;要注意尽量用简洁明快的短句,不随便使用结构复杂、晦涩难懂的长句。

(三)生动

描写事物,状形则形象毕现,绘色则色彩鲜明,摹声则声声真切,抒情则慷慨激昂、深沉柔婉,说理则举例引用,比喻则形象生动。总之,生动的语言应该达到如见其人、如闻其声、如历其境、如感其情的生动活泼的效果。请看下面两种表达,并比较哪句更生动?

【例】(1)荷塘上面,铺满了大大小小的荷叶,风吹来的时候,会闻到荷花的香气。

(2)曲曲折折的荷塘上面,弥望的是田田的叶子。叶子出水很高,像亭亭的舞女的裙。微风过处,送来缕缕清香,仿佛远处高楼上渺茫的歌声似的。

很显然,第(2)句要比第(1)句生动得多,因为它运用了比喻、通感的修辞,生动地再现了荷叶的形态和荷花的香气。具体写作中注意下列几项可以增加语言的生动性。

(1)利用修辞。

(2)运用幽默风趣的话。

(3)选用形象、新颖的语言。

五、材料作文的写作

（一）材料作文的特点

材料作文是目前国内考试中比较常见的命题方式，也是前几次国家教师资格证考试的基本题型。材料作文是指只给出一些文字或图画材料，要求考生根据所给文字或图画的内容自己命题（有时也会规定题目）进行写作。材料作文的特点是要求考生依材料来立意、构思，材料所反映的中心就是文章中心的来源，不能脱离材料所揭示的中心来写作，故材料作文又叫"命意作文"，即出题者已经把作文的"基本中心（意）"提供给考生了。

一般而言，材料作文由材料和要求两部分组成。材料按形式分，有记叙性材料（故事、寓言等）、引语式材料和图画式材料。见下例。

枫叶长出来时，色彩与别的叶子并没有什么两样，也是青的，也是绿的。从春天开始生长，直到深秋，枫叶才变得像火一样红。是秋天的霜打，让枫叶慢慢变红。很多树的树叶到秋天也不会红起来。让枫叶红起来的是枫叶自己，秋天只给了它红起来的机会。

根据上述材料用白话文写一篇不少于800字的论说文，题目自拟。

材料作文具有下列特点：

（1）题目有文字材料或图片资料。

（2）要求考生依材料作文，或改写材料，或续写材料，或扩写材料，或根据材料写读后感，或针对材料中的"现象"写短评，考查的角度多种多样。

（3）题型的变化形式多样，可以是命题，可以是自由命题；可以是半命题，也可以是无命题（如要求给材料中的人写信），其中以给一段材料、一个命题的为最多。

（4）文体比较单一，或记叙，或议论，或说明，"不限文体"的写作要求很少出现。

材料作文考查读写结合能力。考生要阅读、分析、提炼、联想、表达，才能完成写作任务。从考试角度看，由于它能极好地避开师生的猜题押题，又能让所有考生有据而述，有的而议，有感而发，所以是一种非常好的题型。

（二）材料作文的写作要领

1. 读懂材料

材料作文的第一步是读懂材料，具体地说，是要进行两个"读"：读题目、读材料。

（1）读题目。

首先，要读题目，理清题目的具体要求，特别是对文体和字数的要求；其次，要注意是否自拟题目，如果已对题目作了规定，那么必须根据规定的题目写作。

（2）读材料。

读懂材料是材料作文写作的重要前提，没有读懂材料必然会模糊作文的立意，以致出现偏题或者离题的现象。读材料必须全面把握，切不可断章取义，执其一端，而要抓住重点，明白内容，理清关系，理解中心，为立意奠定一个较好的审题基础。全面把握材料和理解材料，不可从某一局部入手，只抓住只言片语不放，否则容易跑题。要抓住材料中的关键词语或语句，深刻理解其本质意义，这对于把握材料的中心很有帮助。

2. 分析材料

读懂材料后，必须对材料进行分析，这个过程需要认真地咀嚼、品味、联想、提炼。具体可以运用下列方法。

（1）发现法，主要用于意义显豁、中心明确的材料。发现的目标，一是材料的中心句；二是文题中关于中心的提示；三是材料中关于中心的提示。发现了这些内容，就找到了据以立意的突破口。

（2）归纳法，主要用于意义明晰，但既无中心句，也无提示句的一则或多则材料，归纳出其中心意思，立意便有了立足之处。

（3）提炼法，主要用于含义对立的对照型材料。从正反对比中、矛盾对立中、正误相对中提炼出材料所要表达的意图，以作立意的依据。

（4）撷取法，主要用于多段型的材料。从一系列彼此并存的材料中撷取文题所需要的部分内容，并据此理清写作的线索。

（5）揣摩法，主要用于喻意型、寓意型、象征型的材料。在反复体味、比较之中品评出材料的喻义、哲理、观点等，然后据此形成自己的观点。

通过上述种种方法，明确材料的中心思想，为下一步的立意奠定基础。

请阅读下面这份材料，看看你有什么想法？

一位雕塑家完成了一座非常美丽的雕像，有人问他："你是怎样雕出这座完美的雕像的？"雕塑家回答："这座雕像原来就在那里，我只是将它多余的边边角角去掉而已。"其实，在人生中，你就是那座雕像，只要去掉外面的边边角角，就能获得完美的自我！而那位出色的雕塑家，就是你自己。

这份材料通过"雕塑"与"个人成长"之间的类比，说明个人成长的道理，其核心是如何使自己成长。这里的关键词是"边边角角"，核心理念是要注意联想到自己成长过程中多余的可以去除的那些东西，如不良的行为、习惯、语言、穿着等。但如果把写作重点放在如何"获得完美的自我"这一层意思上，则没有抓住材料的中心，就有可能跑题。

3．立意拟题

根据上面的阅读分析，心中产生一个主题，并明确中心思想，然后形成一个具体的题目。

请阅读下面的文字，并确定你的立意或者观点。

有一座直冲云霄的擎天峰。众多猴子受到了登山勇士的鼓舞，每年都要举行一次攀登擎天峰的体育竞赛，却从来没有任何一只猴子登上顶峰。

猴群中一位极有威望的长者说："人，是宇宙之精华，是万物之主宰。尽管人有时比我们猴子爬得还低，但我们猴子永远爬不到人那样高。"众多猴子越来越相信，任何猴子都不可能登上擎天峰。"登上擎天峰肯定不行！""我们不能再做力所不能及的蠢事了！"

在这种舆论氛围的压力下，除了一只猴子还在坚持之外，其他的猴子开始泄气了，承认了自己的失败。最后，正是那只屡败屡战的猴子创造了奇迹，登上了擎天峰。其他猴子都很想知道它究竟是怎么成功的，结果它们意外地发现：这只猴子原来是个聋子！

这则材料中的故事以一件事和三个对象来展开：一件事是指攀登擎天峰，三个对象是指猴群中的长者、其他猴子和聋猴。其他猴子没有登上擎天峰，而聋猴登上了，原因何在？初看似乎是信心、毅力和恒心的问题，因为材料中提到其他猴子泄气了，承认了自己的失败，而聋猴则屡败屡战。但我们再往深层一想，其他猴子为什么会泄气？聋子为什么能做到屡败屡战？不难发现，关键在于长者的话，其他猴子听到并相信了这些丧气话，而聋猴没有听到。可见，审题时要抓住这一关键，才最切合题意。根据以上分析，可确定如下立意：① 不可轻信权威或长者；② 不可妄自菲薄；③ 消极舆论的消极影响；④ 气可鼓而不可泄；⑤ 永不言弃等。

4. 布局谋篇

立意与题目确定后就可以开始撰写了,下面是写作的基本策略。

(1) 引:恰当地引用材料,既要在开头引述材料,还要在论证时回应材料,对材料进行分析后,或摘要或概述,三言两语即可。

(2) 议:是对材料中提供的信息进行分析议论,对人物关系的分析,对结果的预测,对原因的追问等,目的是为提出观点做铺垫,这部分不能太长,百字左右即可。

(3) 提:提出论点(或观点),文字简练,一两句话就可以,观点明确。

(4) 联:这是文章的关键,可结合材料扩展,可联系历史人物、历史故事,可联系现实生活、今人今事;可以正面举例,也可以反面证明;可以摆事实,也可以讲道理。最少要举两个例子,一古一今或一正一反,多角度、多侧面地把中心论点阐述得深刻有力,三四百字即可。

(5) 深:深入分析。分析原因,说明好处(或危害),找出症结。

(6) 结:收束全篇,宜对论述的问题有所深化,不要故作惊人之语,强调精炼有力,不要画蛇添足。

5. 注意事项

写材料作文时要注意以下几点。

(1) 选择某一角度,从材料中概括出写作的论题或论点。

(2) 作文中最好出现材料。

(3) 提供的材料可以作为写作中的论据。

(4) 对材料要进行概述,不能照抄材料。

(三) 材料作文样例

(2018年上半年中小学教师资格考试综合素质作文试题)

根据下面材料,写一篇论述文。

2016年里约奥运会上,中国女排在前期战局不利、对手强大的情况下,艰苦拼搏,最终战胜塞尔维亚队,又一次登上世界女排的顶峰。国人沸腾,自然而然地称赞"女排精神"。记者采访女排主教练郎平,希望她谈谈"女排精神"。她回答:"不要因为我们赢了一场就谈女排精神,也要看到我们努力的过程。女排精神一直在,单靠精神不能赢球,还必须技术过硬。"

综合材料的内容,联系社会生活,写一篇论说文。

要求:用规范的现代汉语写作。角度自选,立意自定,标题自拟,不少于1000字。

【例文】

精神不是成功的全部

1986年中国女排实现历史性的五连冠,向国人和全世界庄严宣告中华民族崛起的信心和能力,全社会掀起了一股学习中国女排的热潮。很多人因此将"女排精神"视为中国女排夺取一个又一个冠军的决定性因素,每当球队取得胜利就大肆鼓吹精神的力量。然而,郎平却说"单靠精神不能赢球,还必须技术过硬"。

诚然,如果没有平时科学系统的训练,没有女排姑娘们扎实的技术功底、良好的心理素质和不懈的努力,没有郎平教练针对性的训练指导以及现场的指挥艺术,任这群中国姑娘再"不服输",在实力派对手面前,也是很难夺取冠军的。所以,在前期战局不利、对手强大的情况下,中国女排还是取得了胜利,是因为她们不仅只有"女排精神",更有着骄人的实力。可见,精神不是成功的全部。

多少有着自强不息、奋勇向前精神的战士,奋斗在工作和学习战线上,兀兀穷年?而能够真正走向成功或成就一番学业与事业的人,却总是少数,他们一定是在这种奋斗精神之上更有着扎实基本功的专业技艺精湛者。

一代史学家司马迁,想要"究天人之际,通古今之变,成一家之言",却遭受宫刑之苦。他能实现自己的理想,写出中国第一部纪传体通史《史记》,不仅仅是因为他经受住了常人难以忍受的身体的摧残、精神的折磨和巨大的人格侮辱,更是因为他过硬的知识储备和才华。司马迁幼时攻读了《古文尚书》《左传》《楚汉春秋》以及诸子百家、骚赋等汉代以前的古书,他父亲传授给了他很多作为太史令的必要知识与技能,他在任史官时还收集了诸多的史实资料。试想一下,若是司马迁未曾有过这些积累,没有满腹才学,纵使他有满腔热情,又何来这史家绝唱?司马迁的成功,是精神的力量,更是他自身在治学修史路上的上下求索。

奋斗在笔试场上的很多"我们",一定都有着成为一名教师的理想,想凭借自己对学生的热爱,希望能做一名优秀的人民教师。然而,要成为一名优秀的教师,光靠精神的激情而没有扎实的专业技能是远远不够的。试想,一个没有实实在在专业技术与教育艺术的老师,得总是奔波在办公室和教室之间,机械地应付每一天的备课与作业,却很难提高学生的学科素养;疲于处理各种学生问题却成效甚微,既劳碌了自己更耽误了学生。要想高效率地完成各种教育教学任务,并做到真正促进学生全面而有个性的发展,教师必须明确,"要给学生一杯水,自己得先有一桶水"。当然,具备专业素养是成为一名教师的先决条件,这主要包括敬业精神、专业知识和专业能力。事实上在实际教学过程中,教师要在看似每日重复的劳动之余消除职业倦怠,培养坚强的意志力,这便是敬业精神。然而,专业知识才更是教师干好教育工作的基础,它能为教育的高效保驾护航。所以,教师要做到软实力与硬实力两手抓,才能取得教学活动最大的成功,才能成为一名优秀的教师。

冰心曾说:"成功之花,人们往往惊美它现时的明艳,然而当初,它的芽儿却浸透了奋斗的泪泉,洒满了牺牲的血雨。"花儿朝向阳光生长的精神是它生长的动力,却也正是因为一路"浸透了奋斗的泪泉,洒满了牺牲的血雨"才能粲然绽放。

本章知识结构

知识结构
- 信息处理能力
  - Word 基本操作
  - Excel 基本操作
  - PowerPoint 基本操作
- 逻辑思维能力
  - 逻辑及逻辑基本规律
  - 演绎推理、归纳推理、类比推理
  - 论证
- 阅读理解能力
  - 概念理解
  - 理解句子
  - 根据材料筛选信息
  - 分析文章结构与思路
  - 归纳内容要点与概括中心思想
  - 分析作者观点与态度
- 写作能力
  - 基本的文体知识
  - 组织、剪裁、提炼材料
  - 文章结构层次与谋篇布局
  - 语言的运用
  - 材料作文的写作

本章小结

（一）本章主要内容

1. 掌握 Word、Excel、PowerPoint 的基本操作；
2. 概念种类及关系、命题、推理、逻辑思维方法及基本规则；
3. 演绎推理、归纳推理、类比推理、论证；
4. 概念、句子的理解；
5. 概括中心思想与分析作者观点；
6. 基本的文体知识与写作要求；
7. 材料作文写作的能力。

（二）本章的重点、难点

本章的重点有两个：一是阅读理解能力，二是写作能力，尤其是根据材料进行材料作文写作的能力。难点是句子的理解与材料作文的写作。

自测训练

一、选择题

1. 在 Word 中，下列操作不能实现的是（　　）。
   A. 在页眉中插入日期　　　　　　　B. 建议奇偶页内容不同的页眉
   C. 在页眉中插入分页符　　　　　　D. 在页眉中插入剪贴画

2. Excel 中利用条件"数学＞70"与"总分＞350"对考生成绩数据表进行筛选后，显示的结果是（　　）。
   A. 所有数学＞70 的记录
   B. 所有总分＞350 的记录
   C. 所有数学＞70 并且总分＞350 的记录
   D. 有数学＞70 或者总分＞350 的记录

3. 在 Excel 中，当数据源发生变化时，所对应图表的变化情况是（　　）。
   A. 手动跟随变化　　　　　　　　　B. 自动跟随变化
   C. 不会跟随变化　　　　　　　　　D. 部分图表丢失

4. 下列表述，与"以事实为根据，以法律为准绳"不属于同类判断的是（　　）。
   A. 团队重要，平台也很重要　　　　B. 品德看言行，知识看谈吐
   C. 若想人不知，除非己莫为　　　　D. 善人必勤俭，恶人必奢华

5. "医生都穿白衣服，所以有些穿白衣服的人留长头发。"下列选项中，这一陈述的必要前提是（　　）。
   A. 有些医生留长头发　　　　　　　B. 有些医生不留长头发
   C. 穿白衣服的人不留长头发　　　　D. 穿白衣服的人都是医生

6. 以反映教育系统与其他系统的关系，以及教育活动中各要素之间关系为主要内容的概念是（　　）。
   A. 关系概念　　B. 属性概念　　C. 操作性概念　　D. 集合概念

7. 下列选项中的概念关系，与"土豆—马铃薯"一致的是（　　）。
   A. 坦克—战车　　B. 录音机—录音笔　　C. 萝卜—青萝卜　　D. 番茄—西红柿

8. "同中求异"或"异中求同"的思维方法是(   )。
   A. 比较   B. 分析   C. 分类   D. 综合

9. "若陈老师和李老师参加培训，则张老师也参加培训"，由此推出"陈老师没有参加培训"，需要增加的一项是(   )。
   A. 张老师没参加培训   B. 张老师参加了培训
   C. 李老师参加了培训，张老师没参加   D. 李老师和张老师都没参加培训

10. 一天，小红、小明做完数学题后发现答案不一样。小红说："如果我的不对，那你的就对了。"小明说："我看你的不对，我的也不对。"旁边的小刚看了看他们俩人的答案后说："小明的答案错了。"这时数学老师刚好走过来，听到了他们的谈话，并查看了他们的运算结果后说："刚才你们三个人所说的话中只有一句是真的。"请问下述说法中哪一个是正确的？(   )
   A. 小红说的是真话，小明的答案对了
   B. 小刚说的是真话，小明的答案错了
   C. 小明说对了，小红和小明的答案都不对
   D. 小明说错了，小红的答案是对的

二、材料题

根据下列材料回答问题。

材料：

影视产品挤压纸媒读物是当下一个明显趋势，正推动文化生态的剧烈演变。前者传播快，受众广，声色并茂，还原如真，具有文字所缺乏的诸多优越，不能不使写作者们疑惑：文学是否已成为夕阳？

没错，如果文字只是用来记录实情、实景、实物、实事，这样的文学确实已遭遇强大对手，落入螳臂当车之势，出局似乎是迟早的事。不过，再想一想就会发现，文学从不限于实录，并非某种分镜头脚本。优秀的文学实外有虚，实中寓虚，虚实相济，虚实相生，常有<u>镜头够不着的地方</u>。钱钟书先生早就说过：任何比喻都是画不出来的。说少年被"爱神之箭"射中，你怎么画？画一支血淋淋的箭穿透心脏？今人同样可以质疑：说恋爱者在"放电"，你怎么画？画一堆变压器、线图、插头？

画不出来，就是拍摄不出来，就是意识的非图景化。其实，不仅比喻，文学中任何精彩的修辞，任何超现实的个人感觉，表现于节奏、色彩、韵味、品相的相机把握，引导出缺略、跳跃、拼接、置换的变化多端，使一棵树也可能有上千种表达，总是令拍摄者为难，没法用镜头来精确地追踪。在另一方面，文字的感觉化之外还有文字的思辨化。钱先生未提到的是：人是高智能动物，对事物总是有智性理解，有抽象认知，有归纳、演绎、辩证、玄思等各种精神高蹈。所谓"白马非马"，具体的白马或黑马或可入图，抽象的"马"却不可入图；即便拿出一个万马图，但是"动物""生命""物质""有"等更高等级的相关概念，精神远行的诸多妙门，还是很难图示和图解，只能交付文字来管理。若没有文字，脑子里仅剩一堆乱糟糟的影像，人类的意识活动岂不会滑入幼儿化、动物化、白痴化？……

……有了这两条，写作者大可放下心来，即便撞上屏幕上的声色爆炸，汉语写作的坚守、发展、实验也并非多余。恰恰相反，文字与图像互为隐形推手。一种强旺的文学成长，在这个意义上倒是优质影视生产不可或缺的重要条件。

(摘编自韩少功《镜头够不着的地方》)

问题：
(1) 文中画线处"镜头够不着的地方"指的是什么？请简要概括。
(2) 如何理解文中认为的"文字与图像互为隐形推手"？请结合文本具体分析。

三、作文题

阅读下面的材料，按要求作文。

共享单车火了。不到半年，北、上、广等大城市，大街小巷随处可以见各色共享单车。与公交车站、地铁站等交通枢纽接驳，解决出行最后一公里问题。对缓解交通拥堵和环境保护，共享单车都很有用。

然而，在共享单车数量飙升的同时，其"任性"停放的问题也日益突出。有的无序摆放，让本来就狭窄的非机动车停放区域更显紧张；有的干脆直接停摆在通道入口处，挡住了进站口；绿化带里甚至都塞上了、树干上靠上了、路灯杆边锁上了……

根据材料所引发的思考和感悟，写一篇论说文。

要求：

用规范的现代汉语写作。角度自选，立意自定，标题自拟。不少于1000字。